"艺术与科学"译丛
丛书主编 李敏敏

电子游戏文化

电子游戏在当代社会中的作用与重要性

[西] 丹尼尔·穆里尔（Daniel Muriel）
[英] 加里·克劳福德（Garry Crawford） ◎ 著

姚 鑫 ◎ 译

中国纺织出版社有限公司

Video Games as Culture: Considering the Role and Importance of Video Games in Contemporary Society, 1st edition

By Daniel Muriel, Garry Crawford / 9781138655119

© 2018 Daniel Muriel and Garry Crawford

Authorised translation from the English language edition
published by Routledge, a member of the Taylor & Francis Group
All Rights Reserved

本书原版由Taylor & Francis出版集团旗下Routledge出版公司出版，并经其授权翻译出版。版权所有，侵权必究。

China Textile & Apparel Press is authorized to publish and distribute exclusively the Chinese (Simplified Characters) language edition. This edition is authorized for sale throughout Mainland of China. No part of the publication may be reproduced or distributed by any means, or stored in a database or retrieval system, without the prior written permission of the publisher.

本书中文简体翻译版授权由中国纺织出版社有限公司独家出版并在限在中国大陆地区销售。未经出版者书面许可，不得以任何方式复制或发行本书的任何部分。

Copies of this book sold without a Taylor & Francis sticker on the cover are unauthorized and illegal.
本书封底贴有Taylor & Francis公司防伪标签，无标签者不得销售。

著作权合同登记号：图字：01-2024-2259

图书在版编目（CIP）数据

电子游戏文化：电子游戏在当代社会中的作用与重要性 /（西）丹尼尔·穆里尔，（英）加里·克劳福德著；姚鑫译 . -- 北京：中国纺织出版社有限公司，2024.11

（"艺术与科学"译丛 / 李敏敏主编）

书名原文：Video Games as Culture: Considering the Role and Importance of Video Games in Contemporary Society

ISBN 978-7-5229-1665-1

Ⅰ.①电… Ⅱ.①丹… ②加… ③姚… Ⅲ.①电子游戏—文化研究 Ⅳ.① G898.3

中国国家版本馆CIP数据核字（2024）第074047号

责任编辑：华长印　石鑫鑫　　责任校对：王花妮
责任印制：王艳丽

中国纺织出版社有限公司出版发行
地址：北京市朝阳区百子湾东里A407号楼　邮政编码：100124
销售电话：010—67004422　传真：010—87155801
http://www.c-textilep.com
中国纺织出版社天猫旗舰店
官方微博http://weibo.com/2119887771
北京华联印刷有限公司印刷　各地新华书店经销
2024年11月第1版第1次印刷
开本：787×1092　1/16　印张：12.5
字数：205千字　定价：168.00元

凡购本书，如有缺页、倒页、脱页，由本社图书营销中心调换

只有少部分作品旨在全面地描绘电子游戏作为一种文化是什么，以及应该如何整体地研究其复杂的社会和文化现实。丹尼尔·穆里尔（Daniel Muriel）和加里·克劳福德（Garry Crawford）已经从事这方面的研究工作了，分析了游戏、玩家、相关实践，以及有助于社会持续发展的、广泛的社会文化发展。本书理论前瞻、思路清晰、内容充实，是该领域研究的优秀指南，会给相关研究者带来更多的启发。

弗朗斯·梅拉（Frans Mäyrä），信息研究和互动媒体教授，坦佩雷大学

本书为我们理解电子游戏如何作为文化提供了深刻且易懂的贡献。然而，它最令人印象深刻的成就是，有力地展示了电子游戏研究是如何被用于探索更广泛的社会和文化过程，包括当代数字社会中的身份、能动性、社区和消费。穆里尔和克劳福德写了一本当下大家极为关注和热议的主题书，值得被广泛阅读。

阿芙拉·克尔（Aphra Kerr），社会学高级讲师，梅努斯大学

作为文化的电子游戏

电子游戏正在成为文化主导。电子游戏的流行对我们当代社会有什么影响呢？本书探讨了电子游戏文化，但在此过程中，利用电子游戏作为透视镜来理解当代社会生活。

电子游戏正成为我们文化生活的重要部分，影响着日常生活的各个方面，如我们的消费、社区和身份形成。利用新的和原始的经验数据——包括对游戏玩家以及来自电子游戏产业、媒体、教育和文化部门的主要代表人的采访——本书不仅探讨了当代电子游戏文化，还探索了电子游戏如何为数字和参与文化的现代性、消费模式和身份形成、后现代性和当代政治理性提供重要见解。

本书将吸引对电子游戏、社会学、媒体和文化研究等领域感兴趣的本科生和研究生以及博士后研究人员。本书对文化、技术和消费感兴趣的人也很有用，因为它们会影响社会、身份和社区。

丹尼尔·穆里尔是西班牙（毕尔巴鄂）德乌斯托大学休闲研究所的博士后研究员和讲师。

加里·克劳福德是英国（曼彻斯特）索尔福德大学的社会学教授。

献给努里亚（Nuria）和尼科拉斯（Nicolás）——丹尼尔·穆里尔

献给维多利亚（Victoria）、约瑟夫（Joseph）和格蕾丝（Grace）——加里·克劳福德

序言和致谢

这本书展示了我们三年多的研究成果。这是一段漫长而艰难的旅程，但同时也是非常令人欣慰的。作为长期的游戏玩家和学者，我们虽已清楚地意识到电子游戏在当今世界日益增长的重要性，但整个研究的过程，帮助我们更充分地认识和探索电子游戏对于理解当代社会的重要性。电子游戏无疑是我们文化景观的重要组成部分，与电影、音乐、电视或书籍等媒体形式一样，正越来越多地融入我们的日常生活，并影响社会生活的诸多方面。但是，电子游戏不仅仅是一种媒体产品。我们认为，电子游戏也在影响和推动那些可以决定我们生活方式、意义和人际关系的文化。这就是为什么本书不仅是关于电子游戏文化，更重要的是把电子游戏看作一种文化。

虽然有难度，但我们还是想感谢让本书成为可能的每一个人和每一件事（至少在一般情况下，必须承认我们的非人类同胞的重要性）。不过，我们会尽力而为。

我们的研究离不开物质的支持，资金保障与我们做研究一样有价值。因此，我们要感谢巴斯克政府及其博士后项目的资金支持，感谢他们让我们的研究以及学者间的交流和见面成为可能。另外，我们还想感谢英国索尔福德大学（University of Salford），尤其是健康与社会学院的社会理事会；感谢西班牙巴斯克大学（University of the Basque Country）和其社会学系，特别是"当代社会变革、不稳定性和身份认同"研究中心。在索尔福德，我们要特别感谢穆扎米尔·古莱希（Muzammil Quraishi）、盖纳·巴格诺（Gaynor Bagnall）、维多利亚·高斯林（Victoria Gosling）、本·莱特（Ben Light）、克里斯托弗·伯克贝克（Christopher Birkbeck）、安东尼·埃利斯（Anthony Ellis）、史蒂夫·梅耶斯（Steve Myers）和卡罗斯·弗雷德（Carlos Frade）。在巴斯克地区，我们要特别感谢乔西巴·加西亚·马丁（Joseba García Martín）、伊凡娜·鲁伊斯·埃斯特米（Ivana Ruíz Estramil）、安德尔·门迪古伦（Ander Mendiguren）、伊纳基·罗伯斯（Iñaki Robles）、卡洛斯·加西亚·格拉多斯（Carlos García Grados）和本杰明·特赫里纳（Benjamín

Tejerina）。在这两个地方，我们受到各位研究人员的帮助，彼此间的对话和观点总是鼓舞人心且令人耳目一新。我们谈论共同的想法、咖啡和饭菜，有些话题甚至超出了本书及其涵盖的主题。我们要特别提到来自索尔福德的罗莹莹（Ying-Ying Law），我们和维多利亚·高斯林（Victoria Gosling）都感到很幸运能有如此优秀的博士生，我们从她身上学到的东西可能比她知道的或想象的还要多。此外，我们特别喜欢与伊纳基·马丁内斯·德·阿尔贝尼兹（Iñaki Martínez de Albeniz）和在巴斯克地区的迪亚戈·卡尔瓦霍（Diego Carbajo）进行成果讨论，与他们的交谈话题中总是离不开电子游戏，在有核仁巧克力饼、糖果的氛围中交换各自的心得。

除了资金、机构和物质支持外，社会研究的成功实现离不开那些愿意参与研究的人。他们的慷慨令我们感到震撼，感谢他们帮助我们从如此多样化和广泛的观点中更好地了解电子游戏文化的变迁。参与者向我们提供了丰富和有见地的知识。出于一些特殊的原因，我们不能逐一感谢他们。但我们要感谢他们对我们的研究和对本书的坚实支持与卓越贡献。我们希望能亲自感谢卡拉·齐蒙尼（Karla Zimonja）、帕维尔·米乔夫斯基（Pawel Miechowski）和维克多·索摩萨（Victor Somoza），他们不仅参与了研究，还如此友善和勇敢地允许我们在本书中使用他们的真实姓名以及他们的言论。我们感恩这份善意和坦诚。

研究离不开资金和参与者，也需要一个出版社的支持。从这个意义上说，我们要感谢出版商劳特利奇（Routledge）对我们工作的信任。具体来说，我们要感谢社会学编辑艾米莉·布里格斯（Emily Briggs），她从一开始就对我们的研究表现出浓厚的兴趣，并一步一步帮助我们，将我们的研究成果最终带到了劳特利奇。感谢社会学编辑助理邱玲玲（Elena Chiu），她在这项研究的推进过程中陪伴着我们，并一直提供各种有用的帮助。Emily 和 Elena 一直都很友善和支持我们，所以我们希望他们和我们一样为这本书感到自豪。

我们同样感谢那些对我们的问题持开放态度，并允许我们使用他们的电子游戏图像的游戏发行商和开发者（无论他们的游戏是否在书中直接引用）。感谢索尼互动娱乐（卡梅隆伍德，伊格纳西奥·罗德里戈），史克威尔·艾尼克斯（伊恩·迪金森），B社（阿利斯泰尔·哈奇），富布莱特（卡拉·孜莫佳），11位工作室（帕维尔·米乔夫斯基），卢卡斯·波普，公墓（艾琳·伊薇特），罗伯特·杨，美国艺电公司（妮可·劳什诺特），北欧游戏（莱因哈德·波利斯），摩擦游戏，Funcom（托尔·埃吉尔·安徒生），红线游戏，布洛伯团队（拉法尔·巴萨赫），Failbetter Games（汉娜·弗林），IMGN.PRO（雅各布·雷科），故事中的故事（迈克尔·萨明），巨型麻雀（伊恩·达拉斯，珍妮尔·格雷）和一切无限（大卫·雷登）。

此外,任何正在进行的研究或书籍都需要经过公众的讨论和审视,以发现其局限性。从这个意义上说,我们在不同的学术空间中阐述了我们的发现,包括研讨会、会议、课程和专题讨论会。展示我们工作早期活动包括:在格拉斯哥(苏格兰)举行的英国社会学协会年会、在邓迪(苏格兰)举行的DiGRA-FDG联合会议、索尔福德大学社会科学研究理事会系列研讨会、巴斯克大学研究生研究研讨会和本科生研究研讨会、希洪(西班牙)的卡布内斯(Cabueñes)国际青年会议、马德里(西班牙)的普通社会学会议、马德里卡洛斯三世大学(西班牙)的工作坊身份和视频游戏,第二届桑坦德社会变革论坛(西班牙)。我们要感谢每场活动的组织者和代表,在这些活动中,我们遇到了许多热心的学者和个人,因超出了我们的能力无法在此提及。尽管如此,我们还是要感谢他们所有人,特别是(即使有可能忘记许多名字)卡洛斯·古尔佩吉(Carlos Gurpegui)、丘索·蒙特罗(Chuso Montero)、安东尼奥·普拉内利斯(Antonio Planells)、丹尼尔·埃斯坎德尔(Daniel Escandell)、贾斯蒂娜·贾尼克(Justyna Janik)、亚历山大·马斯喀特(Alexander Muscat)、丹尼尔·维拉(Daniel Vella)、奥利弗·佩雷斯-拉托雷(Óliver Pérez-Latorre)、塞萨尔·迪亚兹(César Díaz)、乔治·冈萨雷斯(Jorge González)、露丝·加西亚(Ruth García)、乔苏·蒙尚(Josué Monchán)、克莱尔·多尔曼(Claire Dormann)、艾里斯·罗德里格斯(Iris Rodríguez Alcaide)、亚当·杜尔(Adam Duell)、卡尔·斯普拉克伦(Karl Spracklen)、埃琳娜·卡萨多(Elena Casado)、阿帕罗·拉森(Aparo Lasén)、安东尼奥·加西亚(Antonio García)、鲁本·怀特(Rubén Blanco)、巴勃罗·桑托罗(Pablo Santoro)、卢卡·卡鲁巴(Luca Carrubba),和米格尔·西卡特(Miguel Sicart)。

我们还要感谢阿尔贝托·穆尔西亚(Alberto Murcia)的睿智言论和幽默感;感谢乔恩·洛佩兹·迪卡斯蒂略(Jon López Dicastillo),让我们有机会在政治舞台辩论这些问题;感谢赫克托·普恩特(Héctor Puente),他对电子游戏的持续精力和热情,感染着并将更多社会其他领域的人引入学术的世界〔这里包括Enjuegarte集体和其他朋友,这是一群奇特的年轻人,他们总是会讨论许多有趣的话题:科斯坦·塞奎罗斯(Costan Sequeiros)、梅丽塔·洛佩斯(Mélida López)、玛塔·F.鲁伊斯(Marta F. Ruíz)、希拉·莫雷诺(Sheila Moreno)、埃丽卡·加西亚(Erika García)〕;感谢史蒂夫·康威(Steve Conway),他有着非凡的阅读能力,并对我们的草稿提出了一些非常有用的评论和建议;感谢博尔哈·苏里斯(Borja R. Surís),虽然他不是学者,但我们有幸在分享一二品脱啤酒和一盘好棋的过程中了解了他的智慧,增进了友谊;感谢保罗·乔伊斯(Paul Joyce),一位在学术界以外工作的社会学家,他总是乐于倾听我们的闲谈并提供想法;最后,我们要感谢理查德·蒙格马利(Richard Montgomery)和丹尼尔·汉考克(Daniel Hancock),他们分别对电子竞技和角色扮演所提供的见解和讨论。

此外,我们的一些文章以非学术著作的形式得以在一些论坛和媒体上发表,使我们有机会向更广泛的受众开放。我们要感谢威廉·G.M(Guillermo G.M.),他是一位真正的电子游戏策展人,以及将电子游戏作为文化的倡导者,感谢他给了我们机会去分享我们的一些想法,尤其是可以在一个最令人兴奋的在线空间去讨论电子游戏如何被理解为文化。我们还在 Deus Ex Machina 遇到了有趣和友善的人,例如纳乔·巴特洛梅(Nacho Bartolomé)、弗兰·G.麦塔斯(Fran G. Matas)、卡门·苏亚雷斯(Carmen Suárez)、马卡尔·莫拉(Marçal Mora)、里卡多·拉扎罗(Ricardo Lázaro)、詹恩·斯嘉丽(Jenn Scarlett)、傅·奥尔莫斯(Fu Olmos)、里卡多·苏亚雷斯(Ricardo Suárez);感谢阿尔贝托·维内加斯(Alberto Venegas)和他的期刊 *Presura*,阿尔贝托是我们认识的最丰富多彩的人之一,总是有很多有趣的表达;感谢来自 AnaitGames 的维克多·马丁内斯(Víctor Martínez),他能以开放的态度,以意想不到且出色的方式分析电子游戏及其文化;还要感谢来自 Zehngames 的劳尔·加西亚(Raúl García)、来自 FSGamer 的安东尼奥·桑托(Antonio Santo)、来自 Nivel Oculto 的哈维尔·阿莱曼(Javier Alemán)和胡安玛(Juanma)、来自卡克特斯的科尔多·古铁雷斯(Koldo Gutiérrez)和来自卡尼诺的约翰·托斯(John Tones),感谢他们将在线空间提供给我们的一些评论者。

如果没有我们周围人的支持和爱,就不会有这本书(以及其他所有东西)。支持和包容我们的人,会竭尽全力地让爱、舒适和幸福充满我们的生活,我们对他们的感激溢于言表。在这段旅程中,有一些新的成员加入了我们的大家庭,而有一些则不幸地离开了我们(作为妈妈的儿子,丹尼尔,我想要特别感谢我的妈妈,很遗憾她没能看到这段旅程的终点和更多重要的事:一个大大的吻,爱)。我们由衷地感谢家人和朋友,我们出色的合作伙伴努里亚·费尔南德斯(Nuria Fernández)和维多利亚·高斯林(Victoria Gosling),以及我们美丽的、充满生机(而且经常很累)的孩子们尼科、格蕾丝和约瑟夫。

目录

第一章　绪论：电子游戏视角下的当代文化　　1
第二章　电子游戏作为文化的出现和巩固　　17
第三章　新自由主义和参与式文化中的电子游戏和能动性　　55
第四章　作为体验的电子游戏　　81
第五章　超越逃避主义的电子游戏：共情与认同　　113
第六章　电子游戏与（后）身份　　141
第七章　结语：这不是电子游戏，不是吗？　　173

名词解释　　179
图表索引　　183

第一章
绪论：电子游戏视角下的当代文化

引言

在《信息时代》（*The Information Age*）2010年版第一卷的新序言中，曼纽尔·卡斯特（Manuel Castells, xvii）指出："我们生活在一个混乱的时代，这在不同社会形式之间的历史过渡时期经常发生。"我们很难不同意他这种说法，但这可能是因为我们总是生活在令人困惑的时代，即我们永远处于不同形式的社会之间。进入20世纪以来，这样的诊断仍然没有改变。社会现实是复杂而重大的转变的结果，这些转变会影响我们在当代社会中的体验、思考和行为方式。

社会学家的主要任务是了解围绕他们的社会现实。总体而言，社会科学，特别是社会学，关注的是一个特别敏感的研究领域，因为它影响到我们作为个人和群体、社会和社区、公民和人类的方式。社会学参与了对于决定社会生活及其结构的知识体系，甚至是真理的构建。从这个意义上说，布迪厄（Bourdieu）、尚博里顿（Chamboredon）和帕瑟龙（Passeron）认为"常识和科学之间的界限比其他地方更加模糊"（1911：61）。社会学家和他们的研究对象之间的这种接近性（proximity）带来了一些风险，尤其是学术产生的知识与其他社会行为者产生的知识之间的混淆。

然而，正是因为社会和社会学紧密相连，我们才有机会将这种亲近性作为一个认识论的观点。也就是说，这是一种立场或视角，我们可以用来更好地理解当代社会现实。正如格奥尔格·齐美尔（Georg Simmel, 2004：53）在一个多世纪前提出的那样，甚至是在看起来最微不足道的互动中，也可以找到社会。因此，这样的研究工作依赖于"从个体生活的细节中，寻找这些细节累积的意义"。我们并不声称在这本书中能够牢牢把握当代社会生活的全貌，不过可以肯定的是，我们可以通过对电子游戏文化的研究，重新认识当代社会的重要方面。

当然，你可以提出一个非常有说服力的论点，即人们无法讨论一个单一且连贯的电子游戏"文化"。也有许多人经常提出这样的论点，即我们不能将电子游戏、游戏玩家和他们的文化同质化。任何对电子游戏稍有了解的人都清楚，在个人电脑上玩《魔兽世界》(World of Warcraft)等游戏，与在游戏机上玩《使命召唤》(Call of Duty)和在手机上玩《糖果传奇》(Candy Crush Saga)截然不同。同样的，游戏玩家玩和体验电子游戏的方式在英国与在其他社会里（如印度），也大不相同。这当然也是我们所意识到的和所承认的，并试图在本书中详细说明。电子游戏文化是多样的、复杂的，并且在不断发展。因此，我们认识到谈论单一的电子游戏文化是有问题的。所有的文化都是复杂的，从来都不是一成不变的，电子游戏文化不可避免地都是一样的。尽管如此，正如我们可以在一定程度上讨论"英国文化"或"西班牙文化"的当代性质一样，我们也可以阐明一个研究领域，即使这是在想象的层面上，那就是电子游戏文化。正如齐美尔（1964）所言，很明显我们可以无须了解每一个个体行为而谈论希腊人和波斯人马拉松之战中的行为。如果只是分开讨论形式和内容是可能的，这里形式指的是笼统而言的电子游戏文化，内容包括了不同类型的电子游戏、游戏风格、游戏玩家、平台和社会背景等。

　　本书内容研究的基本前提是有一种不断增长和巩固的电子游戏文化（被理解为电子游戏实践、体验和意义的制度化），它渗透到我们的社会中，并提供了一个重要的视角，从中我们可以分析当代社会存在的更为广泛的社会的问题。电子游戏也因此可以被理解为一种晚期现代性对生活和文化的表达。因此，本书提供了一个重要的视角，即从体验、文化和社会技术性的集合（assemblage）去理解电子游戏。本书也同样考虑了电子游戏及其文化是如何帮助我们理解当今社会生活的各个方面，例如工作、教育、当今世界的文化等。特别是，这本书介绍了许多复杂的有关电子游戏文化如何影响当代社会的概念，也使这些观念更加切实可行。

　　因此，本书尤其在社会学、媒体和文化研究以及游戏研究领域，做出了具有原创性的贡献。从这个意义上说，本书采用了一系列社会行动者（social actors）的见解。他们在电子游戏文化的各个领域都涉及甚广并极具影响力。该领域的大多数研究都倾向于关注游戏的某一特定方面或特定类型的社会参与者，例如某些类型的电子游戏玩家、游戏开发人员或是该行业的其他专业人士。但我们这项研究考虑了从休闲游戏玩家到狂热游戏玩家，以及游戏设计师、记者等不同职位的人的角色和态度。连同该领域研究当中经常缺失的人，例如游戏学者和参与更广泛地对游戏文化做出解释的人，如博物馆馆长。本书还整合了游戏研究中的一些关键概念和想法。这些概念和想法虽然经常被使用，但它们的意义、价值或用途很少得到充分地阐释。因此，本书将游戏研究推向了一些鲜为人知的领域，并为分析电子游戏、游戏玩家和电子游戏文化建立了新的理论和方法论框架。

为什么研究电子游戏？

那么电子游戏及其文化为什么，以及通过何种方式让我们了解更广泛的社会问题呢？首先，我们决定要通过研究电子游戏以了解当代社会并定义它的转变，是基于以下4个关键性的假设：

电子游戏无疑是当代现实；电子游戏体现了当代社会一些最重要的方面；电子游戏是既定的文化产品；电子游戏文化在不断发展壮大。

第一，我们讲电子游戏毫无疑问是当代现实。如果说本书的目的是从社会学、文化和媒体研究的角度去阐明当代性的关键部分，那么电子游戏世界就是一个很好的领域，可以帮助我们去阐释说明这些方面。自20世纪80年代以来，电子游戏现象仅仅是与社会学角度相关联（柯克帕特里克，2015）。从那时起，电子游戏呈指数级增长。尤其是在过去10年左右的时间里，随着所谓的"休闲革命"的发展（尤尔，2010），以及电子游戏扩展到了移动设备和在线社交网站。电子游戏是后现代性的，因此包含对即将到来的新现实的承诺：

数字游戏出现在后工业话语和后现代话语占主导地位的时代，以及对媒体和通信机构的现有公共监管被拆除的时代……他们应该同时承诺为社会性、虚拟性和身份构建提供新空间，同时也体现出对社会中日益增加的暴力、个性化和消费水平的恐惧，这也许不足为奇。

第二，即电子游戏是一个关键，可以从中接近社会正在进行的关键转型。从这个意义上说，电子游戏体现了在更广泛的社会中的一些最重要的方面，例如无处不在的数字文化、新自由主义、参与式文化的出现，以及新的意义建构模式的兴起等。我们面临一个被数字技术完全淹没的世界（卡斯特利斯，2010），它以多种重要方式影响我们的社会生活（尤尔，2008），并调节我们与环境的互动方式。电子游戏，顾名思义，必将成为这个数字时代最重要的文化产品之一，这也使它们成为了解数字文化的最佳切入点之一。电子游戏文化包含更多的协作性和参与性理性和文化：它是一种"参与式文化"（詹金斯，2006），它可以被定义为使普通消费者能够积极参与媒体内容的构建和修改的文化。电子游戏文化充满了"可参与的"潜力，例如制作或使用wiki、教程、演练、同人小说、角色扮演、改装等（纽曼，2008）。最后，电子游戏也体现了当今身份是如何形成的。围绕电子游戏而构建的"玩家"类别和社区是流动的、多重的和分散身份的明显例子

（鲍曼：2004；吉登斯，1991），以至于他们预测了后身份（post-identities）的情景（阿甘本，1993）。

第三，电子游戏似乎是我们这个时代最相关的文化产品和对象之一。电子游戏产业是一个蓬勃发展的文化产业，正在成为该领域的佼佼者。电子游戏公司的收入每年都在增加，而且似乎还没有达到顶峰。统计数据告诉我们，越来越多的人玩电子游戏，无论他们的人口统计如何。以类似的方式，电子游戏展览和博物馆，以及会议、节日、锦标赛和各种电子游戏活动在过去几年中激增。此外，不仅电子游戏专业网站的数量大幅增加，传统媒体也开始定期加入电子游戏专区。此外，在教育和工作领域出现了大量专注于电子游戏开发，设计和研究游戏的工作、课程和学位。在学术界，游戏研究学科的出现，以及对研究电子游戏的广泛学科（社会科学、人文、艺术、自然科学和技术科学）证实了电子游戏在我们当代社会中的相关性。

第四，可以说电子游戏文化正在不断发展和巩固，被理解为当代社会中电子游戏实践、体验和意义的制度化，它几乎渗透社会结构的每一个角落（玛雅，2008；克劳福德，2012）。这意味着我们社会的许多方面都可以从电子游戏的角度来理解，也就是说，我们正处于一个不断增长的社会电子游玩化的过程中（雷森斯，2010；瓦尔兹和德特丁，2014；齐默尔曼，2014；玛雅，2017）。电子游戏不仅反映了更广泛的社会问题，还塑造了这些社会问题并推动了它们的转变。这可以从社会现实的某些领域是如何被游戏化的过程中看出，即游戏元素的使用（尤其是电子游戏）应用于其他领域，如教育、劳动、医疗、商业、战争、学术和社会关系。社会现实被变成了一个电子游戏，在这过程中，电子游戏文化对整个社会产生了重大影响。因此，尽管可能有一些社会行动者忽视了电子游戏作为文化，但电子游戏的文化正在影响着他们。不管怎样，它都正影响着我们所有人。

出于上述原因，本书倡导并探讨将电子游戏作为焦点和工具的价值，以了解更广泛的社会和文化变化和进程。因此，本书亦是对电子游戏文化（video game culture）、文化中的电子游戏（video games in culture）和作为文化的电子游戏（video games as culture）的探索。

方法

从方法论的角度来看，本书所依据的研究建立在行动者网络理论方法之上，与拉图尔（2007）或劳（2004）的一致，特别关注了数字民族志（digital ethnography）的创新方面（海因，2000），以及它如何与更传统的方法交织在一起（索纳姆，2011）。这种方法不仅力求关注社会主体或行动者及其话语，还关注社会主体或行动者的行为和进行方式。例如，这就是为什么我们要采访包括关于受访者的日常活动、目标和感受的问题，以及更多关于他们对电子游戏文化相关问题的看法的理论询问。

因此，本书使用了从2014年1月~2017年6月进行的关于电子游戏文化的民族志研究收集的数据。这采用了多种研究工具，包括使用正式的半结构化访谈、观察、非正式访谈、重点参与在线和离线电子游戏文化，以及使用游戏作为研究方法。所有收集的数据都被用来阐述、表达和增强我们在书中提出的论点和想法。

为了集合更广泛的社会参与者的意见，本研究对来自德国、瑞典、卢森堡和美国的28名参与者进行了半结构化访谈，但主要集中在英国和西班牙的参与者。有一些是面对面的采访，但更多的是通过Skype进行的访谈。我们的研究人员对受访者进行了分类，大致涵盖了各类与电子游戏相关的个人和群体，这包括（但不限于）电子游戏玩家、开发者（如设计师、程序员和艺术家）、学者、记者、网页撰稿人和博主，以及来自艺术和文化领域的人。需要注意的是，这些类别只是一种分析工具，仅用于收集涉及电子游戏文化的广泛参与者。这些类别不一定相互排斥，甚至没有明确界限。因此，大多数关于电子游戏文化的实证研究只关注了特定类型或角色的作用，例如电子游戏玩家、开发人员或记者，而本书则从多个角度探讨了这种文化及其网络的本质。

有了多样化的参与者群体，我们希望使用人种学和定性方法以小而详细的规模掌握构成电子游戏文化的演员的多样性。在这项研究中，我们并不寻求建立电子游戏行业专业人士和玩家之间，或来自不同国籍或背景的个人之间的差异（即使我们考虑了这些因素），而是从整体上研究电子游戏文化及其对整个社会的影响。研究中引用的所有参与者都被赋予了化名，除了3名受访者，得到他们的明确同意后将以真实姓名出现，以便能够更自由地引用他们的内容。具体情况如下：帕维尔·米乔夫斯基，资深作家，游戏《这是我的战争》（*This War of Mine*）的开发者；卡尔·齐蒙加，富布赖特（Fullbright）公司的联合创始人，游戏《到家》（*Gone Home*）的开发者；维克多·索摩萨，电子游戏纪录片《记忆：超越游戏》（*Memorias：más allá del juego*）的导演。

首先，关于"电子游戏玩家"，受访者根据他们在电子游戏文化中的不同参与程度以及他们自己作为（或不是）"游戏玩家"的身份被有目的地抽样。例如，他们中的一些人非常热衷于电子游戏文化并自称是游戏玩家，而另一些人则不那么活跃，不一定自认为是游戏玩家。电子游戏行业的受访者是根据他们在行业中的角色（经理、程序员、设计师、艺术家和市场营销人员）、公司类型（规模、开发商/发行商），以及他们合作的电子游戏类型（3A 游戏、独立游戏、免费游戏）被选择。其次，被归类为"媒体"的受访者则是根据他们的主要媒体类型（印刷或在线）以及他们在该特定媒体形式中所扮演的角色被有意地选择。最后，我们采访了在电子游戏相关的"艺术和文化"领域工作的个人，例如电子游戏博物馆的馆长。

　　此外，我们还考虑了性别和年龄，以尝试获得不同类型的参与者，这为我们提供了 24~54 岁的样本年龄范围，以及 7 名女性和 21 名男性的性别差异。这在电子游戏玩家中，通常是一半一半的差异。采访被记录、转录和主题性分析。在那之后，我们将与受访者的非正式对话和交流记录下来，并将其用于研究当中。例如，关于他们的工作和经历的相关信息，如表 1-1 所示。在本书的每一章，第一次提到被访者时，将展示受访者的化名和一些基本信息，之后我们只用化名来称呼他们。

　　在某种程度上，这项研究也是自我民族志（autoethnographic）的。两位作者都认为自己是游戏玩家，并且都从孩提时代开始玩电子游戏。因此，研究引出并借鉴了作者自己的游戏知识和经验。然而，在研究期间，我们决定更深入地参与电子游戏文化，并定期地和分析性地玩游戏。在整个项目期间，详细的研究日记被保存下来，记录了自我民族志的过程，包括想法、观察、游戏和非正式对话。

表 1-1　受访者信息

受访者	描述	年龄	性别
艾伯特（Albert）	开发者、艺术家	25	男性
阿尔弗雷德（Alfred）	强烈的玩家认同感，高度参与	26	男性
安德尔（Ander）	未确定为玩家，松散地参与	33	男性
卡尔（Carl）	强烈的玩家认同感，高度参与	28	男性
柯南（Conan）	网络红人、游戏和电影评论家	23	男性
但丁（Dante）	电子游戏网站负责人	31	男性
达利斯（Darious）	开发者、游戏设计师、独立设计师	28	男性
爱德华（Edward）	电子游戏硕士课程主任	54	男性
伊丽莎白（Elisabeth）	未确定为玩家，松散地参与	25	女性
埃米特（Emmett）	电玩文化网站负责人	48	男性
费德里克（Federico）	网络游戏社区管理部门主管	31	男性
乔治（George）	开发者、关卡设计师、AAA 游戏	42	男性

续表

受访者	描述	年龄	性别
伊克尔（Iker）	未确定为玩家，松散地参与	43	男性
杰克（Jack）	电子游戏开发双学位课程协调员	46	男性
哈维尔（Javier）	开发者、游戏设计师、大公司	32	男性
吉尔（Jill）	轻度识别为玩家，松散地参与	26	女性
约翰（John）	前职业玩家，职业玩家团队经理	32	男性
卡尔·齐蒙加（Karla Zimonja）	富布赖特的联合创始人、游戏艺术家，《到家》	37	女性
劳拉（Laura）	开发者、艺术家、独立游戏	26	女性
玛丽亚（María）	翻译、玩家体验、在线游戏	39	女性
玛塔（Marta）	轻度识别为玩家，高度参与	24	女性
诺埃尔（Noel）	开发者、程序员和游戏设计师	24	男性
佩布罗（Pablo）	开发者、程序员、AAA 游戏	35	男性
帕特西（Patxi）	开发者、程序员和游戏设计师、独立设计师和 AAA	38	男性
帕维尔·米乔夫斯基（Pawel Miechowski）	11 比特工作室（11 bit studios）联合创始人，资深作家，《这是我的战争》	40	男性
罗伯特（Robert）	电子游戏文化网站负责人	47	男性
维克多·索摩萨（Victor Somoza）	电子游戏纪录片《记忆：超越游戏》的导演	27	男性
塞尔达（Zelda）	轻度识别为玩家，高度参与	25	女性

这项研究随后将游戏作为一种研究方法（参见玛雅，2008；比佐基和塔能鲍姆，2011；卡皮和索塔玛，2012；范维特和格拉斯，2017）。从这个意义上说，遵循行动者网络理论，电子游戏在本研究中也被视为积极的"参与者"。弗朗斯·玛雅（2008：165）认为玩游戏是"任何游戏研究方法中最关键的元素"。因此，为了充分理解电子游戏，许多学者都认为研究人员必须玩游戏。然而，研究人员如何玩和分析游戏可能会有很大差异。我们不是要在这里全面考虑游戏作为研究工具的价值、局限性和用途，因为诸如贾斯珀·范维特和雷内·格拉斯（Jasper van Vught and René Glas，2017）等人已经对这种方法进行了很好的概述。尽管如此，我们想简要介绍一下这种研究方法的主要特点，因为它在很大程度上仍然是创新的方法，并在这里提出我们自己的具体方法。

具体来说，范维特和格拉斯（2017）对使用游戏作为研究方法的方式进行了分类，围绕两个轴进行组织：焦点（focus）和风格（style）。在焦点方面，范维特和格拉斯建议研究人员可以采用他们所谓的"对象"或"过程"焦点。他们将对象方法归类为将游戏作为特定对象或文本进行分析以了解其结构或内容的研究。然后，这可以借鉴更多文学传统，并考虑游戏的叙述或图像。例如，用一种更受游戏学启发的方法，专注于游戏的各个方面，例如其结构和规则。过程方法涉及"将分析推向对玩家或游戏的关注，并转向支撑组合的各种力量和联系游戏作为过程"。然后，这提供了一种更具情境性的方法，将游戏、玩家和研究人员置于更广泛的社会文化框架和理解中。

接下来，范维特和格拉斯强调了研究者选择如何玩游戏的重要性。在这里，他们对比了"工具型"和"自由型"玩游戏的风格。工具型玩游戏是研究者试图调查游戏中各种可能性的地方，例如探索所有游戏领域或游戏风格。相比之下，自由型玩游戏是研究者试图颠覆游戏偏好的方式，从事"越轨玩法"，例如作弊以探索游戏的边界，看看有什么可能。

诚然，范维特和格拉斯提出的模型在很大程度上是一种分析工具，许多研究人员将不同游戏风格之间的界限结合或模糊，与大多数游戏学者一样，我们的特定方法不一定完全适合一种特定类型。作为社会学家，同时考虑到本书的特别关注点和我们对此的理论方法，我们大多采用以过程为导向的方法，试图在更广泛的社会框架内分析"游戏作为行动者"的角色。然而，在这样做的过程中，我们也常常寻求关注特定游戏的叙事、结构或内容，这些都是相关的。同样，我们的游戏风格也有很大的不同。有时，这只不过是阿塞斯（Aarseth，2003）所说的"表面游戏"，我们只是在游戏中停留几分钟。其他时候，这涉及更详细和系统地玩游戏，以探索尽可能多的途径和游戏可能性。而在其他游戏中，我们试图偏离和他人通常的游戏和实验风格，看看特定游戏的可能性。

因此，在本书的研究和写作过程中，书中列出的所有游戏都至少有一位作者体验过，多数是两人都体验过的。这个项目刚开始的时候，我们从一系列不同类型和体裁（genres）的游戏开始，在不同的平台上进行体验，在此过程中，随着它们为我们所用或当我们意识到它们的存在时，就进一步增添了许多头衔。这当中包括AAA游戏、独立游戏、个人电脑上的游戏、各种新旧游戏机上的游戏、移动设备上的游戏以及网络浏览器上的游戏。有些是我们通常会玩的游戏类型，这些我们经常玩到最后通关，例如《巫师3：狂猎》（*The Witcher 3：Wild Hunt*）；有些我们已经有一段时间没有玩过了，我们以一种更加专注和分析的方式重新审视，比如《刺客信条》（*Assassin's Creed*）；有些我们和其他人一起体验，如和我们的孩子一起体验CBeebies Playtime的应用程序；而我们玩的一些游戏仅仅是为了突破我们通常会遇到的游戏类型的界限，比如我们尝试了《精灵梦可宝GO》（*Pokémon GO*）。然后，这给了我们一个长且多样的游戏范围，我们在本书中引用了其中许多游戏,但我们通过分析玩过的游戏列表比这里提到的游戏扩展了很多倍。当然,尽管本研究和本书中引用的游戏列表远非详尽无遗,而且大多包括非常现代的游戏,但通常这远比大多数电子游戏研究中看到的更为冗长和多样。

除了体验比平时更多的游戏,并且以更加专注和分析的方式进行游戏之外,我们还选择尝试以更深入和更有意义的方式与更广泛的电子游戏文化接触。这主要涉及对在线和离线游戏文化进行比我们通常所从事的更为定期和集中的非参与者观察;例如定期阅读和观看电子游戏杂志、博客、评论、留言板以及YouTube和Twitch频道。例如,我们常看的杂志、网站和博客有《石纸猎枪》*Rock,Paper,Shotgun*、《绘制多边形函数》(*Polygon*)、*Kotaku*《巨型炸弹》*GiantBomb*、*Gamasutra*《边缘》(*Edge*)、《航点》(*Waypoint*)、*PC Gamer*、*Eurogamer*、*Kill Screen*、*AnaitGames*、*Zehngames*、*Deus Ex Machina*、*AntiHype*、*Presura*和*FS Gamer*等。关于YouTube和Twitch,我们定期关注以下一些频道:PewDiePie、Feminist Frequency、TotalBiscuit-The Cynical Brit、The Syndicate Project、Pushing Up Roses、PBS Game Show、Markiplier、Jim Sterling、Scanliner、DayoScript、Bukku qui、SonyaTheEvil、Fremily、Littlemisspiss和Silentsentry。我们还调查了Twitter、Facebook和Reddit等社交网站上的评论。丹尼尔·穆里尔还认为应该以更积极的方式参与这种文化,因此他决定创建一个博客[三只猴子(The Three Headed Monkey)],在这个博客上,他可以与在线玩家社区互动,测试想法,并探索其有效性。他也为专门从事电子游戏的媒体做出了贡献。此外,我们还进行了具体的案例研究,在网络上观察了各种在线电子游戏(包括《到家》《这是我的战争》《泰坦之魂》《请出示文件》《拜托了》《天在看》《看门狗》《奇妙人生》《上古卷轴V:天际》《血源诅咒》),以及3个主要社区的行动者对他们的看法:在线论坛和社交媒体上的游戏玩家社区、专门网站上的媒体专业人员和网站上的开发者。在一个卓越的数字文化所穿越的社会背景下,互联网上发生的事情对于理解其周围正在形成的社会现实至关重要。除其他外,Twitter、Facebook、Reddit、Instagram、YouTube网站和博客构成了一个社会空间,在这里建立了社会关系,形成了社会现实。这对电子游戏文化尤为重要。

本书结构:X标记点

在游戏《猴岛的秘密》的开头,其主角盖伊布鲁斯·崔普伍德(Guybrush Threepwood)必须出现在米莉海岛(Mêlée Island)的3名海盗头目面前,以实现他成为海盗的愿望。为了表现出自己的价值，海盗头目为盖伊布鲁斯设定了3次试炼：剑术、偷窃和寻宝。勇敢但并不那么聪明的盖伊布鲁斯，唯一的技巧是屏住呼吸10分钟，他会询问海盗头目是否需要一张地图来找到宝藏。"如果没有地图，你们几乎不可能找到宝藏！"其中一位海盗头目不屑一顾地回答道，随即他们又补充道，"X标记了地点！"

  本书的目的是绘制电子游戏文化与当代社会、生活和文化的重要方面所能交织在一起的不同方式。那么，在继续这项任务之前，有必要阐明本书将遵循的经纬度和纵向线，并在有必要时在书中重新标示它们。

  这本书适用于广泛的潜在读者群，包括游戏研究、社会学以及媒体和文化研究学者，博士、硕士和本科生，以及任何对研究电子游戏以及其文化和对当代社会的影响等更广泛问题感兴趣的任何人。《电子游戏文化——电子游戏文化在当代社会中的作用与重要性》这本书，对当代社会相关的不同领域，主题和概念提供了原创、新颖和重要的见解。例如，电子游戏文化、电子游戏玩家、电子游戏体验、身份、代理、体验、经验、同理心、数字和参与式文化以及新自由主义等。

  本书的第二章列举了几个关键案例，来说明电子游戏是如何以及为什么能成为一种日益增长的文化现象，并促进了更广泛的社会变革。本章首先基于电子游戏和数字文化兴起的背景提出了关于电子游戏文化的定义，然后探讨了不同的案例来帮助我们理解电子游戏文化的出现和巩固。其中，现实的游戏化、大众对电子游戏的兴趣日益浓厚、电子游戏产业蓬勃发展，电子游戏、教育和工作之间的联系、电子游戏观众、学术界的电子游戏以及电子游戏作为一种文化产品。

  第三章探讨了电子游戏背景下当代能动性的当代本质及其在电子游戏背景下的社会政治约束和可能性。本章主要建立在行动者网络理论和米歇尔·福柯的著作基础上，将能动性的概念理解为多样的、分散的、位置错置的变革生产。因此，能动性被定义为在与新自由主义的配置和组合相关的政治理性所概述的框架内以一种或另一种方式改变现实的东西。尽管电子游戏中的代理概念似乎被新自由主义的参照物所主导，但仍然有可能想象出代理能力朝着更有希望的结果发展的方式。

  第四章认为可以将电子游戏理解为后现象学的体验。从这个意义上说，电子游戏有助于引导不同的体验，以便与其他现实联系起来，游戏体验通常被描述为任何其他生活体验，电子游戏是必然的体验和具体化的体验，电子游戏与更广泛的社会趋势相关联将现实看作一系列体验。此外，电子游戏不仅可以被理解为体验，它们还有助于我们对体验的当代本质的理解有了新的认识。因此，体验可以同时被描述为个体的、独特的和偶发的，但也可以被描述为集体的、共享的和稳定的。

第五章进一步探讨了电子游戏如何创造不同的游戏体验，重点关注那些促进社会共情和认同过程的游戏体验，并挑战了将电子游戏完全视为一种逃避现实的活动的观念。电子游戏不仅是为了逃避现实而设计的独立宇宙，也是连接现实不同方面的媒介。理解公情和认同作为与其他社会现实连接的方式的基本和相互关联机制的关键在于这样一个观点，即电子游戏体验不一定取代它们所基于的体验，而是在它们和电子游戏玩家之间进行调解。

第六章侧重于电子游戏玩家身份认同的本质。具体来说，电子游戏为我们观察当代社会中身份的形成过程提供了一个有利的视角。特别是有人认为电子游戏文化可以帮助我们预测和理解新的意义模式和身份构建过程。本章回顾了近年来对身份认同的理论讨论，并审视了我们的研究中出现的关于电子游戏玩家及其社区的不同概念化。最后，我们预见了一种后身份认同的兴起，在这种情景中，身份认同形成的过程发生了根本性的变革，身份认同的概念也受到了威胁。

第七章总结了全书，概述了本研究的成果以及展开的理性辩论。首先包含的是本书的主要思想观点：(我们)可以通过电子游戏文化的视角来理解当代社会的关键方面。电子游戏文化不仅反映了社会现实的基本维度，而且在其限制范围内参与其中。然后，本章讨论了电子游戏文化表征和影响社会的多种方式：电子游戏与电子游戏文化为未来社会提供了预览，一种电子游戏文化，可以帮助我们可视化当代能动性的本体论和社会政治表达。电子游戏的基本原理预示着一个社会将逐渐成为一个以技术为媒介的体验的集合，这些体验将不同的现实、情境和文化连接起来，而电子游戏玩家的身份则是当代社会身份建构的缩影。

因此，我们的目标是将新增知识和深层理解添加到一个极其重要却未受到充分研究的文化中，即我们尝试在地图上放置的"X"。然而，我们不能忘记的是，在研究中，就像在猴岛游戏中一样，我们发现面前的土地上已经刻有一个大写的"X"。它总是引发同样的问题：哪个"X"先被刻下来？地面上的"X"还是这个大"X"只是在地图上首先出现的内容的复制，或者它们是同时创建的？它们能够彼此独立存在吗？无论如何，"X"总是标记地点，因为真正的宝藏是那个"X"，而不是埋在下面的东西。我们希望本书为您指出电子游戏文化的相关"X"及其与当代社会和文化的关系。

注释

"电子游戏"指的是在电子设备上玩的所有游戏,例如电子游戏机、个人电脑、移动电话和平板电脑。

参考文献

[1] Aarseth, Espen(2001). 'Computer Game Studies, Year One', *Game Studies*, 1(1) [Last Accessed: 10/07/2017].

[2] Aarseth, Espen(2003). 'Playing Research: Methodological Approaches to Game Analysis', Paper presented at *Digital Arts and Culture(DAC)*, 28–29 August 2003, Melbourne, [Last Accessed: 10/07/2017].

[3] Agamben, Giorgio(1993). The *Coming Community*. Minnesota: University of Minnesota Press.

[4] Antonelli, Paola(2013)(video). 'Why I bought Pac Man to MoMA', *TED Talk*, [Last Accessed: 23/05/2017].

[5] Bauman, Zygmunt(2004). *Identity*. Cambridge: Polity Press.

[6] Bizzocchi, Jim and Tanenbaum, Joshua(2011). 'Well Read: Applying Close Reading

[7] Techniques to Gameplay Experiences', in *Well Played 3.0: Video Games, Value and Meaning*, Drew Davidson(editor) Pittsburgh, ETC Press, [Last Accessed: 07/07/2017].

[8] Bourdieu, Pierre; Chamboredon, Jean-Claude; Passeron, Jean-Claude(1991). *The Craft of Sociology*. Berlin: Walter de Gruyter.

[9] Castells, Manuel(2010). *The Information Age: Economy, Society and Culture. The Rise of the Network Society Vol 1*. Oxford: Wiley-Blackwell.

[10] Chatfield, Tom(2011). *Fun Inc: Why Gaming Will Dominate the Twenty-First Century*. New York: Pegasus.

[11] Chhina, Gagun(2016). 'The Emerging Field of Video Gaming in India', unpublished PhD thesis, Manchester: University of Manchester.

[12] Crawford, Garry(2012). *Video Gamers*. London: Routledge.

[13] ESA(2016). *Essential Facts About the Computer and Video Game Industry*, [Last

Accessed: 11/05/2017].

[14] ESA（2017）. *Essential Facts About the Computer and Video Game Industry*, [Last accessed: 30/05/2017].

[15] Gere, Charlie（2008）. *Digital Culture*. London: Reaktion Books.

[16] Giddens, Anthony（1991）. *Modernity and Self-Identity*. Cambridge: Polity Press.

[17] Hine, Christine（2000）. *Virtual Ethnography*. London: Sage.

[18] Jenkins, Henry（2006）. *Fans, Bloggers, and Gamers. Exploring Participatory Culture*. New York: NewYork University Press.

[19] Juul, Jesper（2010）. *A Casual Revolution:Reinventing Video Games and Their Players*. Cambridge, MA: MIT Press.

[20] Karppi, Tero and Sotamaa, Olli（2012）.'Rethinking Playing Research: DJ Hero and Methodological Observations in the Mix', *Simulation & Gaming*, 43（3）:413–429.

[21] Kerr, Aphra（2006）. *The Business and Culture of Digital Games. Gamework Gameplay*. London: Sage.

[22] Kerr, Aphra（2017）. *Global Games: Production, Circulation, and Policy in the Networked Era*. London: Routledge.

[23] Kirby, Alan（2009）. *Digimodernism*. New York: Continuum.

[24] Kirkpatrick, Graeme（2015）. *The Formation of the Gaming Culture: UK Gaming Magazines, 1981–1995*. London: Palgrave.

[25] Latour, Bruno（2007）. *Reassembling the Social.An Introduction to Actor-Network-Theory*. Oxford: Oxford University Press.

[26] Law, John（2004）. *After Method. Mess in Social Science Research*. London: Routledge.

[27] Law, Ying-Ying（2016）. 'The Travelling Gamer: An Ethnography of Video Game Events', PhD dissertation, University of Salford.

[28] Mäyrä, Frans（2008）. *An Introduction to Game Studies. Games in Culture*. London: Routledge. Mäyrä, Frans（2017）. 'Pokémon GO: Entering the Ludic Society', *Mobile Media & Communication*, 5（1）:1–4.

[29] Newman, James（2008）. *Playing with Videogames*. London: Routledge.

[30] Raessens, Joost（2010）. *Homo Ludens 2.0.The LudicTurn in MediaTheory*. Utrecht: University of Utrecht.

[31] Rose, Nikolas（1999）. *Politics of Freedom. Reframing Political Thought*.

Cambridge: Cambridge University Press.

[32] Simmel, Georg（1964）[1917]. *The Sociology of Georg Simmel*. New York: Free Books. Simmel, Georg（2004）[1900]. *The Philosophy of Money*. London: Routledge.

[33] Taylor, T. L.（2012）. *Raising the Stakes. E-Sports and the Professionalization of Computer Gaming*. Cambridge, MA: MIT Press.

[34] Thornham, Helen（2011）. *Ethnographies of the Videogame. Gender, Narrative and Praxis*. Surrey: Ashgate.

[35] Ukie（2017）. *UK Video Games Fact Sheet*（20 March）, [Last Accessed: 11/05/2017].

[36] van Vught, Jasper and Glas, René（2017）. 'Considering Play: From Method to Analysis', *Proceedings of DiGRA 2017 conference*, Melbourne, 2-6 July 2017, [Last Accessed: 10/07/2017].

[37] Walz, Steffen P. and Deterding, Sebastian（2014）(editors). *The Gameful World. Approaches, Issues, Applications*. Cambridge, MA: MIT Press.

[38] Wolf, Mark J. and Perron, Bernard (editors)（2015）. *The Routledge Companion to Video Game Studies*. London: Routledge.

[39] Zimmerman, Eric（2014）. 'Manifesto for a Ludic Century' in Walz, Steffen P. and Deterding, Sebastian（2014）(editors). *The Gameful World. Approaches, Issues, Applications*. Cambridge, MA: MIT Press, 19–22.

游戏列表

[1] 11位工作室（11 bit studios，2014）.《这是我的战争》。

[2] Acid Nerve（2015）.《泰坦之魂》。

[3] 动视（Activision, Infinity Ward，2003年至今）.《使命召唤》系列。

[4] BBC Media（2015）.英国广播公司少儿台游戏时间（BBC CBeebies Playtime）。

[5] 贝塞斯达（Bethesda，2011）.《上古卷轴V：天际》。

[6] 暴雪娱乐公司（Blizzard Entertainment，2004）.《魔兽世界》。

[7] CD Projekt RED（2015）.《巫师3：狂猎》。

[8] 解构团队（Deconstructeam，2014）.《天在看》。

[9] 唐诺娱乐（Dontnod Entertainment，2015）.《奇异人生》。

[10] 弗洛姆软件公司（FromSoftware，2015）.《血源诅咒》。

[11] 富布赖特（Fullbright，2013）.《到家》。

[12] 国王数据娱乐（king，2012）.《糖果传奇》。

[13] 卢卡斯艺术（LucasArts，1990）.《猴岛的秘密》。

[14] 疯狂实验室（Niantic Labs，2016）.《精灵宝可梦GO》。

[15] 卢卡斯·波普（Pope Lucas，2013）.《请出示证件》。

[16] 育碧（Ubisoft，2007）.《刺客信条》。

[17] 育碧（2014）.《看门狗》。

第二章
电子游戏作为文化的出现和巩固

引言

本书所依据的基本前提是,电子游戏文化正在成长和巩固,并渗透到当代社会。例如,这使得我们有可能从一个我们称为社会"电子游玩化"(videoludification)的过程来进行思考。显然,当游戏文化以复杂的方式与之交织在一起,这种文化也成为更广泛的社会现象和转变的一部分;例如,数字文化(卡斯特,2010)、新自由主义政治理性(罗斯,1999)、参与式文化(詹金斯,2006)、风险社会(贝克,1992)、专家文化(吉登斯,1991;克诺尔-塞蒂纳,1999)、新文化逻辑(基尔,2008)、流动的现代性(鲍曼,2000)、后人文主义(哈维拉,1991)、拟像时代(鲍德里亚,1994)、舞台真实性(麦坎内尔,2011)等的出现和兴起,以及晚期资本主义社会现实的变化性质的各个方面。因此,我们的中心论点是,电子游戏文化既是复杂的当代社会和文化转型的结果,也是其关键因素——我们将在本书中更详细地探讨这一点。

在本章中,我们将列举几个关键的例子,说明电子游戏是如何以及为什么成为一种既定的、不断发展的文化现象,并有助于更广泛的社会转变。首先,我们在"电子游戏化世纪"数字文化兴起的背景下,提出了电子游戏文化的定义,从而阐明了这些过程的框架。然后,我们列举了不同的案例,这些案例有助于我们探索电子游戏文化的出现和巩固,例如,现实的游戏化(包括游戏化、严肃游戏和增强现实等概念)、电子游戏在公众中日益重要的地位、蓬勃发展的电子游戏产业、电子游戏和教育和工作之间的联系、电子游戏受众的构建、电子游戏在学术界日益增长的重要性,以及电子游戏作为一种文化产品的巩固。

电子游戏文化的定义

数字文化的兴起

穿过英国曼彻斯特的科学与工业博物馆，参观者会被邀请亲眼目睹工业革命起源背后的一些宏伟的和可怕的工业机械。工业革命确实是一场改变了世界的革命。在这个博物馆里，还有一个区域专门展示计算机的祖先。其中有一个是著名的小型实验机（SSEM）的复制品，绰号"婴儿"，于1948年建造在曼彻斯特大学。"婴儿"机器被认为是计算机第一次在储存和运行程序上的成就。虽然机器中的一切都感觉更像是类比的而不是数字化的，但它仍然是即将到来的数字海啸的首要表现形式之一。与推动工业革命的强大引擎不同，我们似乎很难理解这台基本的计算机如何催生一场改变世界的新革命。尽管如此，一场巨大的转变正在进行当中。数字时代诞生了。

在《数字文化》一书的绪论中，查理·基尔（2008）回顾了1999年最后几个月的普遍妄想症，人们担心"千年虫"（缩写为"Y2k"）会破坏所有的计算机，因为人们预计计算机程序的系统无法处理跨世纪的日期运算。尽管我们知道计算机系统和电子设备没有发生任何特别重要的事情，臭名昭著的"千年虫"有一个（意想不到的）后果，是它让我们意识到我们现在生活在一个完全数字化的世界中：

就像一道闪电掠过漆黑的景象，它让迄今为止一直模糊不清的东西变得清晰可见。数字技术几乎彻底改变了世界。

（基尔，2008：13）

数字技术已经在各个层面改变了现实，很少有领域没有被数字化改变。这种巨大的转变包括媒体（新、旧媒体）、工作、政府、经济、福利、教育、法律、休闲等领域，几乎涵盖了人们日常生活的方方面面：

我们很难掌握这种转变的全部程度，至少在发达国家，几乎可以在现代生活的各个方面观察到这种转变。大多数形式的大众媒体、电视、录制音乐、电影都越来越多地以数字方式制作和发布。这些媒体开始与互联网、万维网和电子游戏等数字形式融合，以构成天衣无缝的数字媒体景观。在工作中，我们也被这种技术所包围，在办公室，计算机已成为文字处理和数据管理不可或缺的工具，在超市或工厂，营销和生产的各个方面都受到数字化监控。政府和其他复杂组织追求其目标的许多手段都依赖于数字技术。实物货币、硬币和纸币，只不过是凝结成物质的数字数据。推而广之，各种用途的信息现在大多以数字形式存在，包括与保险、社会服务、公用事业、房地产、休闲旅游、信贷安排、就业、教育、法律以及个人有关的信息用于识别和资格，例如出生证明、驾驶执照、护照和结婚证。

（基尔，2008：13-14）

我们的社交和个人生活的方方面面都开始以数字为媒介，尽管仍有部分可能逃离数字世界，但"每天这样做都变得越来越困难"（特雷尼克，2008：22）。

然而，根据柯比（2009：168）的说法，尽管数字文化已经成为当代社会的主要逻辑，但可以说电子游戏才是这个时代的核心文化产品：

电脑游戏玩家的身影，手指和拇指疯狂地按下键盘，以便通过不断发展、变化的叙事场景来改变人物形象，并在某种程度上融入他实际带来的文本，将他自己卷入一种随意的、向前的虚构宇宙中，这个宇宙也完全地通过这种沉浸而存在。这在很大程度上就是数字现代主义本身的形象。随着电脑游戏在各个年龄段、阶层和性别之间的吸引力不断扩大，它们已经成为一种全新的文化主导形式的象征。

由此可见，电子游戏是数字文化的典型文化形式，可以说它是最纯粹的形式。电子游戏和电子游戏玩家也因此被视为（至少是）我们当代社会的主要产品和驱动力之一。虽然我们可能不会像柯比思考得那么深远，但伴随着电子游戏文化的发展，电子游戏即使不是数字文化中最重要的产品，也可以肯定它仍然是必不可少的产品。

电子游戏文化的一种定义

在更详细地讨论电子游戏文化包含什么，以及为什么它会成为我们社会和文化景观的重要组成部分之前，让我们先提供一个实用的定义：电子游戏文化是电子游戏实践、体验和意义在当代社会中的制度化，它将电子游戏（video games）和玩电子游戏（video gaming）作为我们社会想象的重要组成部分。

首先，这个定义包含了克劳福德（2012：143）的论点，即电子游戏不应被理解为一种孤立的活动，而是一种"超越电子游戏机或其屏幕的文化"。基于纽曼（2004）和伯恩（2006）等作者的观点，克劳福德认为，"电子游戏不仅仅是玩游戏的行为，也是记忆、梦想、对话、身份、友谊、艺术品、讲故事等的源泉"。毫无疑问，电子游戏"不仅仅是玩游戏的行为和玩游戏的片刻"（纽曼，

2004：153）。因此，我们希望将电子游戏文化理解为"一种意义系统"（玛雅，2008：13），以及更广泛的社会背景下的社会实践。

从这个意义上说，我们在这里使用的"文化"定义，是介于传统的整体人类学方法和更具限制性的人文主义方法之间。前者几乎涵盖了人类生产的所有事物，而后者通常指社会的一个特定方面，比如在艺术领域里的高雅文化。也就是说，我们既要考虑电子游戏文化的具体实践，又要考虑电子游戏文化如何嵌入更广泛的文化景观中。

从词源上来看，"文化"一直与关怀或养育行为联系在一起。简言之，文化是被培养出来的产物。在其最具限制性的人文主义意义上，文化可以被理解为（人）在努力创造它之后所拥有的东西。此外，在这个定义中，文化区分了被视为拥有文化的人和不拥有文化的人。这种对"文化"的概念化对我们来说并不是特别有用，因为它过于局限和有歧视的意味。在分析某些形式的精英主义或电子游戏文化和电子游戏玩家身份的严格界定的表述时，我们至少会简要回顾一下这个论点（见第六章）。

爱德华·B.泰勒（Edward B.Tylor，1973：4-5）对"文化"一词的第二种更具包容性的人类学用法作了如下定义：

在广义的民族志意义上，文化或文明是一个复杂的整体，包括知识、信仰、艺术、道德、习俗以及人类作为社会成员所获得的任何其他能力和习惯。

克利福德·格尔兹（Clifford Geertz，1973：4-5）指出了泰勒研究文化的方法的问题，他强调："文化是一个如此宽泛的定义，以至于它迫使我们同时采取所有方向，并使这个概念从理论和实践的角度来看都是不切实际的。"尽管我们可能倾向于从广义上把电子游戏文化理论化，但我们同意弗朗斯·玛雅的观点，即我们可能无法将这种文化等同于传统人类学所研究的文化。正如玛雅（2008：23）所写：

如果从这种广义和普遍的意义上理解文化的概念，并将其直接应用于游戏研究，这可能会导致一种相当粗暴的方式概念化"游戏文化"。当然，人们也可以争辩说，游戏并没有以属于传统民族文化（比如班图人或因纽特人文化）的方式来定义我们的存在或在社会中的地位，它定义了这些人的生活方式和身份。但是游戏和游戏实践，对于那些积极参与游戏的人来说确实具有一定的意义。

因此，玛雅的观点帮助了我们去界定文化的概念，特别是关于电子游戏和玩家的文化。电子游戏文化对我们来说，跟玛雅的观点一样，是一种"建立在所有以前游戏中学习和体验的层次之上的现象，分享这种文化的特定人群之前已经与之互动"（玛雅，2008：19）。总而言之，玛雅将文化定义为一组共享的体验。我们在第三章中会更详细地探讨明确的关于"体验"的概念。借鉴了众多人类学家和社会理论家的著作，西莉亚·皮尔斯（Celia Pearce, 2009：51-54）将文化视为共享意义的网络。从本质上看，她采用了格尔兹（Geertz, 1973：5）给出的韦伯式的文化定义：

> 与马克斯·韦伯（Max Weber）一样，我相信人是一种悬在他自己编织的意义网中的动物，我认为文化就是这些网，因此对它的分析不是一种寻求规律的实验科学，而是一种寻求意义的解释科学。

如果我们将这些对文化的描述融合为共同的体验和意义，结合其他游戏研究学者的想法，例如，克劳福德（2012）的上述观点强调了某些实践的重要性，那么我们就得出了我们在本章开头所阐述的电子游戏文化的定义，在更广泛的文化景观中，它由一系列实践、体验和意义组成。

探索（电子）游玩化

电子游戏被描绘成21世纪的媒介（皮尔斯，2009：51）和一种"数字文化的典型文化形式"（柯比，2009：167），它已成为文化主导（皮尔斯，2009：168）。不是说电子游戏文化是21世纪最重要的文化媒介，但没有它我们就很难理解当代社会。因此我们的中心论点是电子游戏文化提供了研究非常重要的社会问题的机会，例如，能动性（第三章）、文化（第二章）、身份（第六章）、体验（第四章）、政治（第三章）、社会实践（第二章）、认同和共情过程（第五章）以及社区形成的过程（第六章）。具体来说，电子游戏文化让我们能够以一种整齐的框架和有效的方式做到这一点，这几乎就像一个理想的社会学活实验室。

从这个意义上说，电子游戏文化正在渗透我们社会几乎所有的领域，可以在电子游戏超越自身文化限制的那些方面找到明确的证据。当日常生活被电子游戏的逻辑和机制所占领时；当不同的社会背景，例如，经济、工作、休闲、教育、健康和消费领域的社会背景，被支配电子游戏的基本原理所渗透时，就会发生这种情况。正如我们将在本章中展示的那样，电子游戏文化的扩展不可阻挡地带来了文化的电子游玩化。

我们认为，这种社会现实的游戏化过程在以下领域是显而易见的：游戏化（gamification）（在非游戏环境中游戏元素的使用，尤其是电子游戏应用于教育、劳动、医疗、商业或社会关系）、虚拟现实（家庭的虚拟现实设备通过电子游戏得到扩散）、增强现实（如《精灵梦可宝GO》等典型案例，公共空间成了游乐场）、社交网络（Twitter、Facebook、Instagram或Tinder，这些社交平台通过对"点赞""关注者""影响力""里程碑"等的统计，将社交关系转化为一种在成就和得分方面类似于电子游戏的活动）、知识的生产（维基和"开放访问"的存在是参与式文化的一部分，也是典型的电子游戏实践。也有通过使用"影响因素""认证"的逻辑对出版物和研究成果进行评估，例如，Academia.edu或ResearchGate就是基于竞争基础和评分的资助，以及游戏化的社交网络）、商业关系（通过积分、折扣、礼品和徽章系统控制忠诚计划和消费模式）、媒体（通过点击量、访客和排名以及与观众互动的能力和素养进行评估）、政治（以高分表的形式进行投票，使用应用程序和网站的参与式民主，在MMOG中作为部族的联盟，以及社交网络的行动主义）、战争（将游戏技术应用于军事，例如使用类似电子游戏的界面和控制器的无人机和机器人），以及许多其他领域。

电子游戏化是一种趋势，一些游戏学者称其为"游戏化的世界"（gameful world，沃尔兹和德特丁，2014）、"游玩世纪"（the ludic century）、"游玩文化"（ludification of culture，齐默尔曼，2014），或"游玩社会"（ludic society）。特别是，埃里克·齐默尔曼（Eric Zimmerman，2014：20）在《游玩世纪的宣言》（*Manifesto for a Ludic Century*）中指出，在21世纪，电子游戏或非常像游戏的体验将越来越多地成为人们"打发闲暇时间和消费艺术、设计和娱乐"的方式。齐默尔曼（2014：19）认为，数字技术赋予了游戏新的相关性。因此，以数字为媒介的游戏将成为设计和消费社交体验的主要模式（见第四章和第五章）。根据齐默尔曼（2014：21-22）说法，游戏素养将成为游玩世纪的核心，即创造和理解意义的能力。对于那些寻求在就业、个人发展、培训、社交关系和欢乐的新潮流中导航的人来说，掌握游戏的语言、程序和系统将逐渐变得更加重要。这是从游戏的角度去思考和行动的。因此，齐默尔曼（2014：22）提出"人人都将成为游戏设计师"也就不足为奇了。从这个意义上讲，个人将被要求以一种深度积极的方式，利用游戏设计的可能性，参与"系统逻辑、社会心理学和文化黑客"。

同样，约斯特·雷森斯（Joost Raessens，2010：6）认为，我们正沉浸在一个无情的文化游玩化过程中，在这个过程中，游戏"不仅是休闲的特征，还出现在那些曾经被认为与游戏相反的领域"，如教育、政治和战争。玛雅（2017）认为，我们正在进入一个"游玩社会"或"游戏时代"，由文化和社会的游玩化过程所决定，"与文化和社会不同领域出现的游戏和娱乐元素有关""游戏和相关的游玩文学在文化上占主导地位"。或者正如斯特芬·P.瓦尔兹和塞巴斯蒂安·德特丁（Steffen Walz and Sebastian Deterting，2014：7）所言，我们生活在一个"游戏化的世界"，在这个世界里，"来自（数字）游戏和游玩的实践和态度、模式和比喻、物质和工具、语言和概念越来越渗透到各个领域"。这种对文化的游玩化与玩耍（Ludus）的培养密不可分，在游戏里，"艺术家和企业、学者和技术专家、机构和亚文化，反过来试图驾驭和塑造游戏，以达到自己的目的"。基于凯洛斯（Caillois，2001）、瓦尔兹和德特丁（2014：7）描述了一个充满游戏的世界，其中包括"严肃游戏"（为非娱乐目的而设计的游戏）、"严肃玩具"（为非娱乐目的设计的玩具）、好玩的设计（为非玩具对象而设计的充满有趣体验的体验）、和游戏化（为非游戏对象而设计的用于提供游戏体验的体验）。

这些作者大多指的是一般的游戏，不一定或具体地指电子游戏。但很明显，在他们的分析和示例中，电子游戏扮演着即使不是核心也是非常重要的角色。例如，如上所述，齐默尔曼（2014：19）认为，正是数字技术赋予了游戏一种新的、增强的社会和文化相关性。因此，相应地，我们想表明，电子游戏及其文化在事实上正在渗透社会。我们主要是在经历一个特定的社会游玩化的过程，而不仅仅是一个不那么具体的现实世界的游玩化或游戏化过程。这种发展无疑是关于游戏和好玩的东西，但将游戏化的文化转化为我们的日常实践则主要是来自电子游戏，包括了游戏的逻辑、美学、语言、实践和关系。更具体地说，游玩世纪将是一个"电子游玩化"（VideoLudic）世纪。

因此，这种社会的影像游玩化是重要的证据，证明了电子游戏文化的出现和巩固，以及它正在渗透我们的社会和更广泛文化的许多方面。在接下来的部分中，我们将通过一系列示例，探讨这种对现实的影像游玩化，作为反映并推动了更广泛社会变革的电子游戏文化的表达。这些并没有穷尽电子游戏文化影响或反映当代社会的所有可能性，而是引入了这一过程的一些关键例证。除此之外，我们将看到现实是如何被游戏化的，工作、教育和游戏的空间是如何模糊的，电子游戏是如何渗透所有人口统计中的，以及电子游戏是如何成为主要的文化产品、研究和消费的对象。

游戏化现实：游戏化、严肃游戏和增强现实

游戏化

正如富克斯等人（2014）所言，游戏化至少有两种含义。一方面，游戏化可

以被视为社会游玩化过程的核心部分。在这种情况下，游戏化将是"游戏和游玩体验被理解为社会和文化的基本组成部分的过程"（富克斯，等，2014：7）；另一方面，游戏化可以被定义为一种更为有限的实践，通常"由营销大师和设计师提出"（富克斯，等，2014：8）。在第二个定义中，游戏化可以被视为在该领域获得特定成果的工具，例如，教育（马尔科普洛斯，等，2015）、工作（戴尔，2014）、健康（马图罗和塞提夫，2016）或休闲（徐，等，2016）。由于我们在下面考虑了一些更广泛的社会变化，这些变化与电子游戏在我们社会中日益增加的重要性和中心化有关。因此我们将转而关注富克斯等人所确定的后一种含义：使用游戏元素来设计各种社交环境中的游戏体验。

简化了研究游戏化的不同方法，我们发现了两条主要思路：批判和庆祝。在这一点上，游戏化被视为支配个人的反常工具——典型的新自由主义理性（见第三章），或者被视为与参与式文化理念相关的创造性和赋权工具（见第三章）。对于感兴趣的人，可以在德特丁（2014b）的著作中找到这些对立观点的全景图。

一方面，在游戏化的批判者中，我们发现伊恩·伯格斯特（Ian Bogost，2014：67）在他的《游戏化是胡说八道》（gamification is bullshit）这篇文章中将游戏化比作"派对把戏"（party trick）。这是一个需要两个部分的技巧："游戏"（game），作为吸引潜在客户的一种方式，以及"–化"（-ification）后缀，使流程看起来像是"简单且可实现的"。因此，游戏化不是一种游戏设计风格，而是"一种恰好将游戏作为解决方案的咨询风格"（博格斯特，2014：68）。建议用游戏化一词代替开发软件（Exploitationware）。由于游戏化的最终目标不是要产生有趣的体验，而是游戏化寻求产生"合规性"。

这种将游戏化表示为剥削的表述符合一些对（新）自由主义政治理性思想的批判方法（罗斯，1999）。例如，尼古拉斯·斯佩普（Niklas Schrape，2014：35）借鉴了塞勒和桑斯坦（Thaler and Sunstein，2008）的观点，将游戏化视为旨在规范当今世界社会的方法的一部分，它遵循自由主义的极端版本，即自由家长主义（libertarian paternalism）：

> 自由家长主义意味着，例如，国家赋予其臣民选择的自由，但其设计的所有可能的选项，人们都只能够以预期的方式做出决定。受试者应该感到自由，但他们的行为受到管制。所有电脑游戏玩家都熟悉这一原则。

斯佩普认为游戏化实践属于一种新的治理术（governmentality）（福柯，2003）；因为游戏化"能够以愉快的方式有效地激励预期行为，而无须诉诸于头脑或理性"，使它意味着"自由主义的实现"（斯佩普，2014：43）。这一论点可能是电子游戏文化普遍化最坚实的例证，同时也是新自由主义理性的成功。我们将在第三章中更详细地探讨这一主题。在对游戏化的描述中，最终目的是利益最大化，奖励只惠及少数人，而不惠及多数人，个人积极参与并将充分参与自己的开发。这是新自由主义的最佳心态。

这一论点当然还有另一个方面，那就是赞扬游戏化的用途和价值。关于游戏化，加贝·齐切尔曼和乔塞琳·林德（Gabe Zichermann and Joselin Linder，2010、2013）的著作中提供了最令人欣喜的描述（2010，2013）。他们将游戏化定义为在员工和客户中引入设计、忠诚度计划和行为经济学要素的过程，以吸引他们的参与。齐切尔曼和林德（2013：18）认为，当政府、企业和组织采用"游戏思维和机制"时，他们能够更好地吸引受众，减少噪声，推动创新，最终增加收入。根据这一论点，游戏化是指通过游戏机制在广泛的环境中找到并提供乐趣：积分、徽章（成就）、级别、排行榜和奖励（齐切尔曼和林德，2013：18-22）。这些作者将游戏化作为提高"员工参与度、满意度、绩效和任期"的工具（齐切尔曼和林德，2013：70），同时提高"客户参与度"。总之，齐切尔曼和林德（2013：216）公开和无所忌惮地接受了对游戏化机制的批评，将其视为在新自由主义的背景下的（自我）资源的终极剥削：

我们正在迅速走向这样一个未来，"乐趣"是新"工作"。乐趣也指新的购买、销售、吸引注意力和实现健康的方式。游戏化通过使行业变得更有趣，并最终更有效地建立一个强大、快乐和更好参与的社区，正在引领从根本上改变行业的步伐。

这种对游戏化的评价旨在通过将工作、消费和福利转化为游戏，在其中个人对自己的成就、护理和监管负责，从而可以从员工、客户和公民那里获得更多的利润和生产力。尽管如此，还有其他"积极"的游戏化方法，与这种充满新自由主义理性的框架相去甚远。例如，莱恩汉（Linehan）、克尔曼（Kirman）和罗氏（Roche，2014：101）试图与那些利用游戏化"作为增加产品参与度方式"的企业家和企业，以及认为这是"对他们手艺的亵渎"的学者和游戏设计师保持距离。莱恩汉等人建议使用"应用行为分析"（applied behavior analysis）来更好地理解玩家在游戏化场景中的工作过程。他们认为，参与这一过程的设计师和专业人员"有能力为其玩家创造更好的游戏体验"（莱恩汉，等，2014：101）。但这种分析的使用将取决于游戏化体验的创造者所追求的目标，无论是为了创作者自己的利益而从个人身上获取更多资源（金钱、劳动力、服从），还是让"玩"体验的群体受益。因此，对于莱恩汉等人而言，游戏化本身不一定是一个消极或剥削的过程，而是我们需要分析过程，以了解其不同的用途和价值。

还有人提出，游戏化可以成为教育和社会干预与协作的教育性和社区工具（威廉姆斯，2014），可以改善人们生活。从这个意义上说，游戏化应该从"系统的变化"转变为"改变系统"，也就是说，"从将游戏设计为在特定情境中部署的干预措施，到将情境设计为受游戏设计影像的干预"（德特丁，2014a：325）。因此，游戏化是一种"实现、促进或至少与他人一起过上美好生活一致"的东西（德特丁，2014a：321）。在这种论述中，社区的发展是目标。因此只有当集体从所采取的行动中受益时，个人才会得到奖励。

无论对游戏化采取何种立场及其相对利弊如何，作为一种企业、工作场所和其他组织中普遍实践的现象，游戏化正在迅速渗透到当代社会的社会结构中。正如米格尔·西卡特（Miguel Sicart，2014b：329）所言："游戏化只是一种文化趋势的征兆，证明游戏是一种合法的生活、创造和表达方式。"

严肃游戏

"严肃游戏"（serious games）是另一个例子，可以看到电子游戏对更广泛的文化的渗透。短语"严肃游戏"描述了"游戏"与"严肃"之间的一种紧张关系。"游戏"的概念通常与乐趣、休闲、琐碎和肤浅的概念联系在一起，而"严肃"一词通常与无聊、重要性、工作和郑重的概念联系起来。"严肃游戏"在某种程度上是一种矛盾的说法，但这一概念在过去几年中已经得到了广泛的关注。

"严肃游戏"需要在"广泛的教育和培训环境"中使用电子游戏和数字模拟（桑德福，等，2015：91），以解决教育、社会、医疗、劳工和政治的问题。例如，严肃的游戏包括：《免疫攻击》（*Immune Attack*）这是一款在生物课上教授初、高中学生免疫学的游戏；《再任务》和《再任务2》则是旨在帮助患有癌症的儿童和年轻人坚持治疗的游戏；《龙盒》（*Dragon Box*）是一系列教儿童数学的游戏。当然，这些只是众多例子中的一小部分，不同领域（军事、政府、教育、企业、医疗、政治等）的严肃游戏列表更长，可以在大卫·迈克尔和陈山德（David Michael and Sande Chen，2006：45-228）的著作中看到。

因此，严肃的游戏是"不以娱乐、享受或乐趣为主要目的的游戏"，尽管它们可能仍然是"娱乐、享受和乐趣"（迈克和陈，2006：21）。这些类型的游戏可以被视为更广泛的游戏化过程的一部分——两者当然有联系——但区别在于，严肃的游戏往往更典型地将特定的游戏作为一种特定的工具，而不是将游戏的各个方面应用到另一个环境中。尽管"严肃游戏"的概念可以追溯到20世纪70年代，当时它与棋盘游戏有关（雅培，2002），但它是一个在使用电子游戏进行"严肃"用途讨论时得到更为充分发展的术语。因此，当电子游戏开始渗透其他文化领域，使游戏变得严肃，并将严肃的事物变成游戏时，更加明显地展现了一个不断增长的社会游戏化（videolualification of society）的存在。

增强现实

增强现实（AR）提供了另一个游戏化现实的例子。根据阿祖玛等人（2001：34）的说法，增强现实是一种"用虚拟的计算机生成的对象来补充现实世界的系统，这些对象似乎共存于同一空间中"，并且可以通过3个主要属性来定义：在真实环境中结合真实和虚拟对象；以交互式实时运行；并将真实对象和虚拟对象彼此注册（对齐）。因此，增强现实是虚拟和真实对象混合过程的结果，是人类、数字技术和空间的结合。尽管AR技术已经发展了几十年，其提供AR体验的能力在20世纪80年代就已经存在（霍夫曼和莫西姆赫夫德里什维利，2014：66），但正是智能手机在公众中的普及和广泛使用，才使增强现实技术得以广泛应用。

一些最受欢迎的AR智能手机应用程序和游戏包括：Layar，一款用于在杂志和海报页面上观看视频、评论和附加信息的应用程序；宜家手册（IKEA Catalog，宜家家居，2013），允许用户使用AR功能在房间内放置家具；Invizimas，该游戏要求玩家使用PSP的相机附件捕捉生物，以便稍后在与其他玩家的战斗中使用它们；Ingress，是一款AR游戏，要求玩家在地图上与所代表的物体保持物理接触，以便与之互动。迄今为止最著名的可能是《精灵宝可梦GO》，这是受欢迎的任天堂电子游戏的AR版本，玩家可以在游戏中追逐和捕捉生物（精灵宝可梦）以及与其他玩家战斗的物品。

我们将更详细地探讨《精灵宝可梦GO》，因为它是一个很好的例子，展现了电子游戏如何引领文化影像游玩化的过程。2016年7月发布的《精灵宝可梦GO》引发了媒体和公众对电子游戏的空前反应。在发布后的几个月里，它风靡全球，成为有史以来下载量最大的电子游戏之一。与此同时，成千上万的人开始在街道、广场、公园和许多其他公共场所徘徊，寻找宝可梦。一群人聚集在某些特定的地方——PokeStop，获取游戏内物品的特殊场所；或健身房；训练宝可梦或与其他玩家战斗的场所。游戏玩家和智能手机功能（包括增强现实功能）之间的知名专营权的使用，重新构建了个人如何"参与不同形式的媒体"（基奥，2017：40），尤其是电子游戏。根据基奥（2017：40-41）的说法，这种重构将一款核心电子游戏的"专营权转变为无处不在的流行文化偶像，将一种小众的电子游戏体验转变为一种易于获得的休闲体验，吸引更广泛的玩家群"。因此，《精灵宝可梦GO》是软件、技术、个人、空间和分布式能动性的集合。正如吉丁斯（Giddings，2017：61）所言，游戏"在智能手机中的分布，是以移动设备、图像和中介动作、软件算法以及实际身体和空间的形式"进行的。

因此，《精灵宝可梦GO》成功地组织和动员了多个行动者：应用程序、摄像头、GPS、玩家、位置、建筑、地图等。这种软件和硬件、人类和非人类，以及真实和虚拟的结合，将现实变成了一个游戏场（而不仅仅是"魔法圈"的有限空间——见第五章）。《精灵宝可梦GO》产生了一种由技术中介的社交互动，包括本地和全球，离线和在线，这在此之前几乎没有出现过。这个游戏吸引了媒体的大量关注，足以证明它所带来的文化和社会层面的"冲击"。当数以万计的人，包括多样化群体和不同年龄的玩家，他们占用公共空间玩《精灵宝可梦GO》时，这让人们更加明确地看到之前就已经在进行的事情，即这种游戏文化现已在整个社会广泛传播开来。正如西卡特（Sicart，2017：32）所言，现实"一直都是增强的"，《精灵宝可梦GO》所做的就是给我们"一种新的语言和新的技术，让我们能够访问、体验，最重要的是在这个增强的世界中玩耍"。所以我们同意玛雅（2017：49）的观点，她认为如果我们严肃对待我们正在进入的"游玩社会"或"游戏时代"，"我们应该密切关注的正是像《精灵宝可梦GO》这样的现象"。

电子游戏在普通民众中日益增长的重要性

电子游戏文化不再是一种有着强烈界限的亚文化，其中最显著的一个迹象是越来越多的人玩电子游戏。似乎越来越多不同背景、年龄和性别的人正在成为电子游戏玩家，或者他们至少偶尔会玩电子游戏。例如，埃根费尔特–尼尔森（Egenfeldt-Nielsen）等人认为："从一年级小学生到退休老人，从未玩过电子游戏的人数似乎在不可避免地减少。"（2008：134）他们用《纽约时报》的一篇文章阐述了这一点，作者席塞尔（Schiesel，2007）在文章中解释了在养老院人们如何定期玩电子游戏。这一代人不是在一个电子游戏普遍存在的世界中长大的，至少电子游戏还不是作为一种文化相关的现象，但如今这一代人已发展成为更广泛的电子游戏玩家群体的一部分。

正如埃根费尔特·尼尔森等人（2008：139）所指出的那样，当三大电子游戏机公司在2001年推出了新一代的游戏机（索尼的PlayStation 2、微软的Xbox和任天堂的GameCube）时，可以看到电子游戏"从亚文化到大众市场的运动"

已经取得了很好的进展，算是"第一次直接地针对当时不太情愿的'普通大众'（general public）"。到了新世纪的转折点，20世纪80年代诞生的"游戏玩家亚文化"被远远抛在了身后（埃根费尔特-尼尔森，等，2008：52）。同样地，利用来自不同市场研究公司和电子游戏行业协会的数据，皮尔斯得出结论，"鉴于数据，无法再充分反驳电子游戏已成为大众媒体景观一部分的事实"（2009：51）。在皮尔斯提到的统计数据中，有一些值得注意的发现，比如有三分之二的美国人玩电子游戏或者几乎一半的美国家庭拥有游戏机。

各种行业调查似乎都证实了电子游戏在越来越多家庭中的普及。例如，由美国最重要的电子游戏行业协会——娱乐软件协会（Entertainment Software Association，ESA）编制的《计算机和电子游戏行业基本事实》年度报告，表明了65%的美国家庭中至少有一个人经常玩电子游戏（每周3小时或以上）（ESA，2017）。这份报告还表明，67%的美国家庭拥有玩电子游戏的设备，48%的家庭拥有专用游戏机（ESA，2017：6）。这里的其他数据表明，游戏玩家的平均年龄为35岁，45%的电子游戏玩家超过35岁，42%的游戏玩家是女性（ESA，2017：7）。

同样，英国主要电子游戏行业组织英国互动娱乐协会（Ukie）收集的数据也显示了英国家庭的类似数据。在《英国电子游戏情况说明书》（U，2017）中，有57%的英国人玩电子游戏，并且这里游戏玩家的性别细分为58%的男性和42%的女性。卡罗尔·博罗维茨基和哈桑·巴克希（Karol Borowiecki and Hasan Bahkshi，2017）根据英国政府参与调查收集的数据发表的研究也呼应了这些发现。在他们的报告中，博罗维茨基和巴克希称（2017：12），电子玩家的平均年龄为43.2岁，并且"普通玩家更有可能是女性"。但是，女性玩家玩游戏的次数往往相对较少。

这些调查结果与欧洲互动软件联合会（ISFE）发布的调查结果相似，该联合会由欧盟的电子游戏发行商和贸易协会组成。根据他们2012年的调查报告《欧洲电子游戏调查：消费者研究》（ISFE，2012），来自16个欧洲国家的参与者回答了在线和离线问卷，48%的欧洲人表示在当年至少玩过一次电子游戏。瑞典人似乎玩得最多，约62%，英国人、西班牙人和葡萄牙人玩得最少约为40%。考虑到那些玩得最频繁的人，数据显示，平均四分之一的欧洲人每周至少玩一次电子游戏。在于性别和年龄方面，该报告指出，55%的欧洲游戏玩家为男性，45%为女性，而27.5%的玩家年龄在55~64岁。此外，ISFE GameTrack在英国、法国、德国和西班牙（以及美国和俄罗斯，但该信息未包括在摘要中）进行的问卷调查（2016），结果显示与2016年最后一个季度的结果相似：在6~64岁的受访者中，有47.5%的人至少在2015年玩过一次电子游戏，其中53%的玩家是男性，47%的玩家是女性。

所有数据都指向同一个观点，即在西方国家，大约有一半的人口玩电子游戏，其中女性人数已经增加到与男性相似的水平，甚至那些不是出生在电子游戏文化时代的人也开始玩电子游戏。这将是对当代电子游戏玩家的基本写照，从数量上证实了广泛且不断增长的电子游戏文化的假设。然而，这些宽泛的笔触定义如此模糊，以至于数据中仍遗漏了大量细节。最常见的情况是，他们往往会错过一些信息，例如，谁在什么设备上玩什么电子游戏或者多久玩一次。例如，在某些情况下，这些调查将电子玩家定义玩过任何游戏的任何人，甚至在过去六个月或者是前一年只玩过一次游戏。这种方法是假设任何玩过任何类型电子游戏的人，即使是最近玩过一次，都是玩家。那么这就引发了关于谁是游戏玩家和什么是游戏玩家的重要问题——我们将在第六章中再次讨论这个话题，但至少需要强调的是，这些调查惯用地对游戏玩家进行分类的方式，并不等同于大多数公众对游戏玩家的定义。

无论如何，这些并不是与这些数据相关的唯一担忧。事实上，在这些报告中，有时候"原始来源往往引用不当"（克劳福德，2012：51），而且它们似乎混合了不同来源的信息，而没有考虑到方法上的差异，这削弱了数据的可靠性。此外，由于这种性质的数据通常由电子游戏行业的代表制作和发布，这些组织往往会寻求"将电子游戏作为正常的、社会的和健康的追求，来传达一种非常独特的形象"（克劳福德，2012：51）。

然而，即使为了给电子游戏和游戏玩家留下某种印象而使所选择的信息有失偏颇，它仍然可以作为指向电子游戏文化是如何进入当代社会的信息。无论这是由杰斯帕·尤尔（Jesper Juul，2010）等作者提出的新型电子游戏和平台（所谓的"休闲游戏"，如在网络浏览器、智能手机和平板电脑上玩的游戏）的兴起引起的，还是由其他更广泛的社会进程引起的，事实是电子游戏和玩电子游戏的正常化，在当今社会已是一个不可避免的现实。

电子游戏正在变得正常……休闲游戏的兴起，结束了20世纪80年代和90年代的小历史反常现象，当时只有一小部分人玩电子游戏。

尤尔（2010：20）

这就是尤尔认为的电子游戏中的一场休闲革命。近年来，这场革命正在覆盖越来越广泛的受众。硬核玩家和休闲玩家的分类将在本书第六章中更详细地讨论，我们将探讨如何构建和维护电子游戏玩家的身份，更重要的是要认识到电子游戏和游戏玩家世界的扩展，对于理解电子游戏文化的构成至关重要"电子游戏正在迅速成为人人都可以玩的游戏"（尤尔，2010：152）。

简言之，电子游戏文化在当代社会的出现和巩固，可能最好地反映在越来越多和不同类型的人玩电子游戏的显著增长上。这是当代电子游戏文化及其在当今世界正常化的最显著特征之一。

蓬勃发展的电子游戏产业

近年来玩电子游戏的人数迅速增加，那么电子游戏行业的惊人增长也就不足为奇了。没有一个过程，另一个就不可能存在。在这个意义上，乔恩·多维和海伦·肯尼迪（Jon Dovey and Helen Kennedy，2006：2）认为"计算机游戏行业是新兴新媒体领域中最成熟的行业"，占据着"大众主流市场"，而埃根费尔特-尼尔森等人（2008：88）则认为"电子游戏业正在蓬勃发展"。他们估计，"美国销售额在不到十年的时间里翻了一番多，从1995年的32亿美元增至2005年的70亿美元"。同样，汤姆·查特菲尔德（Tom Chatfield，2011：27）认为，在"大多数全球媒体要么萎缩，要么静止的时候，也许电子游戏行业最值得我们注意的事实是它的增长"。他还描述了全球电子游戏销售额的快速增长，从20世纪70年代末的每年几十亿美元，到2008年底的400多亿美元。查特菲尔德声称："将电子游戏称为世界上最有价值的购买娱乐媒体已经是公平的了。"

上述作者提供的数据确实令人印象深刻，但重要的是我们要查看最近的统计数据。因此，尽管存在潜在的缺陷，但我们必须再次转向电子游戏行业提供的数据，因为它可能拥有目前最全面和最新的信息。

在美国，ESA表示2016年消费者在电子游戏相关产品上花费了304亿美元（ESA，2017：15）。在2006~2009年，仅考虑了零售店的新实体内容，总销售额从2006年的70亿美元增加到2009年的100多亿美元（ESA，2016：12）。2010~2016年的数据，其中还包括数字分布式电子游戏，总支出从2010年的175亿美元增加到2016年的245亿美元（ESA，2017：15）。简单地说，2006~2016年，美国的电子游戏销量增长了两倍。

尤基（Ukie，2017：2）表示，2016年全球电子游戏收入为910亿美元，预计到2019年将达到1186亿美元。根据Newzoo的一份报告，2016年最大的市场是亚太地区，占全球市场的47%，游戏收入达466亿美元。就消费者收入而言，2015年6大电子游戏市场依次为中国、美国、日本、韩国、德国和英国（尤基，2017：

16）。根据娱乐零售商协会（Entertainment Retailers Association）的数据，2016年英国10款电子游戏的销售额为29.6亿英镑（38.1亿美元）。

因此，如果我们认为2016年全球市场收入为910亿美元是准确的，就超过了玻利维亚（32.9亿美元）、克罗地亚（487亿美元）、乌拉圭（534亿美元），以及乌克兰（906亿美元）等众多大国的国内生产总值（GDP）。假设电子游戏行业是一个国家，它将是世界第59大经济体。

我们很难预测电子游戏在经济或文化方面是否已接近顶峰，或者它们是否刚刚开始腾飞，但很明显的是电子游戏行业正在走向霸权。现在有几个著名的电子游戏特许经营权，例如，《侠盗猎车手》（Grand Theft Auto）系列、《使命召唤》系列、《模拟人生》（The Sims）系列、《刺客信条》、《魔兽世界》以及许多其他游戏，全世界有数百万人在玩这些游戏。2014年发行的《命运》（Destiny）可能是近期一个突出的例子可以证明电子游戏的全球文化地位（动视暴雪，2014）。根据动视公司首席执行官鲍比·科提克（Bobby Kotick）的说法，《命运》系列的开发和营销费用达到了5亿美元（韦伯斯特，2014）。这项投资甚至超过了游戏开发分公司摇滚之星（Rockstar）的《侠盗猎车手5》的已经令人印象深刻的数字，这个游戏耗资约2.67亿美元（麦克劳克林，2013），并在头24小时内赚了8亿美元（韦伯斯特，2013）。相比之下，公认的迄今为止最昂贵的电影《加勒比海盗4：惊涛怪浪》的制作成本约为4.1亿美元（塞尔特，2014）。

与上面提到的那些3A（高成本、高体量、高质量。——译者注）游戏相反，有许多被认为是独立场景一部分的游戏，近年来在财务和文化方面都取得了巨大的成功。一个值得注意的例子是电子游戏《我的世界》。2014年9月，微软以25亿美元的价格收购了电子游戏开发商Mojang，据《我的世界》称，截至2017年2月，《我的世界》已在所有平台上售出1.22亿份。此外，还有其他一些独立游戏在最近几年同样卖出了数百万份，例如，《菲斯》（Fez，费斯，2012）、《饥荒》（Don't Starve，科雷娱乐，2013）、《地狱边境》（Limbo，卡尔森，2010）、《史丹利的寓言》（The Stanley Parable，雷登，2013）、《无人深空》（No Man's Sky，你好游戏工作室，2016）、《堡垒》（Bastion，超级巨人工作室，2011）、《超级肉食男孩》（Super Meat Boy，Team Meat，2010）、《时空幻境》（Braid，布洛，2010）、《迈阿密热线》（Hotline Miami，丹纳顿游戏公司，2012）、《以撒的结合》（The Binding of Isaac，麦克米伦和希姆斯尔，2011），仅举几个突出的例子。

除了电子游戏机和个人电脑，电子游戏产业在一个巨大的移动平台领域中迅速发展。热门的例子包括了《糖果传奇》和《愤怒的小鸟》，到2013年，它们分别在移动平台上被安装了5亿次和20亿次（德雷奇，2013）。最近，据《精灵宝可梦GO》开发者的说法，该游戏在发布的前7个月内被下载了超过6.5亿次（萨卡尔，2017b）。尽管这些类型的电子游戏通常基于"免费玩"的模式，其盈利能力来自微交易和广告，但它们是世界上最赚钱的电子游戏之一。例如，《糖果传奇》的玩家在2013年6月至2014年12月花费了23.7亿美元（德雷奇，2015），游戏开发商King在2016年被动视暴雪以59亿美元收购（朗德尔，2016）。

无论平台（个人电脑、电子游戏机、移动设备）、生产类型（3A、中型、独立）还是商业模式（零售、数字购买、微交易）是怎样的，电子游戏很显然已经是庞大而蓬勃发展的行业的一部分。这有助于证实我们关于日益增长的电子游戏文化重要性的论点。尽管如此，电子游戏的经济影响力不是我们这项研究中认为最重要的意义所在，而是电子游戏的社会和文化重要性。

电子游戏：模糊玩游戏、教育和工作之间的界限

传统意义上，电子游戏通常被视为仅仅是娱乐，并且主要面向儿童或青少年（科沃特，等，2012；柯克帕特里克，2015；伯格斯特龙，等，2016）。但显然如今的情况已经发生了变化：正如我们上文所叙述的，电子游戏玩家越来越多样化，电子游戏成为蓬勃发展的文化产业的一部分，以及电子游戏在更广泛的当代文化中越来越重要。电子游戏不再是一种单纯的娱乐形式。我们尤其希望强调另外两个被电子游戏影响的领域：工作和教育。

当涉及考虑电子游戏在教育和工作中的重要性和作用时，至少有两种主要方式。第一种方法是展示电子游戏对传统工作和教育结构的影响。这种方法考虑了近年来创造的与电子游戏相关的工作岗位数量，不同课程、学位的数量，以及任何其他专注于发展电子游戏技能的培训活动。第二种方法是评估电子游戏文化和实践与工作、教育和游戏之间的界限的融合程度和方式。我们将在本节中简要探讨这两种行动方案。

"玩"的工作

显然，电子游戏行业是一个庞大且不断增长的行业。据英国互动娱乐（Ukie，2017）数据显示，2013年英国电子游戏行业有2.39万个全职的FTEs工作岗位（尤基，2017）。而美国娱乐软件协会（ESA，2017）则指出，美国目前有6.56

万名员工从事游戏软件开发和出版工作。除此之外，当然还有业余的制作游戏模组和破解的"卧室程序员"（bedroom coders），在游戏推出前测试游戏的 Beta 测试员（beta testers），以及其他众多无偿工作者为这个行业的持续成功和盈利做出了贡献。为了更全面地讨论电子游戏行业的性质，我们可以参考克尔（Kerr，2006，2017），韦斯达和莱高特（Weststar and Legault，2014，2016），普雷斯科特和博格（Prescott and Bogg，2014），扎里卡松和威乐逊（Zackariasson and Wilson，2014），和威斯达（Weststar，2015）的著作。

虽然从事制作和销售电子游戏的人数显著增加，但值得注意的是，近年来电子游戏的日益普及也为个人创造了通过玩电子游戏来谋生的机会。职业游戏玩家的工作就是玩电子游戏。这可能包括竞技比赛，例如在电子竞技比赛中担任游戏评委，或者仅仅通过在 YouTube 或 Twitch 等流媒体网站上传视频来娱乐观众。

就竞技游戏而言，近年来锦标赛和奖品的数量显著增加。例如，维尔福（Valve）公司打造的纪录片《心竞技》（Free to Play）报道了 2011 年 DOTA2 第一届国际邀请赛中，一些参赛者的冒险和艰辛的电子竞技场景。这是有史以来最大的奖金池，总计 160 万美元，其中 100 万美元分配给获胜团队。仅仅 5 年后的 2016 年，奖金池已超过 2000 万美元，冠军奖金超过 900 万美元（范·艾伦，2016）。我们的一位受访者约翰，是一名 32 岁的前职业游戏玩家，现在是一支职业游戏团队的经理。他解释了职业游戏出乎意料地快速崛起的原因：

我们假设了我们会走到这一步，就像我们现在的情况一样，卖光体育场的门票，吸引数百万观众在线观看。我们知道我们会到达哪里。我们只是没想到会这么快，尤其是在经济衰退期间。

现在，电子游戏无论是在制作还是游戏方面，似乎已成为许多人可行的职业选择。尽管我们未必同意维尔福在《心竞技》中所做的热情预测，即电子竞技将很快超越足球和篮球等老牌运动，但就广泛普及而言，有迹象表明电子竞技的普及率肯定在上升。例如，有人认为电子竞技在韩国已经被视为"全民娱乐"（莫苏尔，2014），根据韩国联邦游戏研究中心的资讯，有 1000 万韩国人会定期关注电子竞技。此外，泰勒（2012：17）写到，在韩国"观看职业篮球、棒球和足球比赛的人数，加在一起等同于观看电子竞技职业联赛的人数"。可以肯定的是，电子竞技的观众在全球范围内不断增长：2016 年全球观众人数为 3.23 亿，预计到 2020 年底，观众人数将接近 6 亿（BBC，2017）。电子竞技已经成为电子游戏文化的一个重要组成部分，并有可能吸引更广泛的受众，可能有一天会挑战足球等世界上最受欢迎的体育运动的霸主地位。然而，我们在这里没有时间或空间来详细考虑电子竞技的现象和场景。因此，我们将向您介绍其他人的研究成果，如T·L·泰勒（2012）的研究，以更全面地考虑这项活动及其文化。

尽管如此，并非所有职业游戏玩家都是通过竞技比赛实现的。如同前文所提到的，在线视频平台如YouTube和Twitch为玩家提供了机会，他们可以上传自己玩游戏或评论游戏的视频到这些平台。在某些情况下，这可能会吸引数百万观众和粉丝。这种经济基于广告、订阅和捐赠，有时收益非常可观。因此，似乎有一个完整而不断增长的经济体系建立在"玩游戏并付费"的模式上，将游戏玩耍转化为工作（波斯蒂戈，2016）。尽管很难得到在线视频平台职业游戏玩家的个人收入数据，但诸如谢尔贝里（PewDiePie）或基萌（Markiplier）这样的玩家有很多人关注，他们从中获得了可观的收入。尽管对大多数人来说，这最多可能是补充他们的正常工作收入。例如，我们采访的一位专业网络红人柯南（Conan，23岁，男性，电子游戏评论家），强调了他和他所了解的许多人，能从他们创作的游戏相关视频节目中获得的收益很少："我的内容就是这样，我之所以能生存下来，是因为像Patreon之类的平台，或者是因为有人注意到了我，决定雇用我做其他事情。"

在这个世界上，与社会生活的任何其他方面一样，职业玩家的职业生涯也有不同的水平。除了顶级职业电竞选手的明星系统和知名度高的视频主播之外，还有那些为了成为职业游戏玩家而奋斗的临时工，甚至那些被剥削为"打钱者"（gold farmers）的人。在那里，游戏玩家团队被雇用，通常工作条件恶劣，工资很低，制作游戏内物品，并通过"真金白银的交易"，出售这些物品以获取利润（卡斯特罗诺瓦，2005；迪布贝尔，2007；李和林，2011）。

电子游戏教育

随着电子游戏作为一个合法的职业途径的兴起近年来涌现了越来越多的电子游戏研究、创作、设计和制作课程，以及增多的本科和硕士学位数量。46岁的杰克是电子游戏开发双学位课程的协调员，他认为在不久的将来，仅在欧洲就将创造数千个电子游戏行业的新工作岗位。因此，他不认为电子游戏相关课程和学位的激增是"一种时尚"，也不认为"人们现在教电子游戏是因为现在做它很酷"，对他来说"这是因为它是一种需要"。现年54岁的爱德华是一个电子游戏大师课程的负责人，他超越了仅仅是电子游戏行业的争论。对他来说"人们越来越接受电子游戏作为一种文化媒介",电子游戏正从"一种软件产品转变为文化产业的一部分"。因此,电子游戏相关课程的迅速兴起与电子游戏作为我们当代文化景观的一部分的广泛接受有关。反过来,电子游戏在教育领域的扩散也有助于使电子游戏成为我们更广泛文化的一部分。

然而,可能更令人惊讶的是,学校推出了旨在鼓励儿童和青少年玩更多电子游戏的活动。在这里,我们不仅暗示了在课堂上使用严肃游戏(如上所述),我们还看到了越来越多"正常的"电子游戏被用于教育目的,这里是说商业游戏,不是指专门以教育为目的制作的电子游戏。例如,在GlassLab(被称为"游戏研究所")这样的地方,他们使用电子游戏《我的世界》来教授数学。GlassLab的总经理杰西卡·林德尔(Jessica Lindl)表示,玩游戏的孩子们"正在锻炼数学功能、解决问题和协作,这些都是老师们一直在努力让孩子们在课堂上学习的"(皮茨,2014:在线资源)。但她更进一步指出,教育中的主要问题是正式评估的本质,而电子游戏的使用有助于改变我们在课堂上评估儿童的方式。正如她所建议的,通过电子游戏"在指导孩子做一件事和确定他们学习的程度之间几乎没有任何滞后"(皮茨,2014:在线资源)。因此,电子游戏似乎是覆盖了教学、学习和评估的整个教育过程的一种更有效的方式。

保罗·达尔瓦西(Paul Darvasi)是一名高中英语和媒体研究教师,也是一名严肃游戏/教育游戏设计师,他对此深信不疑。他开发了一种在课堂上使用《到家》进行教学的方法,为学生提供了大量的活动清单。然后,这个电子游戏被用于课堂环境中,以教授不同的问题,例如叙事是如何创作的,对20世纪90年代的世俗物品进行考古,系统地收集数据,并追踪部分社会问题相关的音乐、艺术和文学亚文化的迹象。

此外,电子游戏在教育的每一步中的融合都在加深。一些电竞游戏公司,如拳头游戏(Riot Games,《英雄联盟》的开发商和推广者),正在为那些在高中联赛中表现出色的学生提供大学奖学金(沃尔,2014)。与传统的大学体育奖学金类似,在竞争环境中负责这些电子游戏的人正在教育系统中挑选未来的电子竞技明星,帮助他们进入电子游戏职业生涯。

模糊游戏、劳动和教育之间的界限

维尔福的纪录片《心竞技》(2014)当中有一个片段,出现了其中一位职业玩家的母亲,她以"我是一名典型的父母"开头,然后讲到"你花了太多时间玩电脑游戏了"(维尔福，2014）。她提到，作为一名母亲，她试图鼓励儿子克林顿投入更多的时间在学习上，这样才能有一个可行的职业发展比如教育工作。对她来说，玩电子游戏分散了儿子的注意力。她丝毫没有预见到电子游戏会带来一个有效且有利可图的职业。影片中另一位参赛者也赞同这里所阐述的假设，即电子游戏包括职业游戏玩家，将越来越成为一种常态，成为我们公认文化的一部分："它将从一个小众走向被社会接受"（维尔福，2014）。她结束了克林顿母亲建立的困境，因为对她来说，当游戏玩家成为父母并开始鼓励孩子玩电子游戏时，肯定会出现一个转折点："当游戏玩家成为父母时，我们会支持孩子们玩游戏"（维尔福，2014）。

电子游戏在传统意义上，被视为对教育和工作等生活中重要事物的休闲和消遣。但现在，电子游戏正成为一个专业领域的兴趣以及教育工具。因此，电子游戏越来越融入我们社会的核心方面，以至于区分游戏和工作变得越来越困难。正如克尔（2006：7）所说：

> 在当代西方社会，区分生产和消费以及工作和娱乐似乎越来越成问题。

电子游戏对工作和教育领域的入侵，有助于消除现在旧工业社会中根深蒂固的二元对立。随着"花花公子"（playbour）（屈克利希，2009；弗雷利里，2016；赫尔斯，2017）或"寓教于乐"（edutainment）（恰尔斯基，2010；埃根费尔特-尼尔森，2011；马，奥克诺莫和简，2011；卡萨莉亚基和穆斯塔菲，2015）等现象的出现，游戏、工作和教育之间的界限变得模糊，在这个世界中，一切都变得"只是一场游戏"（泰勒，等，2015：383）。

我们的生活已经成为一组同时发生的开放任务。我们不断地进行多项任务，以同样的方式从一个任务跳到另一个任务，就像我们在电脑屏幕上打开的选项卡之间所做的那样。我们不需要完成一项任务来启动另一项任务，也不需要继续其他正在进行中的任务，无论是休闲、工作还是教育时间。时间本身似乎已经失去了作为组织人们生活的工具的线性和实用性，甚至我们的死亡时间也被游戏化了。当用户在使用浏览器时失去了互联网连接（Google，2008），他们可以玩一个迷你游戏，直到信号回来。正如马菲索利（Maffesoli，2001：68）指出的，当代社会中的现实论（presentism）意味着不可能去考虑"有些事情比其他事情更重要"。在日常生活中，如果一切都同样重要，那么什么都不重要。个人无法区分空间、时间和活动。他们一边工作一边玩耍，一边玩耍一边工作。甚至很难分辨哪些属于工作和教育领域，哪些属于娱乐。正如马菲索利（2001：20）所写，一个游玩的社会概念被概括为:"关于这个世界的游戏,或者世界作为游戏。作为游戏的生活,就是接受世界它的本来面目。"教育和工作正在进入电子游戏的世界,但是电子游戏文化也越来越多地渗透并改变着这些领域。我们比以往任何时候都更接近一个游玩化的社会。

电子游戏受众的构建

电子游戏日益增长的文化意义的另一个标志是它们在其他媒体中的影响力越来越大。这不仅在新媒体形式中值得注意,例如大量专门用于电子游戏的专业网站,而且在一段时间以来,更多的传统媒体以与电影、音乐和电视节目等其他文化产品相同的方式覆盖和整合了电子游戏。在这方面,《卫报》(The Guardian)和《纽约时报》(The New York Times)等知名报纸是先驱,自2000年代初以来一直关注电子游戏。《卫报》前游戏编辑基思·斯图尔特(Keith Stuart,2017:线上资源)写道:"我们发布评论,分析行业,考虑趋势和争议——换句话说,我们以对待电影和音乐一样的方式对待游戏。"斯图亚特认为,游戏批评已经发生了转变,电子游戏被分析为一种"艺术形式而非产品",评论者试图"检查和传达游戏体验、世界的感觉、叙事的吸引力、与角色的情感联系或机械的智能,而不是提供关于人们是否应该购买消费品的明确指南"。

杂志在早期游戏文化的形成中一直扮演着重要角色,正如柯克帕特里克(2015)在其对20世纪80年代和90年代英国电子游戏杂志的布迪厄分析中所指出的那样。关于传统印刷媒体会消亡的预言已经出现了很长一段时间,但是与电子游戏相关的杂志仍然数量众多且广受欢迎,其中包括更广泛地关注电子游戏文化各个方面的杂志,如《EDGE》是专注于特定公司或游戏机的杂志,《官方Xbox杂志》(Official Xbox Magazine,2001年至今)。或是涵盖特定游戏类型或热情的杂志,《怀旧玩家》(Retro Gamer,2004年至今)。如上所述,值得注意的是电子游戏评论和相关功能,现已成为许多国家主流印刷报纸的常见部分。以人们玩电子游戏为主题的电视节目也有相当长的一段历史了。比较成功的节目是1992年至1998年在英国Channel 4播出的节目《游戏大师》(GamesMaster)。

正如我们将在第六章中讨论的那样,关于游戏玩家的原型表现,正是通过共同的和共享的游戏评价话语的发展,使玩电子游戏的行为获得了文化实践的意义。当这种话语被拓宽并穿插到大众感兴趣的报纸、杂志和其他媒体中的时候,特定的游戏文化开始模糊其界限并影响到更大范围的社会,从而产生大量与电子

第二章
电子游戏作为文化的出现和巩固

游戏相关的文化和实践。尽管如此，如果有一种媒介能让电子游戏自然地大量传播，那无疑就是互联网。

在很大程度上，互联网和电子游戏是相互关联、相互促进的新媒体形式，它们共同支持和帮助彼此的发展（克劳福德，等，2011）。这种牢固的关系如今仍然完好无损。例如，在线视频平台YouTube上充斥着各种游戏频道。事实上，订阅人数最多的YouTube频道是与游戏相关的，由用户PewDiePie拥有——瑞典YouTube名人菲利克斯·阿维德·乌尔夫·克杰尔伯格（Felix Arvid Ulf Kjellberg）的化名。截至2017年8月，他的频道拥有超过5600万订阅者。根据谷歌搜索趋势（Google Trends）数据显示："PewDiePie在平台上的搜索量与埃米纳姆（Eminem）和凯蒂·佩芮（Katy Perry）等明星不相上下"（兰姆杜赖，2014）。在全球排名前100位的YouTube频道中，超过20个与电子游戏相关，"平台数据显示，美国十大最受欢迎的频道中，有6个是关于游戏的"（兰姆杜赖，2014）。对此，23岁的男性游戏评论家兼油管博主柯南认为，在电子游戏领域："油管博主的受众比大多数电子游戏媒体都要多。""他们不仅拥有更多的受众，受众也会更仔细地倾听他们的声音。"因此，电子游戏似乎是当今在线视频平台一代的核心部分（Google，2013）。

另一个可能同样重要的平台是最近创建的Twitch，这是一个专注于电子游戏内容的基于互联网的广播平台。平台于2011年6月推出，2014年8月被亚马逊以9.7亿美元的价格收购（吉特尔森，2014）。根据该平台的数据，他们平均每天有1000万活跃用户，主要由观看其他人玩电子游戏的人组成。用户创建一个频道，开始电子频道游戏，并进行直播。然后，其他人可以加入该频道并观看主播玩游戏，同时他们与其他观众一起对此进行评论，而游戏玩家可能会对这些评论做出回应。这些观众有机会关注、订阅或向主播打赏。

所有这些例子都表明，观众是为了观看他人玩电子游戏而存在的。当然，也有理由将电子游戏玩家视为自己的观众。当埃斯基林（Eskelinen）和特隆斯塔德（Tronstad）声称（2003：96）电子游戏是无观众的，这是明确的，因为他们希望辩称电子游戏不需要观众作为其"沟通"结构的一部分。这种不愿承认电子游戏观众的存在，是基于一种相当狭隘的哲学方法，即拒绝将电子游戏视为媒体，或承认电子游戏具有任何可以与电视、电影、音乐或文学等（较旧）媒体相关联的特征。这种方法忽略了非便利性或纯交互式电子游戏的常见方面，例如，"地图屏幕、分数或圈时反馈屏幕等"（纽曼，2002）。此外，克劳福德（2012：34）扩展了纽曼的论点，认为在正常游戏模式下，电子游戏玩家主要是"标准电子游戏

电子游戏文化
——电子游戏在当代社会中的作用与重要性

中的视觉和音频场景"的观众。玩家观看游戏的次数，至少与他们指导游戏的次数相同，也许会更多。

电子游戏也有着悠久的历史，已经接近于，甚至是模糊了游戏、互动小说和电影之间的界限。例如，基于文本的冒险游戏，如威廉·克劳瑟（William Crowther）1976年的经典《冒险》（*Adventure*），模糊了游戏和文学之间的界限。类似的还有一些游戏，例如，量子梦工作室开发的《暴雨》和《超凡双生》（*Beyond: Two Souls*, 2013）都非常像电影。此外，近年来有一种称为"步行模拟器"（*Walking Simulators*）的游戏类型，其受欢迎的程度显著上升（图2–1）。

图2–1 步行模拟器的兴起：《救火者》游戏截图

在步行模拟器游戏中，玩家通常会花大量时间四处走动、交谈、寻找线索，并遵循预定的叙事。这一类型的游戏包括了《异变》（*Proteus*）、《亲爱的艾丝特》（*Dear Esther*，中文房间工作室，2012）、《到家》、《万众狂欢》（*Everybody's Gone to the Rapture*）和《艾迪芬奇的记忆》（*What Remains of Edith Finch*）。最初，"行走模拟器"是一个贬义词，用来诋毁某些类型的电子游戏，以强调它们没有通常定义电子游戏的典型元素和机制。从这个意义上说，这些游戏也经常被标记为"非游戏"（Non-Games）、"无游戏"（No-Games）或"非游戏类游戏"（Not-Games）。

然后，这些游戏作品提出了关于游戏性、互动性和故事性的重要问题，以及思考、探索和观察在电子游戏中的作用。这些标题将人们在电子游戏中观看和凝视的行为摆在桌面上。电子游戏专为观看和聆听而设计，体验其音频和视觉场景。这甚至给电子游戏带来了一种常见的文化实践：玩家作为游客、观察者和见证者。还有一些游戏是属于"行走模拟器"这个标签之外的，例如，《上古卷轴》系列、《侠盗猎车手》系列或《刺客信条》等，玩家可以忘记任务，开始探索和观察游戏中的世界。一个电子游戏变成了旁观者，玩家毫无疑问也是观众。

当然，电子游戏也一直有着更传统意义上的观众。只要人们一直在玩电子游戏，从电脑实验室和街机的早期开始，就一直有其他玩家、朋友、同事，甚至是完全陌生的人，他们有兴趣从当前玩家的肩膀上凝视屏幕上的动作。某些作者强调了旁观者在游戏和文化中的重要互动作用，特别是在特定类型的游戏或特定环境中。例如，林和孙（2008）强调了在线观看者在游戏机舞蹈革命文化中所扮演的角色，而康威（2010）则讨论了《实况足球》(Pro Evolution Soccer)的玩家和观看者如何共同合作，以帮助保持"流动"状态（奇克森米哈里，1988）和游戏体验的节奏。

毫无疑问，互联网、在线视频游戏频道和一些视频平台极大地增加了人们观看他人玩电子游戏的机会。安德（男，33岁，不认为自己是游戏玩家，与游戏文化有着松散的联系）表示自己过去会在电视上看足球比赛，但现在已经对此失去了兴趣，现在他更喜欢在线观看游戏《星际争霸Ⅱ》(Starcraft II)："现在我只关注一个电子竞技频道，我也只看《星际争霸Ⅱ》。"当然，这仅仅是一个例子让我们看到个人从观看传统和成熟的活动（足球）转向新兴兴趣（电子游戏）。我们感兴趣的点是，这个人并不特别地认同游戏文化。安德并不认为自己是一个游戏玩家，甚至不是一个超级游戏迷，但他仍然非常喜欢看别人在网上玩电子游戏。特别是，这似乎是一个日益增长的趋势。例如，2014年的一项谷歌消费者调查显示，在YouTube上观看游戏视频的人群中，只有37%的人认为自己是游戏玩家（兰姆杜赖，2014）。这一点，以及其他例子，为我们关于电子游戏文化日益增长的社会和文化重要性的核心论点增添了一份力量，即使那些没有直接参与这种文化的人，也可能越来越多地作为观众参与游戏文化。电子游戏文化开始触及更广泛的受众。

电子游戏与学术研究

2001年7月，埃斯彭·阿塞斯（Espen Aarseth，2001）在新创建的"计算机游戏研究"学科中，发表了第一期同行评审期刊。据阿塞斯说，《游戏研究》期刊杂志的诞生标志着一个致力于电子游戏的新学术领域的到来。埃斯彭·阿塞斯表示，2001年可以被视为"计算机游戏研究的第一年"，是一个新兴的、可行的、国际化的学术领域。同样，两年后，马克·沃尔夫和伯纳德·佩伦（Mark Wolf and Bernard Perron，2003）在介绍第一本关于这一问题的文集时，断言电子游戏理论的想法开始在学术界被接受。一年后，阿塞斯（2004：45）坚持认为，对电子游戏进行学术研究的想法已经从"不受欢迎的领域变成了一个公认的具有巨大学术潜力的领域，一个学术扩展和认可的地方"。在20世纪末，电子游戏已经是一个新兴的研究领域。但在21世纪初，这一领域开始逐步发展成为一个公认的电子游戏研究领域。

2009年，沃尔夫和佩伦（2009：1）出版了他们的电子游戏理论研究的第二卷。这本新的选集的开篇做了以下的陈述：

不用多说，电子游戏研究现在是一个健康繁荣的领域。在过去的十年里，新书、期刊、线上场所和学术会议的激增，以一种很少有人期望的方式，证实了该领域的流行、可行性和活力。现在我们不仅要问这个领域是如何发展的，还要问它可以或应该朝什么方向发展。

根据这些作者的说法，到2000年代末，专门研究电子游戏的领域的相关性已不再受到质疑。很少有人能够像早期电子游戏研究那样，以如此快的速度见证一个话题进入学术界。在随后的几年里，我们开始看到出版物的爆炸式增长，以及许多专门研究电子游戏的研究中心的创建。到2015年，沃尔夫和佩伦出版《劳特利奇电子游戏研究指南》（*Routledge Companion to Video Game Studies*）时，编辑们试图去证明这一领域的正当性和合法性的做法就明显减少了。相反，在这里我们看到更多的是对不断发展的学科的宣言：

自然地，我们意识到，一本书，尽管内容丰富，但只能提供许多主题和镜头的样本，通过这些主题和镜头可以考虑和研究电子游戏；随着时间的推移，游戏研究领域将越来越广泛和深入，正如其研究对象不断扩大和发展一样。

（沃尔夫和佩伦，2015：xxiv）

电子游戏研究，有时也被称为数字游戏研究、计算机游戏研究，或者更常见的是游戏研究，它包含了广泛的影响，并借鉴了许多其他学科，例如：人类学、人工智能、通信理论、经济学、计算机科学、文化研究、游戏理论、历史、性别研究、教育、法律、文学、医学、哲学、政治学、心理学、符号学、社会学等。

值得注意的是，为了介绍和定义这一新兴的研究领域，已经有很多人做出了努力。除了上述的沃尔夫和佩伦（2003，2009，2015）的文本之外，还包括了纽曼（2004）、尤尔（2005）、雷森斯和戈尔茨坦（Raessens和Goldstein，2005）、埃根费尔特·尼尔森（Egenfeldt-Nielsen）、史密斯和帕哈雷斯·托斯卡（Smith和

Pajares Tosca，2008）、玛雅（2008）、泰勒（2009）、霍斯（2011）、克劳福德（2012）、西卡特（2014a）、戈德堡和拉尔森（Goldberg and Larsson，2015）、伯格斯特（2015），以及柯维特和匡特（Kowert and Quandt，2016）的贡献。然而，这些只是有关该主题的大量出版物中的一小部分。谷歌图书搜索"电子游戏"可找到44.5万件作品，搜索"电脑游戏"可找到32.9万件作品，提供了超过74.4万本书的综合结果，这与涉及其他更为成熟的主题，如"文化遗产"（72.9万本书）的数量相当。

该领域越来越多的国际学术同行评审期刊，也证明了这一领域的发展重要性，目前包括但不限于《游戏研究》（Game Studies）、《游戏与文化》（Games and Culture）、《Eludamos》、《游戏与虚拟世界杂志》（Journal of Gaming and Virtual Worlds）和《ToDIGRA》。当然，这还不包括过多的其他不那么具体的期刊，它们接受并发表与电子游戏相关的研究，这里列出的清单太多了。正如皮尔斯（2009：51）所写：

> 鉴于现在有足够的同行评审质量的学术论文来证明出版《游戏与文化》杂志是合理的，可以肯定的是，我们已经到了一个可以平息之前关于这两个术语是否可以同时存在于同一短语中的争论的地步。

一些重点研究小组和中心被建立起来，它们专注于或结合了电子游戏的研究，包括但不限于计算机游戏研究中心（Center for Computer Games Research，哥本哈根资讯科技大学，1999）、数字游戏研究中心（DIGAREC-Digital Games Research Center，波茨坦大学，2008）、新加坡—麻省理工学院GAMBIT游戏实验室（Singapore-MIT GAMBIT Game Lab，麻省理工学院，2007）、移动VINN卓越中心（Mobile VINN Excellence Centre，斯德哥尔摩大学，2007）、技术文化、艺术和游戏（Technoculture, Art and Games，康考迪亚大学，蒙特利尔，2008）、纽约大学游戏中心（NYU Game Center，纽约大学，2008）和乌得勒支游戏研究中心（Utrecht Center for Game Research，乌得勒支大学，2014）。此外，国际数字游戏研究协会（DiGRA）于2003年正式成立，此后多个国家或地区成立了自己的电子游戏研究国际分会，包括中国、澳大利亚、荷兰、芬兰、德国、以色列、意大利、日本、土耳其和英国。

然而，值得注意的是，游戏研究虽然是一个快速发展的研究领域，但它仍然是一个尚未与其他类似研究领域（如文学、电影甚至电视研究）享有相同地位的领域。游戏学者们非常像斯图尔特（2017）所描述的现代游戏评论家，"就像20

世纪20年代的电影，他们仍在努力应对这种巨大的新媒体，它正在经历形式和意义上的巨大变化——但最大的变化还没有到来"（斯图尔特，2017：在线资源）。将电子游戏研究作为学术研究的中心和完全接受的领域的斗争仍在继续。例如，目前只有少数正教授在游戏研究领域工作，这一事实表明该领域可能尚未完全成熟。

总的来说，虽然电子戏研究是一个非常新的研究领域，而且没有达到与其他许多相关研究领域相同的认可水平，但它在其短暂的生命周期中经历了非常迅速的发展和扩张，并迅速将自己确立为一个有效的学术兴趣领域。这在很多方面都发生了，因为电子游戏在更广泛的社会中的重要性越来越大，以及电子游戏文化的发展。反过来看，电子游戏研究的合法化有助于将其确立为社会和文化生活的一个重要领域。

电子游戏与文化

在《全球游戏：网络时代的生产、流通和政策》（*Global Games*：*Production, Circulation, and Policy*）一书中，阿芙拉·克尔（2017）试图将电子游戏产业置于更广泛的社会、文化和经济环境中，并理解其发展。克尔在这里采用了一种"文化产业"的方法来研究电子游戏行业。这种方法起源于阿多诺和霍克海默（Adorno and Horkheimer，1979）对文化产业的研究。在这个议题中，文化产业（诸如电影和流行音乐）被视为是为了实现利润最大化，而不是基于其艺术价值的文化产品的生产。因此，文化产业所生产的是反智的、标准化的和公式化的产品，它们基于资本主义认为可以销售的东西并能够吸引最多的受众。当然，可以说，当代电子游戏产业正如阿多诺和霍克海默所理解的文化产业的巅峰。克劳福德和路特（2006）认为，电子游戏续集和翻拍已有游戏占据了市场主导地位，这可以被视为是一个行业倾向于大量生产不一定具有创新性或独创性的产品，而是仅仅为了保证利润而生产。

克尔强调了这种方法的价值，因为它使我们能够理解文化部门及其产业之间存在的不平等权利关系。然而，基于米奥格（Mieage，2011）的研究，克尔（2017）采用了一个稍微不那么批判性的立场，米奥格将这一术语用于"文化产业"（cultural industries），以表明商品化可能并不总是具有完全负面的后果。克尔则具体指出，电子游戏行业与电影、电视和音乐等其他文化行业有许多相似之处，例如，它们在制作内容方面都有相似的高风险，并且在利润和创造力之间存在相似的内部紧张关系。然而，克尔认为，电子游戏行业也有所不同，或者肯定是处于许多其他文化行业的前列，因为游戏行业已经率先利用了互联网的网络潜力，并"拥抱了数字发行、互联网中介和业余内容创作"（克尔，2017：6）。

电子游戏正在成为我们这个时代最相关的文化和艺术产品之一。在美术馆或博物馆中看到电子游戏并不罕见，比如纽约现代艺术博物馆（MoMA），电子游戏自2012年以来一直是其永久收藏的一部分；包括《俄罗斯方块》（Tetris）、《模拟人生》、《迷雾之岛》（Myst）、《星战前夜》（Eve Online）、《流》（Flow）、《吃豆人》（Pac-Man）和《快打旋风Ⅱ》（Street Fighter Ⅱ）等游戏作品。宝拉·安东内利（Paola Antonelli），MoMA的建筑和设计高级策展人，她负责将电子游戏纳入博物馆，寻求"保存和展示将越来越多地成为我们未来生活一部分的文物"。她还声称，电子游戏有助于突出互动是我们生活的一部分，因为电子游戏可以被描述为"最纯粹的互动形式"。对于安东内利来说，电子游戏"即使在完全无脑的情况下也能真正深入"，可以被视为"一种体验"，"对很多人来说似乎很奇怪"，但"很有教育意义"。安东内利总结道："设计真的无处不在"，此外，他还表示，电子游戏可以被理解为设计和互动的精髓，"因为它在我们生活中的中心地位"，越来越多的人将其视为"自己文化的一部分"。因此，根据这一论点，电子游戏应该被博物馆收藏，因为它们正成为我们文化的基本组成部分。

电子游戏不仅仅是成为已经建立的博物馆和画廊收藏和展览的一部分，近年来，也出现了一些专门针对电子游戏的博物馆、画廊和档案馆，如柏林的计算机游戏博物馆（Computerspielemuseum，1997）、芝加哥的电子游戏艺术画廊（The Video Game Art Gallery，2013）、诺丁汉的国家电子游戏厅（The National Videogame Arcade，2015）、得克萨斯州弗里斯科的国家电子博物馆（The National Video game Museum，2016）和加利福尼亚州奥克兰的电子游戏历史基金会（The Video Game History Foundation，2017）。从这个意义上讲，48岁的电子游戏博物馆馆长埃米特（Emmett）解释了他们决定建立该博物馆的原因："我们当时都相信电脑游戏不仅仅是一个玩具，我们也相信它们是文化的一个非常重要的组成部分。"他还补充道，他们希望通过博物馆实现的主要目标是提高"对电脑游戏文化重要性的认识"，因为在他看来，电子游戏是"未来事物和发展的一种早期指标"。因此，这一论点与安东内利关于将电子游戏带到MoMA的论点非常相似。电子游戏很重要，是我们文化中不可忽视的一部分，它可以帮助我们更好地了解当前（和未来）的社会。47岁的罗伯特（Robert）是另一家电子游戏博物馆的负责人，他在接受采访时表示："我们认为游戏和制作游戏的人都很有趣。"

在这方面，澳大利亚国家图书馆（National Library of Australia，2003）为教科文组织编写的《保护数字遗产指南》(the Guidelines for the Preservation of Digital Heritage)主张保护数字元素及其复制技术设备，如文字处理、电子邮件、网站、关系数据库、计算机模型和模拟、数字音频和视频、空间图像以及"电子游戏"（澳大利亚国家图书馆，2003：29），仅举几个例子。因此，电子游戏成了策划文化元素的机构感兴趣的对象，电子游戏随即变为文化遗产。

电子游戏现在属于博物馆和美术馆等空间的管辖范围，这些空间通常被称为"高雅文化"（high culture）机构。然而毫无疑问的是，电子游戏主要是流行文化的一部分。例如，近年来，他们在电视连续剧中的存在和重要性有所增加。《生活大爆炸》(The Big Bang Theory)经常描述主角们玩电子游戏并谈论电子游戏的场景，将游戏实践与更广泛的刻板"极客文化"联系起来，其中一些情节主要是围绕着电子游戏展开。在最近的美国版《纸牌屋》(House of Cards)中，主角弗朗西斯·安德伍德（Francis Underwood）是一名普通玩家，该剧引用了许多游戏名称，这暗示了政治和（电子）游戏有很多共同之处。《公会》是一部喜剧系列，讲述了一组游戏玩家的生活，他们是一个名为"游戏"（The Game）的虚构的大型多人在线游戏（MMOG）公会的一部分。还有几个系列播出了电子游戏主题的剧集或描述了角色玩或谈论电子游戏的情景，包括但不限于《黑镜》(Black Mirror)、《CSI犯罪现场：迈阿密》(CSI Miami)、《法网游龙》(Law and Order)、《欢乐单身派对》(Seinfeld)、《X档案》(The X-Files)、《银河飞龙》(Star Trek：The Next Generation)、《绝命毒师》(Breaking Bad)、《行尸走肉》(The Walking Dead)、《黑客军团》(Mr. Robot)等。此外，在撰写本书时，有一系列基于电子游戏版权许可的电视剧被提出来或是正在制作中，如《永不屈服》(Battlefield)、《巫师》(The Witcher)和《恶魔城》(Castlevania)。电影改编自电子游戏的历史也很长，而且在不断扩大，例如，《超级马里奥兄弟》(Super Mario Bros)、《快打旋风》(Street Fighter)、《真人快打》(Mortal Kombat)、《古墓丽影》(Tomb Raider)、《生化危机》(Resident Evil)、《寂静岭》(Silent Hill)、《马克思·佩恩》(Max Payne)、《波斯王子：时之刃》(Prince of Persia：The Sands of Time)、《毁灭战士》(Doom)、《刺客信条》，这些都是最受欢迎的。除此之外，还有一些电影涉及或围绕电子游戏展开，如《电子世界争霸战》(Tron)、《战争游戏》(WarGames)、《感官游戏》(eXistenZ)、《阿瓦隆》(Avalon)、《无敌破坏王》(Wreck It Ralph)、《世界大对战》(Pixels)、《头号玩家》(Ready Player One)，最后这部影片主要基于一部小说，该小说描述了电子游戏文化是如何成为霸权的，并引领和推动了流行文化。

毫无疑问，电影和电视剧多年来严重影响了电子游戏的本质和设计。这其中最明显的包括已经开发的大量电子游戏，这些游戏直接借鉴或结合了一部特定的电影，包括《疯狂的麦克斯》（Mad Max）和《异形：孤立》（Alien：Isolation）等。其他显著的影响还包括了，例如，有多少电子游戏包含了电影化风格的剪辑场景，或是大量的电子游戏他们非常像电影。比如《暴雨》（Heavy Rain）、《教团：1886》（The Order：1886）、《秘境探险》（Uncharted）和《潜龙谍影》（Metal Gear）系列。

然而，电视和电影对电子游戏的影响并不是单向的。近几十年来，电子游戏越来越成功，我们看到越来越多的旧媒体形式开始关注电子游戏，不仅将其作为产品中的主题，而且在影响它们的设计、呈现和风格。有许多电影往往是有意地借鉴了电子游戏的风格和比喻，例如《怒火攻心》（Crank）、《极速赛车手》（Speed Racer）和《美少女特工队》（Sucker Punch）。有些电影导演甚至公开承认了电子游戏对他们创作电影的影响，如《亡命驾驶》（Drive）的导演尼古拉斯·温丁·黑芬（Nicolas Winding Refn），他在接受采访时表示，自己2013年的电影《罪无可恕》（Only God Forgives），是受到了游戏《合金装备》（Metal Gear Solid）及其创作者小岛秀夫（Hideo Kojima）的影响。此外，黑芬还补充了他2016年的电影《霓虹恶魔》（The Neon Demon）是如何设计得像一个电子游戏的，因为它有不同的层次。它是为未来的观众设计的，他们可能会以不同的方式观看娱乐。它的调色板有一种"人为性"（Artificialness），与电子游戏的调色板没有什么不同（戈尔比，2016：在线资源）。电子游戏正在成为视听文化中一个既定的且极具影响力的部分。

此外，电子游戏和流行音乐之间也存在着一种已建立的关系，并且这种关系还在日益增长。电子游戏音乐已不再是游戏的一个附带方面，而是在游戏创作和维持游戏体验等方面越发重要。现在许多电子游戏都制作了电影般的原创配乐，例如《巫师3：狂猎》（The Witcher 3：The Wild Hunt），游戏中有35首原创曲目，总播放时间超过81分钟。严肃艺术家们现在正在为游戏录制原创配乐，比如切尔切斯（Chvrches），他为游戏《镜之边缘：催化剂》（Mirror's Edge Catalyst）提供了原创歌曲。此外，罗莹莹（Ying Ying Law，2016）叙述了播放电子游戏音乐的音乐会是如何越来越受欢迎的，且是在严肃的、规模庞大的音乐场所举行的音乐会，例如伦敦皇家阿尔伯特音乐厅（Royal Albert Hall）。电子游戏对音乐产业的影响也很明显。例如，羊毛衫乐队（The Cardigans）1998年的专辑以他们最喜欢的电子游戏命名为《GT赛车》(*Gran Turismo*)，专辑中还有一首名为《我最爱的游戏》的曲目。此外，R&B歌手加兰特（Gallant）在接受采访时表述了电子游戏是如何塑造他的音乐的："电子游戏确实影响了我的音乐。我有一首歌曲《黄金重量》(*Weight in Gold*)采用了芯片音乐（8-bit）的形式。我真的爱上了制作这种声音。这种你在游戏音乐中获得的优美和弦，以及小和弦变化。这就像世界末日，但每个人都接受了它"（戈尔比，2016）。

电子游戏作为当代社会相关文化表现形式，其重要性无疑是与数字文化，尤其是数字现代主义的兴起有关。借用弗雷德里克·詹明信（Frederic Jameson，1992）对后现代主义的定义，阿兰·柯比（Alan Kirby，2009：1-2）将数字现代主义描述为21世纪的主导文化逻辑或霸权规范。自20世纪90年代后半叶出现以来，"数字现代主义果断地取代了后现代主义，成为21世纪的新文化范式"。根据卡斯特（2010：403）的说法，每一种"文化表达，从最坏的到最好的，从最精英的到最流行的，都汇集在这个数字世界中"。数字不仅调解了我们生活的方方面面，而且已经成为具有压迫性的文化逻辑。一场影响"我们如何看待自己和地球"的数字革命（克里伯和马丁，2009：5）。从这个意义上讲，数字化（Digitality）是一个被基尔（2008）等作者使用的类似于数字现代主义的概念，"可以被认为是文化的标志，因为它既包括人造物，也包括最清楚地将我们的当代生活方式与他人区分开来的意义和交流系统"（基尔，2008：16）。

数字化是我们现实的一个基本特征，并且可能正如基尔所指的那样，是我们当代社会中最重要的决定性元素之一，包括"思考和做事的方式"（基尔，2008：17），并与更广泛的流程交织在一起：

> 在过去的30年里，全球化的兴起和自由市场资本主义的统治，信息和通信技术日益普及，技术科学的力量和影响力与日俱增。数字技术是这些发展的重要组成部分，在某种程度上决定了它们的形式。

（基尔，2008：14）

因此，加西亚·塞尔格斯（Garciá Selgas）列出了一系列历史性的物质转变，部分解释了我们对现实的基本理解中的这些变化——一种本体论的转变。加西亚·塞尔格斯（2003：30-36）确定了通常与全球化（Globalization）或全球在地化（glocalization）相联系的过程，例如，后福特主义（Post-Fordism）或金融资本主义取代了工业资本主义，信息和通信技术的革命，以及占主导地位的虚拟媒介文化的兴起。在所有这些国家中，数字技术是理解其扩张的重要因素。正是在这种背景下，电子游戏文化作为一种社会文化现象而出现，它浓缩并促进了所有这些变化。

当然还有许多其他方式，可以让我们看到电子游戏正在渗透和影响我们的文化景观。例如，在过去几十年中，会议、节日和其他电子游戏相关的活动呈现明显的数量上的增加。罗莹莹（2016：5）在对英国电子游戏活动参与者的民族志研究中，说到这些活动"在数量和知名度上都有了大幅度的增长"。例如，罗强调了东京游戏展（Tokyo Game Show）是如何从1999年大约16万的参观者，增长到2015年的27万参观者。英国Multiplay组织举办的第一届LAN活动仅有20个参与者，但是到2013年，一个名为Imsonmnia50的活动的参与者已经超过了2.5万人。世界各地都有许多电子游戏赛事，如E3（美国洛杉矶）、科隆国际游戏展（Gamescom）、便士街机游戏展（Penny Arcade Expo）、QuakeCon（美国达拉斯）、巴塞罗那玩家世界（Barcelona Games World）、有趣而严肃的节日（Fun and Serious Festival）、EGX、遥远的世界（Distant Worlds）、东京游戏展（Tokyo Game Show）、巴黎游戏周（Paris Games Week）、中国数字娱乐博览会暨会议（China Digital Entertainment Expo and Conference）等。还有其他流行文化集会，包括电子游戏与漫画书、可收藏的纸牌游戏、电视连续剧、电影、动漫和漫画，例如，comic-Con动漫展和Supanova等。因此，这些电子游戏活动"已成为一种流行且有意义的社交活动形式"（劳，2016：6）。

在某种程度上，这些电子游戏活动仍然是一种小众活动。然而，它们越来越受欢迎。正如罗所表述的："我们再也无法辨认一个'普通玩家'了"，参加这些活动的人越来越多样化。因此，我们开始看到与电子游戏相关的实践的传播，例如参加会议或音乐会，超越了他们与"极客"文化的传统联系。同时，我们注意到极客及其相关的文化实践带来了新的酷感和流行性；一种极客风格，以《生活大爆炸》（The Big Bang Theory）和《极客》等电视节目的流行为代表（哈里森，2013）。

从这个意义上说，与电子游戏相关的实践和更广泛的文化变得更加紧密，比如购买与电子游戏相关的商品。近年来，与电子游戏相关的商品数量呈指数级增长，包括T恤衫、海报、雕像、杯子、钥匙圈、钱包、帽子、门垫、笔记本、书籍、音乐等。消费这些物品是一种将电子游戏体验扩展到日常生活中的方式，而不仅仅是玩游戏。根据26岁的女性电子游戏玩家塞尔达（Zelda）所说，她认为人们购买商品和参加与电子游戏相关的活动是为了让游戏保持活力："他们有这些雕像来提醒他们（电子游戏）有多好：你有海报，你有签名，你有照片。"这也会影响游戏玩家的身份和社区形成过程，我们将在第六章中对此进行进一步探讨。然而，在这里重点强调电子游戏商品、图标和符号是如何超越电子游戏文化的限制而渗透到社会中的。

所有这些都导致了电子游戏文化更多地融入普通文化。当某种东西被其他更广泛的文化形式所牵连，比如说是电子游戏，那么它的文化重要性和影响力就毋庸置疑了。

结语

当代社会可以由若干逻辑、动态、力量、实践、话语、行动者和文化的相互关联来定义。这些逻辑、动态和力量编织出了电子游戏文化的形态。因此，电子游戏文化既是更广泛的社会和文化进程的结果，又是积极参与（再）生产，定义社会现实的主导文化、政治、社会和本体论问题的推动力量。

在本章中，我们阐述了电子游戏文化不仅仅是一个新兴的过程，还是一个不断发展的和正在被巩固的现实。因此，电子游戏文化出于各种原因在当今社会中非常重要，原因如下。第一，电子游戏是一个蓬勃发展的文化产业的一部分，统计数据显示，电子游戏正在吸引越来越多来自不同背景的人；第二，电子游戏正成为我们这个时代最相关的文化和艺术产品之一，例如电子游戏相关的展览、会议、节日、活动和博物馆的激增说明了这一点；第三，在媒体领域，专注于电子游戏的网站、视频平台和内容的数量呈现大幅增加，以及我们看到电子游戏成了电视和印刷媒介等旧媒体的常规话题；第四，电子游戏正在成为教育和工作领域的一个重要部门，与电子游戏相关的课程、学位、硕士和工作岗位呈指数级增长表明了这一点；第五，电子游戏研究现在已成为学术界的一个既定领域，其他学科对研究电子游戏及其文化的兴趣也在增长；第六，电子游戏生来就是数字化的，被视为数字时代的重要文化产品，可以被认为是当代纯粹的本土现实，因为从社会学角度来看，这是自20世纪80年代以来才出现的现象；第七，从更普遍的角度来看，一个持续进行中的社会游玩化过程是显而易见的，通过这个过程，电子游戏文化似乎正成为未来事物的试验场。

电子游戏作为文化的一部分，意味着电子游戏不仅是我们文化当代性的一种表达，而且也日益成为文化的一个既定部分。电子游戏不仅反映了更广泛的社会变革和进程，而且也推动了这些变革和进程。因此，我们当代社会的许多关键方面都与电子游戏及其结构紧密相连。这就是为什么研究电子游戏可以帮助我们理解当代社会的重要问题，因为电子游戏的存在或影响力正逐步扩大到社会和文化世界中越来越多的领域。

注释

① 纽曼在描述我们在电子设备上玩的游戏时，使用了"电子"（video）作为其前缀。这是因为它们的流行和其他电视相关的技术（例如，盒式录像机VCR）几乎同时出现。因此，这些新技术通常被归类为"新的电视玩具"，意为能"让电视变得更好"。

② 其成员包括Activision Blizzard、Capcom、Electronic Arts、Epic Games、Microsoft、NVIDIA、Square Enix、Ubisoft、Nintendo、Sony，或SEGA。

③ 这包括（电子游戏）内容、硬件和附件。他们的资料来源是美国的NPD Group and Games Market Dynamics。

④ 娱乐零售商协会（Entertainment Retailers Association）是一个英国贸易组织，该组织代表了大多数能提供音乐、视频和游戏等数字服务的零售商。其成员包括Amazon、Spotify、Tesco、Sainsburys、Asda、Morrisons、HMV、Game、Sky等。

⑤ 2015年的GDP。数据摘自世界银行。

⑥ PewDiePie和Markiplier都出现在《福布斯》2016年YouTube最高收入明星名单中，分别在2015年6月至2016年6月期间获得1500万美元和550万美元的收入。

⑦ 然而，迪贝尔（Dibbell）和艾肯伯里（Eikenberry）在播客《极客银河系指南》中表示，某些游戏/网络世界（如《第二人生》）的衰落，以及在许多游戏中引入反欺诈机制，使得淘金和真金白银交易的现象不再像以前那样普遍。

⑧ 他在博客中记录了整个过程。

⑨ 然而，许多理论家和专业人士对诸如高文化和低文化之间的分歧提出了广泛的挑战。

参考文献

[1] Aarseth, Espen（2001）. 'Computer Game Studies,Year 1', Game Studies, 1（1）.

[2] Aarseth, Espen (2004). 'Genre Trouble: Narrativism and the Art of Simulation', in Wardrip-Fruin, Noah and Harrigan, Pat (editors). *First Person: New Media as Story, Performance, and Game*. Cambridge, MA: MIT Press, 45–54.

[3] Abt, Clark C. (2002). *Serious Games*. Lanham, MD: University Press of America.

[4] Adorno, Theodor and Horkheimer, Max (1979). *Dialectic of Enlightenment*. London: Verso Books.

[5] Antonelli, Paola (2013)(video). 'Why I brought Pac-Man to MoMA', *TED Talk*, [Last Accessed: 23/05/2017]

[6] Azuma, Ronald; Baillot,Yohan; Behringer, Reinhold; Feiner, Steven; Julier, Simon; MacIntrye, Blair (2001). 'Recent Advances in Augmented Reality', *IEEE Computer Graphics and Applications*, 21 (6) : 34–47.

[7] Baudrillard, Jean (1994). *Simulacra and Simulation*.Ann Arbor, MI: University of Michigan Press. Bauman,

[8] Zygmunt (2000). *Liquid Modernity*. Cambridge: Polity Press.

[9] BBC (2017). 'Esports "Set for £1bn Revenue and 600 Million Audiences by 2020"', BBC Sport, [Last accessed: 05/06/2017].

[10] Beck, Ulrich (1992). *Risk Society:Towards a New Modernity*. London: Sage.

[11] Berg, Madeline (2016). 'The Highest-Paid YouTube Stars 2016: PewDiePie Remains No. 1 With $15 Million', [Last accessed: 21/06/2017].

[12] Bergstrom, Kelly; Fisher, Stephanie; Jenson, Jennifer (2016). 'Disavowing "That Guy": Identity Construction and Massively Multiplayer Online Game Players', *Convergence*, 22 (3) : 233–249

[13] Bogost, Ian (2014). 'Why Gamification Is Bullshit' in Fuchs, Mathias; Fizek, Sonia; Ruffino, Paolo; Schrape, Niklas (2014)(editors). *Rethinking Gamification*. Lüneburg: Meson Press, 65–79.

[14] Bogost, Ian (2015). *How to Talk about Videogames*. Minneapolis, MN: University of Minnesota Press.

[15] Boltanski, Luc and Chiapello, Ève (2005). *The New Spirit of Capitalism*. New York:Verso.

[16] Borowiecki,Karol J.and Bakhshi,Hasan (2017).'Did you ReallyTake a Hit? Understanding How Video Games Playing Affects Individuals', *Nesta*, [Last Accessed: 03/08/2017].

[17] Bulut, Ergin（2014）. 'Playboring in the Tester Pit: The Convergence of Precarity and the Degradation of Fun in Video Game Testing', *Television and New Media*, 16（3）: 240–258.

[18] Burn, Andrew（2006）. 'Reworking the Text: Online Fandom', in Carr, Diane; Buckingham, David; Burn, Andrew; Schott, Gareth（editors）. *Computer Games:Text, Narrative and Play*. Cambridge: Polity, 103–118.

[19] Caillois, Roger（2001）. *Man, Play, and Games*. Urbana-Champaign, IL: University of Illinois Press.

[20] Castells, Manuel（2010）. *The Information Age: Economy, Society and Culture. The Rise of the Network Society Vol 1*. Oxford:Wiley-Blackwell.

[21] Castronova, Edward（2005）. *Synthetic Worlds. The Business and Culture of Online Games*. Chicago:The University of Chicago Press.

[22] Charsky, Dennis（2010）. 'From Edutainment to Serious Games: A Change in the Use of Game Characteristics', *Games and Culture*, 5（2）: 177–198.

[23] Chatfield, Tom（2011）. *Fun Inc: Why Gaming Will Dominate the Twenty-First Century*. New York: Pegasus.

[24] Cline, Ernest（2011）. *Ready Player One*. New York: Random House.

[25] Conway, Steven（2010）. 'It's in the Game and Above the Game', *Convergence*, 16（3）: 334–354. Crawford,

[26] Garry（2012）. *Video Gamers*. London: Routledge.

[27] Crawford, Garry. and Rutter, Jason（2006）. 'Cultural Studies and Digital Games', in J. Bryce and J. Rutter（editors.）. *Understanding Digital Games*. London: Sage.

第三章
新自由主义和参与式文化中的电子游戏和能动性

引言

互动性（interactivity）是一个常与电子游戏相联系在一起的名词。事实上，电子游戏的互动性常被用来区分其与其他文化产品或媒介。人们经常争辩说，在电子游戏中，玩家"不仅消费预先建立的媒体作品，而是参与到创造自身游戏体验的过程中"（卡列哈，2011：56）。这常被作为一种决定性的证据，来说明电子游戏应被视为一种全新的文化消费范式的最纯粹形式（柯比，2009：167），这种范式要求玩家的明确参与。传统意义上，电视、电影或文学被归为"旧"媒体，而电子游戏则通常被认为是与这种更垂直的模式相对立的；描绘了一种从主要依附于"旁观"（spectatorship）的社会模式（德波，1995）到专注于"参与"（participation，詹金斯，2006）的转变。

当然这个论点是有局限性的。特别是对于"主动"和"被动"媒体之间的二元划分论点存在严重缺陷，因为该论点与任何文化产品的关系都不是单向的：一本书或一部电影可能被视为已完结的作品，但是在各个层面上（个人、社会、文化）对它们进行解释和转换的多种方式使维持那些被动地吸收他们所接受的一切的不加批判的主体的愿景变得更加困难。此外，我们有可能忽视电子游戏对互动性和玩家能动性（agency）的限制（克劳福德，2012：74）。游戏玩家并非完全自主地操纵电子游戏，他们受到游戏自身的限制和可能性弧线的限制。然而，我们认为，电子游戏仍然占据着一个特殊的位置，可以用来考察能动性的当代本质。

电子游戏通常被认为是一种为游戏玩家提供多种选择的媒介，但我们认为近年来，这一特质在某些游戏和其类型中变得更加核心和明确；并且有几款游戏明确探讨了玩家能动性的概念。例如,《直到黎明》和《奇异人生》使用了"蝴蝶效应"的隐喻和意象向玩家传达出以下信息:他们所做的一切都可能影响故事情节和角色的命运。与之相类似,《梦陨新章》会在玩家做出相关的选择时,通过宣布"平衡已被改变"来警告玩家。同样,Telltale Game公司最近的全部作品都是让玩家知道故事将根据他们的选择量身定制,例如《行尸走肉》《我们身边的狼》《权力的游戏》《无主之地传说》和《蝙蝠侠:秘密系谱》。其他游戏也具有相同的思路,例如在Quantic Dream游戏公司的《暴雨》《超凡双生》和《底特律:变人》的案例中,玩家依据自己在游戏过程中所做的决定被提供了多个游戏结局。此外,这种类型的游戏通常会在每章的末尾提供关于所做出决定的统计数据——因为这些数据往往以情节的方式呈现——允许每个玩家将自己的选择与其他玩过的人进行比较该电子游戏。因此,关于能动性的问题以及游戏玩家改变结局的能力,已成为电子游戏这一趋势的核心。

  因此,能动性或玩家控制力的概念成为许多研究或定义电子游戏的核心争论点。然而,在这种背景下,能动性的含义和性质通常被认为是理所当然的,很少有人真正深入探讨和定义过。本章试图探索电子游戏中玩家能动性的关键方面,我们认为在新自由主义政治理性和参与文化思想的社会背景下,电子游戏为讨论能动性的当代本质提供了一个重要的视角。特别是,我们在这一研究过程中发现的问题是,相关行动者如何不断地去质疑能动性。在此,我们提出了电子游戏这一媒介揭示能动性的不同形式和示例,这让我们有机会审视这一重要概念及其在电子游戏实践和更广泛文化中的意义。

  本章主要以行动者网络理论(actor-network theory)和米歇尔·福柯(Michel Foucault)的著作为基础,首先将能动性的概念视为多种形式的差异和转变的多重、分散和错位的产物。这有助于我们将能动性的定义扩展到其传统的人类有限范围之外,并且还可以考虑电子游戏以及制作它们的设备如何作为行动中的行动者和促进者运作。在这个基础上,从本体论的角度来看,能动性被定义为以一种或另一种方式改变现实的东西,以及在政治上,它是如何在当代新自由主义理性概述的框架内运作的。

  然后,我们探讨了电子游戏文化中围绕能动性的修辞和实践倾向。特别是,"自由""责任"和"控制"的概念通常被认为是能动性的指标和表现形式。电子游戏呈现出充满机会和选择的状态,即使这些可能实际上是相当有限的,并将行动的责任总是赋予玩家:走哪条路,让谁生存,做出什么决定。自由在这里被理解为(新)福柯主义的方法。因此,电子游戏文化中的霸权话语优先考虑玩家控

第三章
新自由主义和参与式文化中的电子游戏和能动性

制的概念，控制他们的行动以及这些行动在游戏中的结果。这使得玩家对他们的成就和失败负责，即使有许多其他参与者（不一定是人类）参与了这个过程。然而，尽管电子游戏中的能动性概念似乎被新自由主义的指称所主导，但仍然有可能看到能动性可以突破这种"包装"（詹明信，1991），并朝着更有希望的结果前进的方式，在特别是参与式文化的兴起。

电子游戏与能动性的当代本质

基于行动者网络理论和米歇尔·福柯的著作，我们将展开阐述我们对能动性的论述。其中，前者会帮助我们初步理解能动性的性质，即它从本质上是什么产生和推动了变化以及变革。而后者将帮助我们定义在给定的政治和文化背景下什么才算是变化和转型的参数，并提供其中的替代方案。

按照行动者网络理论的方法，有3个基本特征可以定义能动性（穆里尔，2016）：一是该能动性产生差异和转变；二是能动性的特征是多重的，并不属于任何一个典型的行动者中；三是能动性是分散且错位的。

首先，能动性是产生差异和转变的力量。能动性之所以存在，是因为它以某种方式改变了现实。因此，能动性与行动者的意图、欲望或意志无关，而是与实际可观察和可追踪的转变相关：

> 没有诉状，没有审判，没有分歧，没有某些事态的转变，就没有关于特定能动性的有意义的论点，也没有可检测的参考框架。

（拉图尔，2007：53）

因此，所有能动性的核心在于它产生某种类型的变化，否则它就根本不存在。一个特定行动者的能动性只能通过"其行动"来定义（拉图尔，1999a：122）。这就是为什么电子游戏，以及使交互成为可能的硬件、连接和周边设备，可以被视为行动者的原因。在这一点上，他们的行动带来了变化："玩家并不是那么主动，他对游戏向他呈现的内容做出反应，同样地，游戏也对他的输入做出反应"（阿瑟诺和佩龙，2009：119-120）。我们的受访者坦言通过认识到电子游戏对现实的影响力，反映出了电子游戏的能动性。可以由此看出，电子游戏是如何"将人们聚集在一起"（卡尔，男性，28岁，敬业且自我认同为游戏玩家），"提供一种友谊感"（塞尔达，女性，25岁，高度融入文化但只是轻度认同为游戏玩家），"对游戏玩家有影响"（杰克，男性，45岁，两个电子游戏开发学位课程的协调员），甚至"让你不知所措或让你三思而后行"（劳拉，女性，26岁，独立游戏开发者/美术师）。

能动性的第二个特征是它是多重的，并不局限于典型的行动者中。也就是说，行动可以"体现"在非常不同的公式中，并不一定需要任何标准的行动者（拉图尔，2007：54）。在探索行动者和行动的形式时，我们开始看到能动性的多样性（拉图尔，2007：55）。因此，我们强调"能动性的开放性，可以由最异构的人类和非人类的混合所占据"（加西亚·塞尔格斯，2007：144）。这导致行动者的定义有巨大自由度：从将其理解为极其复杂和抽象的实体（例如，机构、铁路网络、人体），到将其视为具体的人或物体（例如，政府总统、上帝、本文的作者，特定的电子游戏）。简言之，这是关于认识能动性的异质性（heteromorphism）的问题。从这个意义上说，正如米林顿（Millington，2009：622）所主张的，电子游戏是人类和非人类越界和混合的典范，它模糊了人与机器之间的区别，要求"重新考虑赋予人类的本体论地位，并创造了对新的认识论方法的需求"。

这一点在那些明确试图削弱玩家权力的电子游戏中可以清楚地看到。例如，《这是我的战争》，玩家在其中扮演被战争围困的城市中的平民角色。还有一些游戏让玩家迷失了方向，不提供游戏教程，玩家也不一定可以理解知道事情是如何运作的。像是《黑暗之魂》系列，它极大地惩罚了玩家犯下的错误，迫使他们多次重复同样的动作，面对同样的敌人，经历同样的场景。此外，某些恐怖类的电子游戏，例如，《逃生》（*Outlast*）、《失忆症》（*Amnesia*）或《异形：孤立》，让玩家置身于极度脆弱的个体，他们只能逃离或躲避敌人，几乎没有办法直接保护自己。这些例子都可以看出电子游戏也是有活力的行动者，因为它们会干扰玩家的行动轨迹。

海伦·索纳姆（Helen Thornham，2011：82）对英国的多个家庭进行了一项关于电子游戏玩家的民族志研究，她同样断言，如果电子游戏有能力打断和扰乱玩家的对话和游戏过程，那么它们应该是"能够提供情感能动性"。有这么多的行动者（人类和非人类）可以影响和干扰玩家的行为，因此很难忽视它们的影响。

能动性也是多重的，因为它是靠关联配置的。要将某人或某物拟人化，或者充当社会行动者，则必须要在各行动者之间产生互动（加西亚·塞尔格斯，1994：41）。因此，能动性出现在主体位置或者呈现出集合的、制度化的和稳定化的具象拟人化，实则是一种效应。电子游戏、电子游戏平台和网络、电子游戏玩家、游戏开发者、游戏网站和广播频道，以及对电子游戏文化的艺术化和社会化的表现，最终都是由于不同人类和非人类行动者之间复杂关联的结果。这在关于电子游戏作为集合（assemblages）的观点中得到了完美的体现，集合是行动者网络理论中十分重要的另一个概念，尤其是在拉图尔的著作中：

> 游戏及其玩法，是由众多事物的互相交织而构成的。这里我们仅举几例，这些事物包括：技术系统和软件（包括那些嵌入其中的假想玩家）、物质世界（包括我们在键盘旁的身体）、游戏的在线空间（如果有的话）、游戏类型及其历史，融入游戏并将我们置身于游戏之外的社会世界，社区的新兴实践，我们的内心生活，个人历史和审美体验、塑造游戏参与者与游戏的制度结构，法律结构，以及我们周围更广泛的文化及其概念框架和意象。
>
> （泰勒，2009：322）

最后，我们要讨论的是能动性的第三个特征，我们将其描述为分布式和错位的。这种能动性的概念忽略了"行为者与系统之间的选择"（拉图尔，2007：216），行动与结构的二元论从一开始就限制了社会科学领域。了解行动并非诞生于个人意识中，事实上个体几乎永远无法做他们想做的事情，且不能通过将其归因于外部社会力量来解释，例如习惯、社会、群体或现实中任何其他适合行动的特定方面（拉图尔，2007：43-46）。解释基于行动是错位的这样的想法（拉图尔，2007：46），并且不能还原为，如前文所提到的那些任何被预定义的社会类别。因此，行动不是行动者的直接产物，但也不是传统意义上发生行动的结构的产物。拉图尔将他的方法的起源解释为，解决以下两个问题的必要性：

第一，面对通常所说的微观层面（面对面互动，或当地），社会科学家意识到他们需要赋予情境意义的许多事物实际上来自遥远的时间和空间。这迫使他们从另一个层面（例如社会、规范、价值观、文化、背景、结构）看问题："专注于在情境中不直接可见但使情境成为现实的事物"（拉图尔，1999b：17）。

第二，一旦达到这个更高的宏观水平，社会科学家就会发现他们遗漏了一些东西，因为文化、社会、价值观和结构等抽象概念似乎太大了，所以他们又回到局部情况，那些他们先前忽略了的血肉之躯。

尽管如此，我们可以尝试在不去克服或解决这些问题的前提下来讨论他们。则会发现，社会根本不是由"能动性和结构所组成的，而是一个循环的实体"（拉图尔，1999b：17）。因此，研究能动性的方法允许将这些双重路径缩合起来：第一，将其本土化，揭示许多结构组装的具体地点；第二，是重新分配本土化的部分，揭示行动的分布式存在，以及所有能动性总是与其他遥远的时间和空间上的能动性相关。在这两种情况下，结构和行动都不是作为特定的地点或物质而存在的，而知识作为运动、联系、关联和调解者而存在，他们偶尔会导致具体的和偶谈的实体的存在。

此外，我们认为能动性的分布式性质在电子游戏中清晰可见，正如吉丁斯（2009：148）所言："不要将电子游戏视为一个离散的和'整体的'对象。"因此，游戏体验是人类主体、一组技术和媒体文化实践结合在一起的事件，"强调游戏元素之间的动态：实体聚集在一起，因果关系或反馈的物质和审美链条"（吉丁斯，2009：149），只能"通过承认其汇集在一起来充分解决异质参与者（吉丁斯，2009：150）。

总而言之，能动性可以概括为在现实中产生变化和转变的东西。然而，有了这个关于能懂的定义，我们又如何定义在特定的社会背景下应该被视为变化和转变的东西呢？我们在福柯的理论中找到了一个有趣的答案。

电子游戏作为"装置"

"机器"（apparatuses）或"装置"（dispositifs）限制了它们内部发生的事情，并且是特定社会和时间的可能性条件的主要表现和执行者。福柯在他的著作《纪律与惩罚》（*Discipline and Punish*，1995）和《性史》（*The History of Sexuality*，1990）第一卷中使用了"装置"的概念。在与其他知识分子的谈话中，他将这个概念定义如下：

> 我试图用这个术语挑出的是，一个完全异质的整体，由话语、制度、建筑形式、监管决定、法律、行政措施、科学陈述、哲学、道德和慈善命题组成——简而言之，说的和没说的一样多。这些是"机器"（apparatus）的元素。"机器"本身就是可以在这些元素之间建立的关系系统。
>
> （戈登，1980：194）

我们再次面对异质元素的结合，一群行动者的集合。最重要的是，他们交织在一起的方式。这不是说去定义由一组不同的碎片组合在一起的结构，而是关于去识别这些元素之间如何连接的本质。我们认为重要的部分是每个元素相对于另一个元素所占据的位置，以及这种布局在"位置变化的互相作用"中的短暂性（戈登，1980：195）。另外还应该指出的是，"装置"产生了"对力量关系

第三章
新自由主义和参与式文化中的电子游戏和能动性

的某种操纵,要么在特定方向上发展它们,要么阻止它们,要么稳定它们,要么利用它们等"(戈登,1980:195)。"装置"也可能是由某些权利—知识关系所产生的。

在这个过程中,总是有一种策略性的功能。也就是说,"装置"的出现是应对"紧急需求"(戈登,1980:195)。然后,这些策略"不是有人去发明他们,也很少有人可以去制定它们"(福柯,1990:95)。一个"装置"可能看起来是一种理性的、连贯的和全局的策略,但它是由多种相互对立的、相互矛盾的和不同的操作形成的;它是有意的,同时又是非主观的(福柯,1990:95)。正如拉图尔所指出的,目的既不是指人类的也不是物体的属性,而恰恰是"装置""机器"和"机构"(institutions)的属性。或者,正如我们想建议的那样,是"组合"(assemblages)的属性:

> 有目的的行为和意向性可能不是物体的属性,但它们也不是人类的属性。它们是"机构"的属性,是"机器"的属性,也就是福柯所谓的"装置"。只有一起行动的群体能够吸收激增的调解员,规范他们的表达,重新分配技能,从而迫使盒子变黑并关闭。波音747不会飞,但航空公司会飞。
>
> 拉图尔(1999:192-193)

这就是为什么福柯谈到"战略阐述的永恒过程"(戈登,1980:195),或者在出现的不同异质元素所产生的矛盾和反响出现时,"装置"可以重新调整自己的方式。

在电子游戏中,玩家的能动性是受到系统的限制的,限制了他们可以看到什么、说什么和做什么,就像在我们生活中由"装置"调节的任何其他社会互动一样。另一个问题是有人认为系统(装置、机器或组合)具有明确定义的轮廓:玩家受到电子游戏的限制或启用,但也受到技术、开发人员、其他玩家和更多(人类和非人类的)社会参与者的限制;其中一些在时间和空间上很近,另一些则在远处起作用(拉图尔,1987:219-232)。这一点,我们也可以从其他行动者如何调解玩家的能动性中看出来,在某些情况下,玩家觉得他们正在失去控制局势的能力。这可能是另一个人:

> 我喜欢一个人玩游戏,一个人思考,看看我要怎么打败我的对手。但是一旦他环抱肩膀,你脑海里就会想"走开!",因为它开始影响整个事情,这变得很烦人。
>
> (塞尔达)

该电子游戏：

> 突然，游戏出现了一些问题。你必须要适应，因为你不能控制一切。所以你必须要做出一些决定并适应这些变化。
>
> （劳拉）

甚至是互联网连接：

> 但真正让我恼火的实际上是断网。这让我最恼火。互联网断了，我什么也做不了。然后当它终于重新出现时，我显然迷路了[笑声]。我不喜欢因为我无法控制的事情而输球。
>
> （塞尔达）

因此，电子游戏可以被视为同时启用和调节玩家能动性的设备。我们面临着其他理论家之前所发现的悖论。例如，吉丁斯（2009：151）提出"电子游戏玩家受到的影响与他们的行动一样多"，并强调游戏事件的构成"来自有趣的能动性的转化，以及在人类和非人类组件之间的，效应和影响的异乎寻常的回路"。还有一些人通过将其概念化为平衡的概念（克兹温斯卡，2007）或作为一种幻觉来处理这个悖论："交互性的错觉激发了一种能动性，但这种能动性是外部预先确定或预先设计的"（查尔斯，2009：286）。因此，电子游戏提供了一种"定向自由"（directed freedom）。图洛克（Tulloch）完美地总结了这种明显的矛盾：

> 玩家可以同时是系统的行动者和囚徒，事件的作者和游戏权威的奴隶，以及创意贡献者和无意识的机器人。但矛盾的是，玩游戏被理解为取决于能动性和服从性。
>
> （图洛克，2014：336）

然而，图洛克超越了这个理论难题，并提供了一个试图绕过这个陷阱的解决方案。图洛克（2014：348）借鉴福柯的权力和能动性的概念，即两者通过彼此生产和重新生产，而不是对立的。他提出玩家的实践和期望"由游戏塑造，但在同一时刻，游戏只有通过他们的游戏才能产生。两者都需要连同其他元素才能存在；他们是同一生产力的一部分。因此，能动性是在相互影响的异质实体的循环中构建的。

能动性和新自由主义的政治理性

到目前为止，我们已经了解了电子游戏告诉我们的关于能动性的内容，即能动性是以多重的、分布式的和错位的方式产生转换的。电子游戏帮助我们可视化当代社会中能动性的本质为后人类、组合和关系过程。当我们在"装置""机器"和"机构"中这样做，可以规范并赋予这些转变以意义。但是有一个根本性的问题仍然悬而未决：定义当代"装置"和调动他们能动性的政治理性是什么？

根据米勒和罗斯（2008：58）的研究，政治理性可以理解为政治话语中的规则，用于"制定和证明理想化的方案，以代表现实，分析它并纠正它"。政治理性有3个主要特征。第一，政治理性具有道德形式，它们基于指导政府任务的原则，例如自由、正义、平等、相互责任、公民身份、常识、经济效率、繁荣、增长、公平或理性；第二，政治理性具有认识论的特征，它们与统治对象的本质概念有关，例如，社会、国家、人口或经济；第三，政治理性用特定的习语表达，它是一种语言，作为一种智力机器，使现实在某些政治磋商下可以被想象。总之，政治理性是"带有道德色彩的，以知识为基础，并通过语言变得可以被想象"（米勒和罗斯，2008：59）。

麦格根（McGuigan，2010：117）指出，新自由主义"是我们这个时代真正的霸权现象，涉及最广泛意义上的政治经济学和意识形态进程"。新自由主义的核心是关注自由放任的经济政策和关系，这表明鼓励竞争的开放和自由市场为所有人提供了经济成功和繁荣的最佳模式。新自由主义这个概念和术语是在20世纪30年代和20世纪40年代发展起来的，主要是为了回应人们对极权主义国家崛起以及这些国家如何限制个人表达和自由的日益担忧。然而，正是在20世纪70年代中后期席卷许多西方国家的经济危机之后，新自由主义议程才真正崭露头角，取代了在20世纪中叶大部分时间占主导的"社会民主"的模式。这在英国的撒切尔和美国的里根的政治统治期间尤为明显，他们开始为富人广泛减税，削弱工会的权力和权利，放松管制，在公共部门实行私有化和竞争（蒙比奥特，2016）。

因此，在新自由主义中，公共领域和私人领域之间的关系被重新定义为国家权力的逐渐削弱，戈登（1991：36）称其为"现代政府的多元化模式"。国家的权力就这样被下放了。社会和治理的问题不再完全依赖于所谓的福利国家（L'Etat providence），而是依赖于穿越它、超越它或出现在其外围的行动者网络，如地方组织和超国家组织：非政府组织、咨询公司、智囊团、媒体网络、游说团体和跨国公司。这是对国家政府手段的重新调整，它利用了被治理者的能量。这创造了一个对自己政府负责的主体社会："新自由主义将竞争视为人类关系的决定性特征。它将公民重新定义为消费者，他们的民主选择最好通过买卖来行使，这是一个奖励功绩和惩罚低效的过程"（蒙比奥特，2016）。

国家的权力旨在赋权给能够为自己选择的企业家个人。它是关于"将主权要求转变为自治的要求"（唐泽洛，2007：177）。这种新的后凯恩斯主义和后福特主义现实需要自我调节的个人，他们可以被定义为"积极、负责、参与和充满活力"（德马里尼斯，2005：25）。这是新自由主义的基本逻辑，其中公民通过他们的"选择自由"被管理（米勒和罗斯，2008：52）。因此，自由与控制、个人自治与政府，并不是对立的对立关系；它们是处理和定义现实的新公式不可分割的一部分。自由和控制的话语形象对于理解高级自由主义背景下的能动性至关重要，它可以扩展到围绕电子游戏出现的社会和世界。

操纵、自由和责任感

电子游戏中关于玩家能动性的大多数展现都围绕着他们是主角的想法展开，他们是负责操纵屏幕上发生事情的人。这导致了游戏文化中以及我们的受访者中的一个普遍假设，即电子游戏代表了一种更为互动的文化形式：

> 所以阅读很棒，但是阅读，你永远是它的观察者。而在电子游戏中，这是同一个故事，但是，你不再是观察者，你实际上就在那个故事中。
>
> （阿尔弗雷德，男性，26岁，强烈认同感的游戏玩家）

根据这种说法，玩家不只是观察，他们在故事中，他们属于并且是电子游戏的叙事和机械过程的操作部分。电子游戏迫使玩家参与其中"设想你是玩游戏的人，角色发生的事情就是发生在你身上的事情"（帕特西，男性，38岁，游戏开发者和程序员）。这是绝大多数受访者的普遍感受，这使他们声称"你几乎感觉自己就是屏幕内的人"（伊克尔，男性，43岁，不常玩游戏）。毫无疑问，电子游戏以明确和含蓄的方式培养了这种观点。明确的方式是指就像我们在引言部分提到的系列游戏，它们不断提醒玩家他们的选择将对故事产生影响，含蓄的方式是指使用不同的相机视角，用几十个待发现的任务和元素填充屏幕，或者允许各种形式的角色和游戏世界定制。然后玩家被"推动"成为系统中的核心行动者，无论这是真的还是假的。能动性是现实的多重和分布式的转变，但也是新自由主义政治调解机制的一部分。

从这个意义上说，新自由主义的自由言论也是电子游戏的基石。玩家通常认为电子游戏能使他们能够在游戏世界中行动并前往他们选择的地方。正如我们的一些受访者所表达的那样：

《汪达与巨像》里有一个巨大的世界，但你需要从A点挪到B点。你可以选择自由地骑马，然后你对自己说："我可以自由探索这片土地"。

（维克多，男，27岁，电子游戏纪录片导演）

《侠盗猎车手》它可能是一款冒险游戏，但它为你提供了很多自由。我玩过它的一些任务，但最后我意识到，我没有做我应该做的事，而是抓起一辆车开始四处游荡。

（伊克尔）

这就是电子游戏领域所谓的"开放世界"背后的理念；它们不仅与《魔兽世界》或《星战前夜》等大型多人在线游戏相关联，还包括与沙盒游戏类型（sandbox genre）相关的游戏相关联，如《侠盗猎车手》或《上古卷轴Ⅴ：天际》，拥有可供探索的广阔地图和非线性的游戏玩法，支持并促进突发叙事。这些游戏的理念是给予玩家自由，让玩家可以自由探索游戏世界，并在不遵循预先设定的脚本的情况下行动，允许玩家选择他们想要完成的任务以及完成的顺序，并充斥着故事情节带有次要任务和迷你游戏。《上古卷轴》《巫师》《侠盗猎车手》《刺客信条》《辐射》和《质量效应》等系列游戏是一些典型的例子，它们围绕自由意志的理念阐明了游戏体验，不过是对每个游戏游戏的修辞原则的最大化：玩家的自由，即使这种自由只是存在于屏幕上垂直移动的键盘。

每次玩家决定忽略主要故事任务并自由行走在像是《侠盗猎车手》中的自由城领域或是《上古卷轴系列》中的泰姆瑞尔大陆时，选择下一条对话线可以定义他们与其他角色的关系，或者跟随地图上所有的地点并完成任务。玩家们正在重现新自由主义所支持的自由理念，即个人"不仅可以自由选择，而且必须自由，根据人的选择来理解和实施他们的生活"（罗斯，1999：87）。追随福柯的脚步，尼古拉斯·罗斯（Nikolas Rose，1999）将"自由"重新定义为它的可能性条件，而不是权力的对立面。没有自由就没有选择的可能性，也就没有权力；同样地，没有自由不是在复杂的权力关系张力中诞生的。用福柯（2003：139）的话来说，我们需要一个"充满可能性的领域，在这个领域中可以有多种行为、多种反应方式和行为模式"。因此，我们认为这种义务被转化到了电子游戏世界，以要求的形式产生影响：

看看电脑游戏，你可以清楚地看到我们对……的想法的需求，即我们有影响力，我们有互动的选择。

（埃米特，男，48岁，电子游戏博物馆馆长）

因此，电子游戏并没有脱离占主导地位的政治理性，而是电子游戏受到现有社会力量的影响，就像它们对塑造社会力量的贡献一样。互动、选择和决定等选项是基本的：

这是一个电子游戏，因为我可以对正在发生的事情做出决定。我的意思是，我可以影响这个世界或我正在与之互动的这个东西。

（哈维尔，男，32岁，游戏开发者和程序员）

对电子游戏玩家的概念化使他们被置于了关于能动性讨论的中心，使玩家被识别为最重要的社会参与者（正如我们在上文提到的，本文问题）。因此，存在一种关注玩家如何控制局势的主流话语也就不足为奇了。只有当你作为玩家"掌控"并且"能控制正在发生的事情"时，电子游戏才能被定义为这样。到头来，"电子游戏就是做决定"（芭特西，男性，38岁，游戏开发者和程序员）和"选择自己的道路"（卡拉·齐蒙尼，女性，37岁，游戏开发者和游戏美工）。从这个意义上说，电子游戏显然是在寻找活跃的个体，他们正在促进并产生参与性的行动者，否则这两个要素（电子游戏玩家和电子游戏）的表达就不可能了：

这就是使它成为主动事物而非被动事物的原因。实际上你必须先离开，只有通过做事情而让一些事情发生，否则如果什么都不做，那么则什么也不会发生。

（艾伯特，男性，25岁，游戏开发者和游戏美工）

当谈及电子游戏时，这是一个典型的例子，可以说明一个活跃的主题是如何构成我们理解能动性的基础的。例如，泰勒（2006：159）将电子游戏玩家与"在游戏文化中充当核心生产行动者"的社会工作者进行了比较。她甚至进一步提出"没有玩家的劳动付出，就没有文化，就没有游戏"（2006：159）。埃根福德-尼尔森（Egenfeldt-Nielsen）等人也提出了类似的观点（2008：138-139），他们认为电子游戏需要玩家明确地与他们互动；要求"用户参与到游戏中"。此外，玩家参与电子游戏似乎是必不可少的："输赢真的是你自己"（柯比，2009：169）。在这种情况下，电子游戏是关于"权力幻想"（皮特，54岁，男性，电子游戏相关硕士学位课程的负责人）和控制权：

像《糖果传奇》这样的游戏之所以如此受欢迎，是因为它们给了你一种平时没有的对日常生活的掌控感。……事情就像他们应该在你的现实生活中一样。努力工作是有回报的，你可以控制它。

（达利斯，男性，28岁，电子游戏设计师和开发者）

那么，这就是卓越的新自由主义，它将玩家塑造成强大的主体，他们能够控制自己行为的结果，而这些在他们的日常生活中只能想象而已。正如奥利瓦（Oliva）、佩雷斯·拉托雷（Pérez-Latorre）和贝萨卢（Besalú）所说（2016：12），围绕电子游戏文化的副文本（如关于电子游戏沙盒的文本），促使玩家去"选择""收集""管理"和"取胜"，这决定了我们对一款好游戏或好玩家体验的期望。电子游戏创造了一种环境（无论是修辞上的还是物质上的），玩家的能动性被夸大并促进了成就感和赋权感。以一种或多或少的明确方式，电子游戏促进了这样一种观念，即玩家如果足够成功或足够努力，就能够成功和胜利：

你总是需要对玩家很友善。你想让他们觉得他们赢了。

（乔治，男，42岁，游戏开发者和程序员）

有时会有非常微妙但有时非常明确的信息与赋权有关。你能行的。你可以做到这一点。

（罗伯特，男，47岁，电子游戏相关展览负责人）

电子游戏为这些被认为是成功的叙事创造了机会，其中玩家是赢家，并且可以做任何她或他选择做的事情。它是一个有能力和坚定的个人的投射，他们可以克服他们前进道路上的任何障碍。这种对能动性的表征属于将人类视为有意识、主动和有意向的主体的经典认同，它颂扬现代性"理性的或工作的解放"（利奥塔，1984：xxiii）——这个概念深深根植于新自由主义的哲学和政治思想中。

在本体论层面上，这种对能动性的理解，忽略了我们前文提到的能动性作为多重的、分布式的和错位的概念。它坚持二元论，将那些被认为是主动的实体（人类、主体、社会）和那些被视为被动的实体（非人类、客体、自然）分开，好像能动性实际上并不是无处不在的（劳，2004：131-134）。

在社会政治的层面上，这种观点反映并强化了新自由主义的政治理性，其中心公理之一就是构建一个积极的、自主的主体，该主体照顾自己，或者与类似的其他人一起参与，以解决他们自己的具体问题（罗斯，1999：137-166）。因此，电子游戏文化普遍带有这样一种观念，即玩家有责任控制游戏，并且愿意这样做：

通常我不会阅读指南或攻略，因为我希望能够独立完成。

（阿尔弗雷德）

电子游戏文化
——电子游戏在当代社会中的作用与重要性

一个人玩的时候,主要是想把故事打通,把游戏打通,然后努力搞定。但是你想自己解决而不是依赖其他人。

(塞尔达)

根据他们所处的"机器",如果电子游戏玩家能动性的可能性条件是他们的选择自由,那么他们的成就和失败都是他们的责任。因此,尽管我们的许多受访者承认,有几个时刻他们会受制于所玩的电子游戏或其他外部因素,但仍然有重新引入玩家重要性的趋势,这些玩家有能力克服这些障碍,即使它们可能会继续失败:

他们非常脆弱,你知道的,一击必杀。这有点像他们没有真正的力量,因为他们太脆弱了。当你作为一名玩家变得更加熟练时,你就会明白你拥有所有的力量,因为你控制着这些泰坦,你可以杀死他们。

(诺埃尔,男性,24岁,开发人员和程序员)

这位以高难度闻名的游戏开发员,他在谈及自己的电子游戏时,提出能动性的丧失、脆弱感和无力感被视为是暂时的:玩家有能力成功,即使他们失败了,那是因为他们缺乏技能,或者因为他们没有投入足够的时间来完善他们的技能。尤尔(2013:7)在他的文章中讨论了关于电子游戏中失败这个话题,并断言电子游戏"向我们承诺了一个公平的机会来挽回自己",这可以"将游戏失败与我们日常生活中的失败区分开来"。然后,即使电子游戏更明确地说明了它们提供的救赎机会,我们也看到电子游戏中的失败与我们正常生活中的失败有相似之处。在新自由主义社会中,个人或者至多是特定的群体或社区,要对自己的处境负责,而不考虑可能影响他们的任何结构性条件。这里的说法,在电子游戏中,就像在更广泛的社会中一样,是他们应该努力,他们将能够实现他们的目标,否则他们将由于自身的缺陷或缺乏努力而失败。

因此,电子游戏要求玩家控制他们面前的东西——大多数时候是字面意义上的,因为玩家通常必须使用物理游戏控制器——并且通常要对他们的成就和失败负责。正如我们所展示的,无论电子游戏、开发商或其他代理者是否会严重影响电子游戏玩家的能动性,在电子游戏文化中,游戏结果主要取决于玩家。这类似于肖恩(Shaw,2014:13-39)在电子游戏提供的选项中发现的代表性。原则上,电子游戏似乎提出了不同的表现形式;游戏玩家通常可以自由选择各种特征,包括种族、性别、外貌,有时甚至是性取向。然而,电子游戏最终是给电子游戏玩家带来了代表性的负担:"除了在角色设定的游戏中包含多样性外,大多数边缘化群体和标识符的代表性都掌握在玩家手中"（肖恩，2014：35）。

毕竟，新自由主义寻求"利用被治理者的最大能量来治理"（德马里尼斯，2005：22）。这是我们在电子游戏中反复看到的；个人被理解为"他或她自己的企业家"（戈登，1991：44）。因此，对积极、自我负责和参与性的个人的提升，不能仅仅归结为某种亚文化形式的倾向，而是与影响整个社会的更广泛的倾向有关。

超越新自由主义政治理性：参与式文化

到目前为止，我们已经看到电子游戏中的能动性，是如何受到新自由主义政治理性的支配。从这个意义上讲，自由和互动被封闭在一种促进他们的环境中，这种环境不会让能动性打破霸权话语、实践和制度。根据布鲁克和布斯（Brookey and Booth，2006：218）的说法，在大多数电子游戏中，"玩家没有被赋予改变游戏结构和设计的权利"，因此对玩家可用的选择施加了限制，这"并不总是允许与意识形态抵抗等同的变化"。

然而，由于这些新自由主义理性培育了自主自治主体的理想，它们也为能动性创造了产生断裂线的机会。新自由主义给予个人选择，让他们对自己作出的决定负责，且非常成功。但是，可以说，新自由主义的力量太过于成功，以至于它们已经埋下了它部分消亡的种子。它的理性如此狂热地促进个人自由和自我责任，它们甚至创造了一个很大程度上自主的主体，在某种程度上，这个主体可能能够摆脱它的理性。毕竟，德勒兹（Deleuze，1990：165）认为，每一种"装置"都有两组群体：分层线路或沉淀线路；通向今天的线路或创造力的线路。后者包括"分裂、破损、断裂"（1990：162）；那些勾勒出从一种"装置"（Dispositif）到另一种的移动（1990：161）。这表明了破坏系统的可能性，就像人们在电子游戏中寻找故障以及如何利用它们的方法一样。

此外，还有一些人认为新数字技术的兴起非但没有促进和促成日益个性化的社会，反而提供了新的沟通和协作的工具与形式。特别是，亨利·詹金斯（Herry Jenkins）认为，新媒体技术，如互联网和电子游戏，以及受众性质的相关变化，已经导致了一种更具集体性、协作性和参与式的文化（participatory culture）。

参与式文化被理解为"吸收并响应新媒体技术的爆炸式增长，使普通消费者能够以强大的新方式存档、注释、适当和再循环媒体内容"（詹金斯，等，2005：8）。在为麦克阿瑟基金会（The MacArthur Foundation）撰写的题为《应对参与式

69

文化的挑战：21世纪的媒体教育》的报告中，詹金斯等人（2005：7）对参与式文化作了如下定义：

  目前，让我们将参与式文化定义为：①艺术表达和公民参与的障碍相对较低；②大力支持创作和与他人分享自己的创作；③通过某种形式的非正式指导，最有经验的人会传给新手；④成员认为他们的贡献很重要；⑤成员之间感到某种程度的社会联系（至少他们关心其他人对他们所创造的东西的看法）。

  参与式文化的核心理念围绕着任何人对各种集体文化表现形式做出重大贡献的开放可能性。因此，这里的作者正在描述一种使大部分人口都可以进行生产的文化，在这种文化中，社会参与者之间的合作和相互依赖对于产生结果和这种文化的可持续性至关重要。根据这些作者的说法，所有贡献都被视为和体验有关，允许以新的方式进行协作和参与超越消费主义，正如我们的受访者之一埃米特关于电子游戏所建议的那样：

  我们生活在一个大众社会，我们主要被视为消费者，我认为电脑游戏及其流行表明我们还有其他的财产和愿望。你可以在电脑游戏中看到的最强大的东西之一是我们也喜欢再次参与，不仅是为了消费，也不仅仅是为了成为一个对象。

  重要的是要强调"不是每个成员都必须做出贡献，但所有人都必须相信他们在准备好后可以自由做出贡献，并且他们的贡献将得到适当的重视"（詹金斯，等，2005：7）。

  对于詹金斯（2006：2）来说，"今天的参与文化绝非边缘或地下"。詹金斯走得更远，暗示媒体内容交互的范式发生了变化，"（消费）变成生产，阅读变成写作，观众文化变成参与文化"（詹金斯，2006：60）。詹金斯早期的作品强调粉丝是参与性文化的先锋。普通观众通常乐于被动消费主流内容，而粉丝则积极从媒体文本和叙事中汲取灵感，创作自己的故事或艺术作品。詹金斯（1992）借鉴了米歇尔·德·塞尔托（Michel de Certeau, 1984）的工作，将其称为"文本盗猎"。然而，詹金斯在他后来的作品中表明，已经发生了重大的文化转变，从以前由主流的被动消费者受众主导的文化转变为当前更加活跃的文化，生产和消费之间的界线开始变得模糊。对于詹金斯来说，积极参与成为媒体参与的主要形式。基尔（2008：213）提出了类似的论点，强调新技术在改变消费者和生产者之间关系方面的重要作用：

  新技术带来的媒体变革正在改变我们对自己的看法。特别是我们不再是媒体的被动消费者,而是越来越多地成为积极的生产者。

从这个意义上说,参与式文化和数字技术也从经济角度改变了传统的文化内容创造方式。例如,像Kickstarter这样的众筹平台的兴起催生了像"产消者投资者"这样的人物(普拉内利斯,2015)。然而,对于詹金斯来说,这个过程不一定是自上而下的,参与式文化的兴起是由三个相互关联的关键过程带来的。第一,新技术和工具的出现,例如互联网,"使消费者能够存档、注释、适当和再循环媒体内容"(詹金斯,2006:135)。第二,"横向整合的媒体集团鼓励图像、思想和叙事跨多个媒体渠道流动,并要求更积极的观看模式"(詹金斯,2006:136)。在这里,詹金斯指的是"跨媒体"的兴起,媒体叙事越来越多地交叉,有时需要与不同的媒体形式互动。对于詹金斯来说,跨媒体需要存在一个更积极的消费者,他们将寻找并积极参与各种媒体文本和形式的叙述。第三,参与性文化的兴起也是当代观众性质变化的结果。詹金斯特别表示,一些亚文化正在兴起,这些亚文化促进了自己动手(DIY)媒体制作,例如,电子游戏模组制作者或互联网博主。这些亚文化有助于发起一种更积极和参与性的媒体消费形式,但近年来这种参与模式已经从边缘蔓延到主流。

这些是参与式文化的基础,解开新范式的一系列事件。第一个趋势将新技术称为使社会行为者能够以前所未有的方式操纵媒体内容的使能设备。从本质上讲,詹金斯指出了促进所有这些操作的数字革命:更简单的存储、评论、挪用、更改和传播内容的形式。第二和第三个趋势与特定的转变有关,这些转变旨在更积极地对待媒体内容,改变生产和消费之间的等级,同时使这两个类别更加相互关联合成问题。作者身份的概念受到挑战,让位于"多重作者身份"(柯比,2009:1)。

特别是,对于詹金斯来说,电子游戏是这种参与文化的关键示例和驱动力之一,其中包括制作演练、模组、粉丝艺术和小说、新游戏、网站、黑客、游戏指南、评论、解释、维基、角色扮演(cosplaying),以及大量其他示例,它们认识到"电子游戏不仅仅是一个或几个人与电子游戏机的交互"(克劳福德,2012:120)。同样,达维和肯尼迪(2006:123-124)将电子游戏文化视为"在21世纪初媒体生产者和消费者之间关系转变的经验证据"。这是詹姆斯·纽曼(2008)的《玩电子游戏》一书的中心论点,游戏文化是一种参与性文化,远远超出了玩电子游戏的范围:

> 在本书中,我希望通过突出这些更广泛的电子游戏文化的内在创造力、生产

电子游戏文化
——电子游戏在当代社会中的作用与重要性

力和社交性，在一些关于游戏迷文化和实践的新兴工作的基础上再接再厉。对游戏玩家的艺术和文学作品的调查、演练和常见问题解答文本的创建、现有游戏的修改和全新游戏的开发，清楚地说明了电子游戏参与的复杂性以及重新配置游戏以增加其生命的方式——跨度。

（纽曼，2008：14）

纽曼在这里给出了关于在电子游戏中寻找这种参与性文化的提示：演练、改装、同人艺术和小说、衍生创作、互文性、新游戏。然后，他的书分为三个主要部分，每个人都在探索这些参与性文化和电子游戏玩家的做法的一个方面。

在书的第一部分，纽曼（2008：21-88）致力于电子游戏的文本质量，并探讨了电子游戏玩家如何以不同的方式分享和构建电子游戏的集体体验（见第4章）：谈话（游戏内和游戏外的对话、论坛、讨论以及电子游戏杂志上的评论）、阅读和写作（官方小说、评论、同人小说）和表演（同人艺术、音乐解读、角色扮演）。关于这一点，我们的一位受访者塞尔达解释了她是如何偶尔与其他电子游戏和动漫爱好者一起进行角色扮演："他们（角色扮演者）有一个在线社区，他们有一个Facebook小组，我们所有人都上网并进行协作……并尝试让人们制作不同的角色，而不是同一个角色，然后我们会得到每个人的合影。"参与式文化促进了一个集体表达的机构，最典型的是，以数字方式为媒介。

在第二部分，纽曼（2008：89-148）探讨了电子游戏的滑稽方面。其中，他考虑制作游戏指南、攻略和FAQ。他建议，这些文本旨在鼓励新的电子游戏参与方式，以及甚至可能规范电子游戏的播放方式（2008：93）。例如，我们的一些受访者谈到搜索有关如何在游戏中取得进展的视频教程：

然后是找出最快的方法……如果你不知道如何做……就开始查找教程，在YouTube上观看一些视频，找出应该如何做。

（阿尔伯特）

参与式文化促使了一种能动性，能够与他人分享知识、专有技术和信息。如果新自由主义关于能动性的叙述侧重于个人成长和个人成功，那么关于参与式文化则被视为是有利于群体活力。从这个意义上讲，电子游戏文化有可能引导能动性走向集体协作的形式。尽管它可能再现了自由主义理性和自由个体的一些值得赞扬的方面，但它更代表了一种以更团结的方式扩大电子游戏玩家能动性的方式。

在书的第三部分，纽曼（2008：149-178）将电子游戏作为一种技术，处理

"游戏玩家可能修改实际程序本身的方式"(2008:151)。纽曼在此描述了3种主要实践：代码挖掘、修改和游戏制作。在代码挖掘中，电子游戏玩家试图揭示游戏中隐藏或冗余的元素，这些元素存在于早期的迭代中，但仍然可以在代码中找到。这为游戏玩家提供了一个机会去了解游戏的本来面目，以扩展游戏的可能性和体验。接下来，修改是用户在不同级别修改现有游戏的地方：从简单的图形增强到游戏的完整修改，在某些情况下会产生全新的游戏制作。在这里，纽曼（2008:167）认为，即使只有少数人拥有直接操纵和修改电子游戏代码和资产的技术知识，"这些努力的成果存在于更广泛的文化、社区和丰富的批评、评论和游戏环境中，甚至有助于创造和维持这些文化、社区以及丰富的环境"。总而言之，纽曼认为这种参与式文化有助于维持一个活跃和支持性的社区，不仅对那些积极修改、代码挖掘或制作游戏的人，而且对更广泛的游戏玩家社区也是如此。正如阿尔弗雷德在大规模测试活动中所说：

> 即使你没有真正与社区互动，你仍然可以从社区中受益。例如，《足球经理》有beta测试。当你需要测试某项业务时，你需要一两个人来测试。当你想让一个电脑游戏来测试某个东西时，你给你的粉丝一万个免费玩它的机会，并在其中挑选漏洞。无论谁在线下玩完游戏，不与社区中的任何其他人互动，他们都能从大规模测试中获益，这一规模我无法想象。

此外，我们想补充一点，在几乎没有任何编程能力的情况下，游戏开发工具的可用性使为普通大众创造电子游戏的可能性民主化了，例如，Game Maker、Construct 2、Rpg Maker、Stencil以及其他工具。其中一些游戏甚至可能成为商业上成功的例子，而另一些将成为产品池的一部分，可能只有它们制作人才能玩。然而，阿芙拉·克尔（2006:123）告诫道，假设所有游戏玩家都与更广泛的游戏玩家社区互动，或者少数人的行为会给电子游戏玩家赋予某些权力：

> 虽然改装、作弊和艺术介入是更广泛的游戏文化的一部分，并提供了玩家创造力和能动性的有趣例子，但夸大它们的流行程度可能是不明智的。对于许多游戏玩家来说，游戏是一种"私人"活动，在家里与朋友和家人一起进行，或者在没有更好的事情可做时独自进行。许多人满足于不断尝试，直到成功克服障碍或向朋友寻求建议，而不是购买策略指南或上网寻找提示。

同样重要的是要强调，许多人利用参与式文化的潜力，来从事远不那么积极和支持性的行动，如骚扰和虐待。

我们关注的重点并不是在于我们是否应该赞美电子游戏玩家参与文化的无限

可能性，或者抑制我们的庆祝热情，并强调参与式文化的潜在局限性，甚至是危险性。当然，我们可以指出我们的一些其他研究，挑战了通常与参与式文化的相关的更为积极的假设（克劳福德，2012）。我们希望在这里强调的是，所有这些活动都是更广泛的电子游戏文化的一部分，它正逐渐成为我们当代社会的一个基本方面，并正在改变我们集体行动的方式。能动性在新自由主义范围内行动，但这有时可以在更多支持和关怀的理性范围内，当然，并非总是如此。

结论

在本章中，我们探讨了电子游戏文化中的能动性。电子游戏媒体痴迷于提供自由意志、艰难选择和有后果的行动以及关于电子游戏玩家中心性的普遍性话语，这使我们认为研究电子游戏及其文化构成了一个最佳领域，在这里我们可以探讨关于能动性的当代本质、互动性、政治理性、自由和权利等相关问题。

特别是，电子游戏文化中行动者的多样性使我们质疑传统的关于能动性的观念，因为我们如今面临的是比以前更加复杂的行动者网络、互动和权力关系。电子游戏有助于颠覆既定的能动性理论的地位，并表明它在过去几十年中发生了怎样的变化，以及我们需要什么新的方法来解决它。电子游戏文化证明了本体论当中混杂的（promiscuous）能动性的概念，我们需要新的认识论视角；这些新的视角帮助我们模糊了人性作为现代主义形象的典型特征，并将其重新置于后人文主义景观的框架中（哈拉维，2004：47）。

同样，电子游戏向我们表明，如今的能动性同时存在于解放（emancipatory）和异化（alienating）实践中。能动性不仅与自由、赋权和自主有关，还与服从、剥夺权力和依赖有关。局限性和可能性都是能动性的相同用途的一部分。正如波尔特罗涅里（Poltronieri，2015：174）所指出的那样，福柯式的"装置"解释了这种二元性："只要这些行动被编入设备内部，玩家就可以自由地采取行动来达到预期的结果"。"装置"限制并允许所有可以在真理体系内被看到、被谈论和能做的事情，但是，由于它必然通过能动性的生成力进行再现，它包含打破自身并产生新事物的潜力。电子游戏和它们所提倡的能动性可能是当前新自由主义理性的一部分，但它们带来了对于新的关于能动性的创造性的和批判的模式。

因此，我们认为能动性与新自由主义是相关的，但这种关系并非简单的理性再现和强化自由主义的思维和实践。相反，这种能动性也包含了突破的可能性，探索新的权力关系和能动性的模式，以更加社区化的方式来改变现实。能动性是一种改变现实的力量,但它必须通过实践来实现,在这一实践过程中,能动性本身也被转化。电子游戏可以沿着不同方向、基于不同理性,调解能动性并通过社会结构推动它。电子游戏组合包含着强大的、有可能带来改变的能动性,它正在使我们的社会现实发生改变。

参考文献

[1] Arsenault, Dominic and Perron, Bernard(2009), 'In the Frame of the Magic Circle: The Circle(s)of Gameplay', in Wolf, Mark J. and Perron, Bernard(editors). *The Video Game Theory Reader 2*. London: Routledge, 109–131.

[2] Brookey, Robert Alan and Booth, Paul(2006), 'Restricted Play. Synergy and the Limits of Interactivity in the Lord of the Rings: The Return of the KingVideo Game', *Games and Culture*, 1(3): 214–230.

[3] Calleja, Gordon(2011), *In-Game: From Immersion to Incorporation*. Cambridge, MA: MIT Press.

[4] Charles,Alec(2009), 'Playing with One's Self:Notions of Subjectivity and Agency in Digital Games', *Eludamos*, 3(2): 291–284.

[5] Crawford, Garry(2012), *Video Gamers*. London: Routledge.

[6] De Marinis, Pablo(2005). '16 comentarios sobre la(s)sociología(s)y la(s) comunidad(es)', Papeles del CEIC,(15): 1–39.

[7] De Certeau, Michel(1984), *The Practice of Everyday Life*. Berkeley: University of California Press.

[8] Debord, Guy(1995), *The Society of the Spectacle*. New York: Zone Books.

[9] Deleuze, Gilles(1990), 'What is a Dispositif?', in Armstrong, Timothy J.(editor). *Michel Foucault Philosopher*. New York: Routledge, 159–168.

[10] Donzelot, Jacques(2007), *La invención de lo social* [The Promotion of the Social].Buenos Aires: Nueva Visión.

[11] Dovey, Jon and Kennedy, Helen W.(2006). *Game Cultures. Computer Games as New Media*. Maidenhead: Open University Press.

[12] Egenfeldt-Nielsen, Simon; Smith, Jonas Heide; Pajares Tosca, Susana(2008). *Understanding Video Games:The Essential Introduction*. New York: Routledge.

[13] Foucault, Michel(1990). *The History of Sexuality,Vol. 1:An Introduction*. New

York: Vintage Books.

[14] Foucault, Michel（1995）. *Discipline and Punish:The Birth of the Prison*. New York:Vintage Books.

[15] Foucault, Michel（2003）. 'The Subject and Power' in Rabinow, Paul and Rose, Nikolas（editors）. *The Essential Foucault*. New York:The New Press, 126–144.

[16] García Selgas, Fernando J.（2007）. *Sobre la fluidez social. Elementos para una cartografía*. Madrid: CIS.

[17] Gere, Charlie（2008）. *Digital Culture*. London: Reaktion Books.

[18] Giddings, Seth（2009）. 'Events and Collusions. A Glossary for the Microethnography of Video Game Play', *Games and Culture*, 4（2）: 144–157.

[19] Gordon, Colin（1980）. *Power/Knowledge. Selected Interviews & Other Writings. 1972–1977. Michel Foucault*. New York: Pantheon Books.

[20] Gordon, Colin（1991）. 'Governmental Rationality: An Introduction' in Burchell, Graham.

[21] Gordon, Colin; Miller, Peter（editors）. *The Foucault Effect. Studies in Governmentality*. Chicago: Chicago University Press, 1–51.

[22] Haraway, Donna（2004）. *The Haraway Reader*. New York: Routledge.

[23] Jameson, Frederic（1991）. *Postmodernism, Or,The Cultural Logic of Late Capitalism*. Durham, North Carolina: Duke University Press.

[24] Jenkins, Henry（1992）. *Textual Poachers*. Routledge: London.

[25] Jenkins, Henry（2006）. *Fans, Bloggers, and Gamers. Exploring Participatory Culture*. New York: New York University Press.

[26] Jenkins, Henry; Purushotma, Ravi; Clinton, Katherine; Weigel, Margaret; Robison, Alice J.（2005）. *Confronting the Challenges of Participatory Culture: Media Education for the 21st Century*. Chicago: MacArthur Foundation.

[27] Juul, Jesper（2013）. *The Art of Failure*. Cambridge, MA: MIT Press.

[28] Kerr, Aphra（2006）. *The Business and Culture of Digital Games. Gamework/Gameplay*. London: Sage.

[29] Kirby, Alan（2009）. *Digimodernism*. New York: Continuum.

[30] Krzywinska, Tanya（2007）. 'Being a Determined Agent in（the）World of Warcraft: Text/Play/Identity', in Atkins, Barry and Krzywinska, Tanya（editors）. *Videogame, Player, Text*. Manchester: Manchester University Press, 101–119.

[31] Latour, Bruno（1987）. *Science in Action*. Cambridge, MA: Harvard University Press.

[32] Latour, Bruno（1999a）. *Pandora's Hope. Essays on the Reality of Science Studies*. Cambridge, MA: Harvard University Press.

[33] Latour, Bruno（1999b）. 'On recalling ANT', in Law, John and Hassard, John. *Actor-Network Theory and After*. Oxford: Blackwell, 15–25.

[34] Latour, Bruno（2007）. *Reassembling the Social. An Introduction to Actor-Network-Theory*. Oxford: Oxford University Press.

[35] Law, John（2004）. *After Method. Mess in Social Science Research*. London: Routledge.

[36] Lyotard, Jean-François（1984）. *The Postmodern Condition*. Minneapolis, MN: The University of Minnesota Press.

[37] McGuigan, Jim（2010）. *Cultural Analysis*, London: Sage.

[38] Miller, Peter and Rose, Nikolas（2008）. *Governing the Present. Administering Economic, Social and Personal Life*. Cambridge: Polity Press.

[39] Millington, Brad（2009）. "Wii has Never been Modern: 'Active' Video Games and the 'Conduct of Conduct'", *New Media Society*, 11（4）: 621–640.

[40] Monbiot, George（2016）. 'Neoliberalism – the Ideology at the Root of All Our Problems', *The Guardian*, [Last Accessed: 29/07/2017].

[41] Mortensen, Torill Elvira（2016）. 'Anger, Fear, and Games: The Long Event of #GamerGate', *Games and Culture*, DOI:10.1177/1555412016640408.

[42] Muriel, Daniel（2016）. 'Toward a Sociology of Mediations: Impressionist Mapping and Some（Brief）Rules for a Sociological Method', REIS,（153）: 111–126.

[43] Navarro-Remesal, Víctor and García-Catalán, Shaila（2015）. 'Let's Play Master and Servant: BDSM and Directed Freedom in Game Design', in Wysocki, M. and Lauteria, E. W.（editors）. *Rated M for Mature*. London: Bloomsbury, 119–132.

[44] Newman, James（2008）. *Playing with Videogames*. London: Routledge.

[45] Oliva, Mercè; Pérez-Latorre, Óliver; Reinald, Besalú（2016）. "'Choose, Collect, Manage, Win!': Neoliberalism, Enterprising Culture and Risk Society in Video Game Covers", *Convergence*.

[46] Planells, Antonio José（2015）. 'Video Games and the Crowdfunding Ideology:

From the Gamer-Buyer to the Prosumer-investor', *Journal of Consumer Culture*.

[47] Poltronieri, Fabrizio（2015）. 'Communicology, Apparatus, and Post-history: Vilém Flusser's Concepts Applied to Video Games and Gamification', in Fuchs, Mathias; Fizek, Sonia; Ruffino, Paolo; Schrape, Niklas（editors）. *Rethinking Gamification*. Lüneburg: Meson Press. Rose, Nikolas（1999）. *Powers of Freedom. Reframing Political Thought*. Cambridge: Cambridge University Press.

[48] Shaw, Adrienne（2014）. *Gaming at the Edge*. Minneapolis, MN: University of Minnesota Press. Taylor, T. L.（2006）. *Play between Worlds: Exploring Online Game Culture*. Cambridge, MA: MIT Press.

[49] Taylor, T. L.（2009）. 'The Assemblage of Play', *Games and Culture*, 4（4）: 331–339. Thornham, Helen（2011）. *Ethnographies of the Videogame. Gender, Narrative and Praxis*. Surrey: Ashgate.

[50] Tulloch, Rowan（2014）. 'The Construction of Play: Rules, Restrictions, and the Repressive Hypothesis', *Games and Culture*, 9（5）: 335–350.

游戏列表

[1] 11位工作室（2014）.《这是我的战争》。
[2] 贝塞斯达（1994年至今）.《上古卷轴》系列。
[3] 贝塞斯达（2011）.《上古卷轴5：天迹》。
[4] Bio Ware（2007年至今）.《质量效应》。
[5] 暴雪娱乐公司（2004）.《魔兽世界》。
[6] CCP游戏（2003）.《星战前夜》。
[7] CD Projekt RED（2007年至今）.《巫师》系列。
[8] 创意组合（2014）.《异形：隔离》。
[9] 东诺德娱乐公司（2015）.《奇异人生》。
[10] 摩擦游戏（2010）.《失忆症》。
[11] 弗洛姆软件公司（2011–2016）.《黑暗之魂》系列。
[12] Interplay; Black Isle Studios; Bethesda; Obsidian（1997年至今）.《辐射》系列。
[13] 量子梦工作室（2010）.《暴雨》。
[14] 量子梦工作室（2013）.《超凡双生》。
[15] 量子梦工作室（2018）.《底特律：化身为人》。

[16]红桶工作室（2013）.《逃生》。
[17]红线游戏（2014）.《梦陨新章》。
[18]摇滚星游戏（1997年至今）.《侠盗猎车手》系列。
[19]超大质量游戏（2015）.《直到黎明》。
[20]迹象游戏（2012年至今）.《行尸走肉》系列。
[21]迹象游戏（2013）.《我们身边的狼》。
[22]迹象游戏（2014）.《权力的游戏》。
[23]迹象游戏（2014）.《无主之地传说》。
[24]迹象游戏（2016）.《蝙蝠侠：故事版》。
[25]育碧（2007年至今）.《刺客信条》系列。

第四章
作为体验的电子游戏

引言

当我们向研究参与者询问他们对于电子游戏的定义时,他们中的大多数人通常提到交互性、娱乐性、乐趣、享受、模拟,或者直接暗示任何以技术为媒介的游戏。然而出乎意料的是,我们也发现他们经常将电子游戏定义为体验。例如,24岁的专注电子游戏的玩家玛塔(Marta)认为,"说到底,电子游戏就像任何其他体验一样",还有25岁的独立游戏艺术家艾伯特(Albert)则将其视为"一次愉快的经历"。在最初将视电子游戏概念化为一种媒体形式之后,玩家与程序之间就存在互动。而卡尔(Carl),28岁,是一位敬业且自我认同感很强烈的电子游戏玩家,他总结说,电子游戏不仅是一种公认的艺术形式,还是"一种生活体验"。

将电子游戏归类为一种"体验"的形式,一定程度上被一些学者所认同并不断探索。例如,凯蒂·萨伦(Katie Salen)和埃里克·齐默尔曼(Eric Zimmerman)所提出的"玩游戏的规则"(Rules of Play)主要是通过"了解游戏的正式系统如何转变为体验系统"来为玩家设计体验(2004:316)。体验是他们用来定义电子游戏的一个关键概念。强调游戏设计师创造的不是技术,而是一种"体验"(2004:87)。因此,萨伦和齐默尔曼直接将电子游戏等同于体验,认为玩电子游戏是为了获得特定的体验。

此外,伊恩·伯格斯特(Ian Bogost,2007:35)认为,虽然电子游戏所涉及的对现实的表征与我们认为的"实际的体验"并非完全相同,但仍然能够模拟"真实的或想象的物理的与文化的过程"。此外,他认为电子游戏的互动性可以将它们定位为最大程度地体验"生动性"(vividness)。博格斯特借鉴了心理学家查尔斯·希尔(Charles Hill,2004)和他关于生动性连续体概念,该连续体从最不生动的信息(统计数据)到最生动的信息(实际经验)进行划分。他将电子游戏置于实际体验之下,有声移动图像之上(这在希尔的列表中排名第二)。尽管我们认为,定义实际体验本身就充满问题,更不用说定义关于"生动性"的概念了,博格斯特似乎得出了一个合理的结论,即电子游戏是一种体验,在没有更好的表述情况下,它类似于但不等同于我们所谓的"真实生活体验"。加洛达(Grodal,2003:129)也认为电子游戏"是对现实生活体验基本模式的模拟"。

将电子游戏解读为体验,开辟了理论和实践可能性的广阔领域,并且在辨别构成电子游戏文化的不同方面(物质、象征、政治和社会)发挥着核心作用。当我们将电子游戏视为体验时,我们一方面描述了它们的部分基本属性和运作机制;另一方面,我们将它与更广泛的社会问题联系起来,将社会现实构建为一组经过设计的经验,以及一系列基于"后现象学"方法的认识论(伊德,1993)。"后现象学"的概念,以及它在我们研究论文中的价值,将得到进一步的阐述;简言之,虽然现象学方法倾向于以个人为中心,但后现象学却延伸到个人之外,例如,理解"人类、他们的世界和技术是彼此参与且活跃的组成部分"(基奥,2014:3)。正如我们将在接下来的章节中看到的,这会产生无法预料但有趣的后果。最值得注意的是,我们如何将电子游戏视为与"其他"(通常是遥远和未知的)现实相联系的中介工具(第五章),以及后身份的出现和社区性质的变化(第六章)。

因此,电子游戏文化中的不同行动者,包括学者、电子游戏玩家、媒体从业者和业内人士,他们主要是根据经验来行动,表示他们在研究、玩、写和设计电子游戏。但是我们怎么能判断电子游戏是体验呢?本章将进一步展开,关于电子游戏与体验概念相关的6个原因,以及这些原因如何指向该概念对于理解我们社会的关键方面所具有的解释的可能性。第一,由于"体验翻译"的过程,电子游戏有助于引导不同的体验,以便与我们可能不知道的其他现实联系起来;第二,我们经常发现电子游戏中的体验与我们讲述旅行、轶事和任何其他生活体验的方式类似;第三,电子游戏通常需要玩家积极参与游戏过程,以增强游戏体验的真实感;第四,电子游戏无疑是具身体验,这反过来又对我们与技术和虚拟空间的接触提出了许多问题;第五,电子游戏与更广泛的社会趋势相关联,这种社会趋势根据一系列体验来看待现实;第六,电子游戏也有助于阐明我们在更广泛的社会背景下对体验概念的理解。然后,本章还考虑了两个悖论:第一个困境是关于体验是如何可以同时在一方面是个体的、独特的和偶然的,但在另一个方面它又是集体的、共享的和稳定的;第二个困境是,作为第一个悖论的部分后果,我们面临着体验的后现象学本质,这在电子游戏中尤为明显,它将体验的概念置于传统现象学框架之外。

转换体验

人们普遍地认为，电子游戏可以让玩家获得他们在其他情况下无法获得的体验。我们的访谈对象中有很多人以各种方式表达了这一观点，即电子游戏给了他们各种无法获得的体验。乔治（男性，42岁，游戏开发者）参与了有名的赛车电子游戏特许经营权开发，他希望玩家通过体验"驾驶法拉利的感觉"而感到开心。还有26岁的独立开发者劳拉，她将自己的一款电子游戏描述为一种"可能会改变你的体验"，以至于让玩家惊呼，"该死的，这个游戏太让我心醉了，这太棒了"。同样的情况，帕维尔·米乔夫斯基将《这是我的战争》称为"大开眼界"，因为来自游戏社区的玩家反馈告诉他们这是"非常激动人心的体验"。此外，用帕维尔的话说，有些退伍军人认为这款游戏是一种"清理体验和宣泄体验"。这说明了电子游戏如何在体验层面发挥作用，这也是玩家似乎在寻求的东西。正如肖恩（2014：87）在对边缘化游戏文化的研究中指出的那样："对于许多受访者来说，与媒体角色建立联系最重要的是体验"。

电子游戏让玩家设身处地为他人着想，让他们从自己的角度体验世界。然而，玩家并不能完全体验到其他人的感受或在特定情况下意味着什么，毕竟电子游戏是一种中介体验，而不是体验本身，但它至少能让玩家以不同的方式与其他现实联系起来。这种联系程度各不相同：玩家可能认同或不认同角色和情境，他们可能在情感或认知层面或可能两者建立联系，重要的是建立了联系，这样就可以接触到其他观点并促进对遥远情况的理解。电子游戏提供了多种体验的可能性，特别是培养共情反应，这一想法将在第五章中进行更深入的探讨，该章将重点关注促进玩家与遥远现实之间建立联系的过程；然而在本段落，我们希望重点关注将"真实生活体验"转化为"电子游戏体验"的过程。

根据萨伦和齐默尔曼（2004：316）的说法，为玩家创造出色的体验"需要了解游戏的正式系统如何转变为体验式系统"。因此，一旦可以确定，至少是假设地确定电子游戏能够为玩家提供多样化的体验，那么问题就来了：他们是如何做到的？他们如何将这些丰富多样的体验传递给那些将要与他们互动的人？这些问题的答案取决于将特定体验转化为游戏体验的翻译过程。

专注于我们所讨论的一款游戏《到家》，我们注意到游戏设计师如何使用个人访谈作为"获得个人体验"的方法（卡拉·齐蒙尼亚，女性，37岁，富布赖特的联合创始人和游戏艺术家），以便将它们用作故事的一部分并作为"使故事真实"的一种方式。特别是，他们接近其他人以收集一系列相关的生活经历，以确保他们恰当地捕捉到他们的经历,并做好准备将这些经历转储到游戏中(图4–1)。

图4–1 《到家》游戏片段

这种方法可以用游戏的一个片段来说明,在这个片段中,玩家恢复了山姆日记的一部分。山姆是玩家在游戏中的妹妹,扮演很重要的角色,她在日记中写下了她与父母的争吵。该片段也像游戏中的所有日记片段一样被大声朗读(图4–1),例如,"你太年轻了根本不知道你想要什么""这只是一个阶段"。卡拉·齐蒙尼亚解释了他们如何用了其中一位认识的人向父母坦白时的经历:

> 她具体复述了许多她父母所说的内容,这对我们很有启发性。我们试图将我们所写的内容,建立在这些生活经历的基础之上。我的意思是,当你所描绘的东西不是你自己经历过的东西时,好好做自己的研究是非常重要的。

即使开发者并不能直接了解他们试图在电子游戏中重现的体验,他们也会尝试通过吸取他人的经验来克服这些限制。他们是体验的收集者,将它们用作自己设计的游戏体验的原材料。

在游戏《奇异人生》中,有一个关卡描述了一位四肢瘫痪者及其家人的情况。在这方面,我们见证了她的生活、她的健康和行动问题、她家人的情感影响、他们的财务问题以及其他日常情况。在某个时候,你被要求帮助她去死。这个非常紧张的时刻围绕着重度残疾人和安乐死展开,这也是开发人员试图根植于人们生活经历的一种体验。在一次采访中,《奇异人生》的游戏总监劳尔·巴贝(Raoul Barbet)提到了游戏中的这个特殊时刻,以及他们如何"对此进行大量研究",就像他们"对游戏所涉及的所有主题所做的一样"。他还补充道:

重要的是要尊重它，并表明我们对这个主题的研究是准确的。我们研究了专门的家用设备，阅读了残疾人的博客，并询问了他们在家中的设置。游戏的一位设计师当时遇到了一些家庭问题，就像我们在游戏中出现的那样，但作为开发人员和创作者，我们必须小心，不要让这个主题过于游戏化。这可能会被视为不尊重，我们真的很想谈论这个话题，有时会让玩家处于非常困难的境地，让他们思考这个问题。

（巴贝，2016）

包括对体验的转换，这些体验经过转换、调节和适应不同的媒体，旨在创造新体验。出于这个原因，47岁的电子游戏博物馆馆长罗伯特认为，与通常看到的人相比，鼓励更广泛的声音且他们具有"不同的生活经历"，这将丰富和多样化游戏文化，成为"更多关于世界的表现"。它是关于捕捉更多样化的体验池，因为这将产生新的中介体验。从这个意义上说，电子游戏是体验的体验。

叙述体验

维克托·索摩萨，《记忆：超越游戏》纪录片的导演，在谈及他们是如何为电影命名的时候，他显然将电子游戏置于体验的领域，而且是叙述体验（narrating experience）：

所以，我和我的几个同事们讨论过，我们认为"超越游戏"是一个有吸引力的标题。更重要的是，它忠实于这个想法，标题暗示着我们正在超越游戏行为，对生活的意义，以及讲述该电子游戏的体验。

这部电影是不同个体的集合，包括电子游戏玩家、开发人员、媒体专业人士、学者和艺术家，讲述了他们与特定感受和特定时刻相关的游戏体验。特别是，这部电影围绕着恐惧、愤怒、竞争、悲伤和笑声以及其他情绪展开，我们可以像解读任何其他生活经历一样来解读这些情绪。对于索摩萨来说，在理解唤起电子游戏体验是什么感觉时，这些并不等同于其他文化产品中的体验，而是我们日常生活中发生的常规事件：

关于电影或音乐的对话与电子游戏中的对话不同。记住电子游戏更接近于记住一次旅行、一次生日聚会或类似的事情。在这两种情况下都有巧合，因为即使是通过控制器和屏幕，你也会像经历那次旅行或那次派对一样体验它。

电子游戏文化
——电子游戏在当代社会中的作用与重要性

这似乎是玩电子游戏的人的常态。如果某人出现在讲述他或她的游戏体验的人中间，则可能很难知道该人是在谈论"现实生活"体验还是游戏体验。电子游戏玩家谈论发生了什么，他们或其他人在点游戏时做了什么或感受到什么，这通常包括同时发生在游戏世界和故事中的事件，以及他们在那一刻实际占据的空间中发生的事情。例如，克劳福德（2006）针对游戏《足球经理》（*Football Manager*）和《冠军足球经理》（*Championship Manager*）的玩家，进行了探索，指出关于游戏内体验的对话很容易并且经常与职业足球协会（游戏外）世界中的事件讨论混淆。正如加里·阿兰·法恩（Gary Alan Fine，1983）所说，在他将戈夫曼（Goffman）的框架分析应用于纸笔角色扮演游戏（pen-and-paper role playing games）时，游戏玩家通常至少同时占据3个框架或认知水平。第一，在更广泛的社会背景下，对他们自己和处境有初步的"常识"理解；第二，是他们作为游戏玩家的身份和体验，有自己特定的游戏规则和模式；第三，作为特定游戏中的角色。对于法恩和戈夫曼（1986）来说，重要的是这些框架并不是相互排斥的，而是最好将其理解为"分层"的层次，游戏玩家经常很容易地在它们之间滑动，或者同时停留在它们之间。因此，电子游戏是玩家现象学世界中的一种嵌入体验，并且它是以被叙述的方式。

因此，当电子游戏玩家回忆起他们在游戏时世界中所做的事情或者是发生在他们身上的事情时，他们通常以第一人称叙述也就不足为奇了。我们在索摩萨的纪录片中发现了几个这种行为的案例。例如，影片中有一段聚焦在了"恐怖"，其中一位参与者讲述了他在《黑暗之魂》中的体验，并表达了他在游戏中死去的恐惧。"我不想死，我害怕死亡，"他说到，就像是他自己是面临死亡风险的人，而不是他所控制的角色。同样，另一位受访者讲述了他在玩《使命召唤4：现代战争》时的经历：

你在四处爬行，你在想"我需要做什么？我需要去医院吗？"你的角色没有枪，你只是四处爬行。比如"我该怎么办？我怎么活下来？"你真的不能，你只是爬了一会儿，然后你死了，然后它移动到另一个角色。

（达瑞斯，男，28岁，独立游戏设计师）

在这里，我们看到达瑞斯，不断在第二人称和第一人称之间转换。前者是非个人的"你"，是活动主体的容器（无论是他还是任何可能体验这种体验的玩家），后者指的是他所经历的心理过程，这是叙述经历的另一个标志。即使在提到玩家控制的角色时，似乎有感受一定的距离，但这很快就会被过渡到："你的角色没有枪，你只是在四处爬行"。在同一句话中，从一开始所建立的差异，在结束之前就被稀释了。

在对电子游戏和哲学的讨论中，科格本（Cogburn）和希尔克（Silcox）强调（2009）了玩家在描述游戏中角色的行为时如何经常使用第一人称代词"我"。他们试图用克拉克（Clark）和查默斯（Chalmers）的"扩展思维"（extended mind）的概念来解释这一点（1998）。他们的研究表明，作为人类的我们，善于利用道具来扩展我们的身心，例如，使用笔和纸来辅助计算（克劳福德，2012）。因此，外部对象成为我们思维过程和身体的延伸。科格本和希尔克认为，这可以用来解释为什么人们经常将电子游戏角色称为"我"，因为电子游戏很容易融入我们的道具利用和自我扩展模式。所以，尽管电子游戏是一种以技术为媒介的体验，与许多其他体验一样，重点始终是在于构建一种生活体验，我们谈论它的方式也指向了这一结论。

执行体验

在第三章中，我们探讨了互动性的概念对于电子游戏的社会想象力，以及它提供的能动性的重要性。与其他文化产品相比，互动性似乎与电子游戏更紧密相关，因为它们通常需要消费者的积极参与。虽然我们认识到电子游戏最为典型地需要互动，或者至少比其他类型的产品更能被用户所改变，但我们一直批评直接假设书籍、电影、电视节目和其他媒体知识复制被动的消费和文化挪用。然而，我们确实赞同那些支持电子游戏作为体验的人，因为玩家通常必须积极参与使其运作的机制。玩家确实是游戏体验的执行者。也就是说，是游戏玩家的行动实现了游戏体验。

萨伦和齐默尔曼引用美国传统词典中3个关于对"体验"的定义，所有这些都暗示了积极参与的概念：

（1）通过感官或思维对物体、思想或情感的理解。
（2）积极参与实践或活动，从而获得知识或技能。
（3）参与或经历的事件或一系列事件。

他们通过声明"体验就是参与"（萨伦和齐默尔曼，2004：314）来总结这个词典条目，这似乎是一个合理的近似值。如果没有积极参与提供体验的活动，就不会有体验。这并不意味着我们在任何特定情况下越活跃，这种体验就会越生动或强烈，但无疑需要一定程度的参与过程。我们的许多受访者都持有这种观点，例如，阿尔弗雷德（男性，26岁，敬业且自我认同的游戏玩家），他将电子游戏定义为"通过某种控制台或某种交互媒体进行的交互体验"。我们的许多受访者在谈及将电子游戏定义为中介体验时，都认为交互性是最重要的因素：

> 在某种程度上，有一类媒体，基于屏幕的体验，它当然需要交互，并且这种交互可以改变和调整您从该屏幕获得的材料流。
>
> （爱德华，男，54岁，电子游戏开发硕士课程负责人）

爱德华从事教育下一代电子游戏开发人员的工作，他认为电子游戏是通过必要的互动实现的，以技术为媒介的体验。通过研究电子游戏《我的世界》和《饥荒》，科斯特洛将电子游戏定义为一种有节奏的体验。根据她的说法，如果玩家想玩游戏，他们"必须将注意力集中在游戏的节奏上，并改变他们的行为以与游戏所需的动作和反应节奏同步"（科斯特洛，2016：4）。从这个意义上说，玩电子游戏涉及游戏和玩家之间具体的编排，其中一些"需要精确的节奏表演"，而"另一些则允许玩家有空间发挥节奏"（科斯特洛，2016：4）。按照节奏的比喻，电子游戏的互动体验可以被描述一种节奏律动，玩家"可能感觉与之同步或不同步、处于或不受控制"（科斯特洛，2016：5）。

这种将游戏体验视为有节奏的理解可能与米哈里·齐克森米哈里（Mihaly Csikszentmihalyi，1988）的"心流"概念有关，或者肯定与史蒂夫·康威（Steve Conway，2010）等几位作者如何将其应用于游戏体验有关。齐克森米哈里将心流定义为参与者在从事一项具有挑战性的活动时进入的一种深层心理状态：它需要技巧；有明确的目标和反馈；行动与意识的融合；专注于手头的任务；自我意识丧失；控制的悖论；时间的转变和"自动体验"（康威，2010：45）。虽然心流是一种内化的心理状态，但我们发现科斯特洛的结构更有用，因为它将游戏体验定位为表达、体现和节奏的共享结构。

因此，电子游戏之所以是体验，是因为它们必须被执行；这种实施涉及玩家、电子游戏、屏幕、其他人、动作发生的空间、控制器、家具、灯光、声音、互联网连接、其他设备、潜力中断、过去的经验、手册、指南、对话等。玩电子游戏是一种既定的体验，它涉及场景、剧本，和少数形形色色的演员。

制定是一个强大的概念，已被社会科学家广泛使用，因为它涵盖了大量的社会互动，并暗含特定的本体论前提，与行动者网络理论和其他后结构主义传统一样，我们发现这些前提对我们的研究很有用，即将电子游戏视为一种文化。根据穆里尔（2016）所说，社会学和其他相关学科的注意力应该集中在使社会存在成

第四章
作为体验的电子游戏

为可能的"中介"上。这些是以积极的方式维持和再生产社会现实的机制；也就是说社会性"在不再执行时就消失了"（拉图尔，2007：37）。约翰·劳（John Law，2004：161）认为"中介"是"在实体之间建立关系的过程，作为该过程的一部分，这些关系是给定形式的"。因此，中介"是不预先存在的实体和关系，而是在执行过程的那一刻构成的"（穆里尔，2016：114），或者换句话说，是在当它们被制定时。这意味着如果允许它们存在的中介没有被不断地复制（或被其他中介取代，这也会改变，至少部分地改变这些形态的特征），即使是最制度化的社会形态也会迅速消失或崩溃。电子游戏也不例外。为了脱颖而出，必须制定游戏体验，创造不同中介的复杂社会生物技术组合。

《逃离伍美拉》（*Escape from Woomera*）是一款描述澳大利亚拘留中心寻求庇护者处境的"严肃游戏"，辛迪·波伦巴（Cindy Poremba）在对该游戏的分析中，将其描述为一种将困难的、经常被忽视的，或积极模糊的现实转化为电子游戏的实践。

此外，波伦巴解释了这种类型的游戏体验是如何成为一种参与式的和被制定的。波伦巴建议电子游戏"构建玩家主体"，因为玩家不是"客观的观察者，而是嵌入的参与者"（2013：355）。波伦巴将这个参与者描绘成一个行动者。这意味着电子游戏的成功较少依赖于沉浸过程，而更多地依赖于"深入了解伍美拉难民的既定主观性，阅读玩家具体的游戏体验"（2013：356）。根据波伦巴（2013：357）的说法，制定是一种情境互动，可以被视为"与媒体互动的一种不同模式"，一种通过具身体验使重建情境活跃起来的模式。

现实始终是一个活跃的实体，是一项必须不断制定的正在进行的工作。毕竟，现实"并不安全，但必须加以实践"（劳，2004：15）和"制定"（劳，2004：38）。因此，对于理解我们世界的不同方面是如何运作的，以及任何特定体验的核心概念，特别是对于那些暗示像电子游戏这样的体现生活的体验，制定是至关重要的。电子游戏，被理解为体验，并不是存在于玩游戏行为之外的实体。相反地，电子游戏也是系统中的参与者，该系统通过制定创造游戏体验，所有参与者，包括玩家、硬件、软件、外围设备、物理和虚拟空间以及许多其他参与者，都积极参与其中过程。当我们讨论电子游戏可以告诉我们关于当代社会体验的哪些内容时，所有这些都将具有重要意义，特别是与我们稍后将探讨的后现象学方法有关。

具身体验

事实上，我们认为正如我们在上一节所讨论的，电子游戏与制定的概念密切相关。在此我们发现了电子游戏的具身本质，即电子游戏必然是具身体验。尽管我们发现重点往往被放在技术系统或认知过程上，但电子游戏玩家的增强和混合身体的物质性，对于游戏体验始终是必不可少的。在这种情况下，具身实践的中心地位，在萨伦和齐默尔曼将电子游戏定义为体验的过程中可见一斑。对他们来说，"玩游戏就是体验游戏：看、摸、听、闻、尝游戏；在游戏过程中移动身体，感受对展开结果的情绪"（萨伦和齐默尔曼，2004：314）。因此，电子游戏是一种感官的、肉体的和情感的体验，它指出了这样一个事实，即焦点不应该仅仅放在屏幕发生的事情上，而是承认玩家具有"身体和肉体的存在"，从而使游戏行为从根本上称为"一种具体的体验"（克劳福德，2012：85）。

正如韦斯特科特（2008：11）所说，很明显我们的"身体总是隐含在游戏中"，无论以何种方式。此外，我们会说身体的存在更明确而不是隐含。例如，当克里克描述他玩《使命召唤》等第一人称射击游戏（FPS）的体验时，他提到他的"心跳加速"，"身体感到兴奋和颠簸"，以及他的"身体直觉地倾向于"他的化身奔跑的方向。这也解释了为什么伊丽莎白，我们的一位受访者（不认同自己是一名游戏玩家）讨厌射击游戏的原因：正如她所说，他们让她"跳跃"。确实存在持续的"游戏过程中屏幕前发生的物理泄漏"，我们的身体不断从"游戏的固定焦点"中逃离（韦斯特科特，2008：11）。正如拉赫蒂（Lahti，2003：163）所说：

> 玩家试图通过他们自己的、富有同情心的身体动作来更充分地控制游戏世界，也许是这种愿望的最好例证。我的意思是那种熟悉的体验，比如说，向前伸长身体，试图通过向左或向右倾斜来观察角落，或者在拼命试图拯救你的角色——也就是你自己——免遭毁灭时躲避。从这个意义上说，我们的乐趣是基于模糊玩家和角色之间的区别：当我们实际点击鼠标或点击控制器时，我们会跳跃、飞行、射击、踢腿和比赛。

为了让具身在电子游戏中发挥适当的作用，我们需要绕过两个相互关联的理论障碍，这两个障碍深深植根于西方文化的集体想象中：笛卡尔对身体和心灵的区分，以及网络空间和虚拟现实中的脱离实体的叙述。尽管有许多研究质疑了这些倾向（费瑟斯通和布伦斯，1995；特纳，2008；希林，2003；费瑟斯通、赫普沃斯和特纳，1991），但仍有一种倾向从物质身体的角度进行思考，这种物质身体和大脑的象征和认知过程有着根本和实质的不同，就像"虚拟"和"网络"空间的概念通常被视为分离的一样，来自我们身体所处的拓扑结构和感官体验。

加西亚·塞尔格斯（1994：41）声称"现代对身体的注视是将身体与思想分开的注视"，并补充说"现代人的卓越形象是机器中幽灵的笛卡尔形象"。现代性和启蒙思想被凝固在二分法的扩散之上，尽管后现代理论家做出了最大的努力，但不知何故，这种二分法仍然在今天的流行信仰中徘徊。内部与外部、行动与结构、材料与象征、自然与文化、社区与社会、主体与客体或传统与现代性是一些最突出的二分法，它们阐明了现代性的认识论基础，其中包括身体与心灵的划分。因此，加西亚·塞尔格斯建议使用"具身（embodiment）"的概念来克服这种二分法。

根据加西亚·塞尔格斯的说法，使用具身这样的概念有助于我们理解身体在"社会现实的构成和知识"中所扮演的基本的、本体论的和方法论的角色（加西亚·塞尔格斯，1994：43），从中衍生出重要的后果，例如，"主体与客体，物质与世界这样二元对立地破裂，并承认它们之间存在渗透联系"（加西亚·塞尔格斯，1994：82）。因此，具体化让人质疑物质与象征、身体与心灵、主体与客体之间的区别。具身化的观点是基于这些二元性的统一，以及"思想和身体，或表象和客体，不是居住在两个不同世界中的实体，而是一个共同存在的现实中的参与者"这一事实（杜里什，2001：177）。总而言之，将具身化作为一种理论工具的使用，促使我们重新思考我们与环境的关系，并将身体置于中心位置以重新审视物质与认知的分界线。它提醒我们，我们是通过身体来体验世界的；即使他们的感官和行动能力是通过社会调节的。

因此，身体并没有被包裹他们的皮肤清楚地界定和限制。要了解身体及其能动性"在社会和物质过程的连续统一体中，超越了皮肤"（加西亚·塞尔格斯，1994：82），就需要回答唐娜·哈拉维（Donna Haraway）在《赛伯格宣言》（*Cyborg Manifesto*）中提出的关键问题："为什么我们的身体应该止于皮肤，或者至少包括被皮肤包裹的其他生物？"（哈拉维，2004：36）。她提议通过增强、假肢和铰接的身体来重新配置身份。她的《赛伯格宣言》最后讨论了身体意象在世界观和政治语言中所扮演的核心角色，以及其限制。哈拉维认为，在成为电子人、混血儿、嵌合体后，个人能够突破其生物、政治和社会身体的局限性，并且在这样做的过程中，颠覆了从现代性中继承下来的二元论，例如，男性/女性、思想/身体、文化/大自然。通过这种方式，可以在后人文主义（哈拉维，2004：

47；海尔斯，1999）和假体（普雷西亚多，2002，2013）景观的框架中重新配置这些二元论，正如我们在第三章中围绕能动性的概念所谈论的。因此，这种从机器人角度来看电子游戏的方法，使"虚拟和物理领域互补而不是相互排斥"（拉赫蒂，2003：168）。

克服了将思想与身体分离的二分法，以及由此将象征性从物质中提取出来，将个人从社会中提取出来的二分法，其结果是对另一个巨大障碍的质疑和最终的瓦解，而这一障碍是要充分把握体现作为电子游戏的核心部分：将网络空间和虚拟理解为无实体的体验。这个想法来自威廉·吉布森（William Gibson）虚构的赛博朋克文章，至少是深受他的影响的，他普及了赛博空间的概念，即个人被"劫持"到一种虚拟的空间中，并将他们的"无实体的意识投射到座位矩阵的合意幻觉中"（吉布森，2015：12）。人们很容易将电子游戏想象成虚拟现实的设备和网络空间的生产者；在那里我们可以获得无实体的体验，完全沉浸在屏幕上发生的事情中。但我们认为，与虚拟现实体验一样，在电子游戏中，"身体的参与是一个主要问题"（瑞恩，2001：52）。当玩家进入游戏世界时，他们并没有离开自己的身体。正如拉赫蒂所说，"当我们变成机器时，我们仍然是肉体"（拉赫蒂，2003：169）。

遵循混合现实范式，汉森（Hansen，2006：5）认为"与其将虚拟视为一个全面的技术模拟物"——电子游戏领域中的空间应该是一个"自足的幻想世界"，不如将空间视为"可以通过具身感知或行动进入的另一个领域"。这更多地是与内容的"访问方式"有关，而不是关系到内容本身。纽曼（2004：133-134）将电子游戏玩法作为一种具身体验的想法类似于这种方法。对他来说，玩电子游戏不是通过角色来识别的，而是关于系统提供的能力——玩家可以做的事情。这是一个由玩家、控制器、电子游戏、屏幕上的角色和许多其他可能的社会角色组合而成的铰接式身体，它能够做一些事情，比如跳跃、奔跑、游泳、射击和隐藏。同样，它更多的是关于功能和访问方式，而不是实质性和内容。

如果我们认为身体不仅仅是高级认知过程的肉体容器，那么电子游戏就必须被理解为"玩家的具体乐趣"，一个身体必然"在游戏过程中通过电子游戏硬件分布在现实和虚拟世界中"（基奥，2014：4）。这意味着电子游戏的动作不仅仅发生在屏幕、头脑、感官或玩家所在的空间，而且"多重地且分布在物理和模拟空间中"（布莱克，2015：19）。因此，电子游戏的具身体验是赛博格式的、多重的和混杂的关系（沃克丁，2007：28）。

有了具身化的概念，我们想在分析中重新引入电子游戏玩家的身体，其身体的、物质的和肉体的存在，与其他物质和符号元素相结合，使游戏体验成为可能。因此，玩电子游戏是一种"完全具体化的、感官的、肉欲的活动"（克里克，2011：267）。一个不会止于皮肤的边界，但它也通过增强的、混合的和假体的身体得到扩展。玩电子游戏的活动贯穿于多重复杂的身体，这赋予了具身体验新的含义。阿尔弗雷德把这个扩展身体的想法变成了文字：

> 你玩什么游戏并不重要……控制器是我身体的一部分，所以当我控制某个东西时，它几乎……不管游戏是什么，或者我是否玩过这个游戏。这是我的第二天性。

对阿尔弗雷德来说，控制器是他的第二天性。玩电子游戏的活动意味着技术和身体的这种结合，在这种情况下，他通过使控制器成为他自己身体的一部分，来清楚地说明其具身性，使他们的关系自然化。无论阿尔弗雷德在玩什么游戏，他都会在他和界面之间建立一个连续性，使交互成为可能。然而，还有其他方法可以将电子游戏视为一种具身体验，恰恰是通过去自然化玩家与电子游戏之间的关系，使其假肢和明确表达的性质变得明确。像《暴雨》（*Heavy Rain*）这样充满快速时间事件的电子游戏就是这种情况，也就是说，玩家必须按照屏幕上的一系列提示及时使用控制器采取行动的游戏片段。在这个特定的标题中，游戏的一部分是你必须更换婴儿的尿布。在程序中（图4-2），你需要使用控制器执行一系列操作，包括按下按钮并以正确的顺序和方向移动模拟摇杆。在每条指令正确执行后，屏幕上的角色会执行一个类似于换尿布的动作。由于我们必须使用控制器执行的特定编排，因此在暗示物理更换尿布的身体动作与游戏体验中暗示的身体

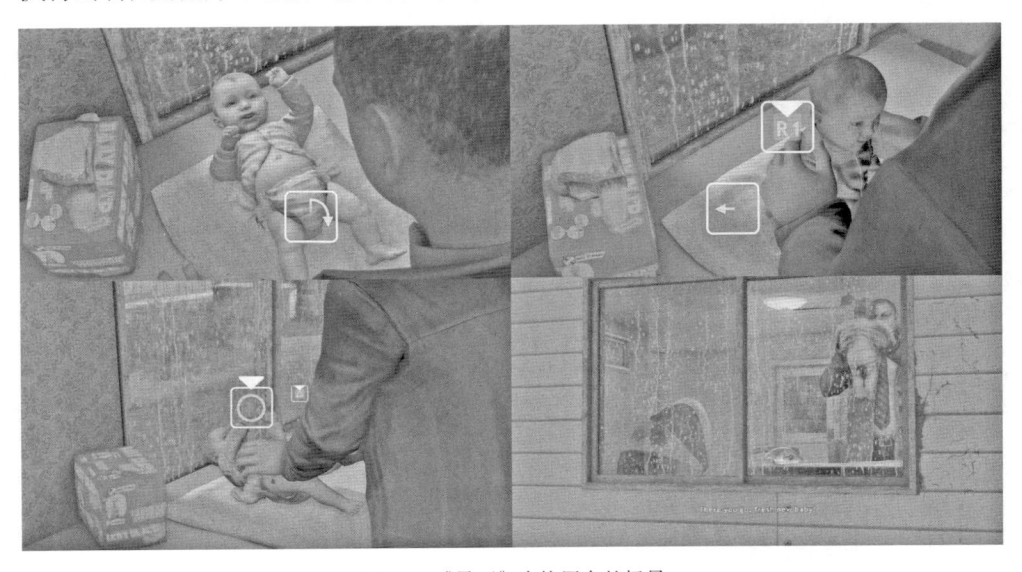

图4-2 《暴雨》中换尿布的场景

动作之间会发生中断。玩家通过控制器和屏幕的调节，了解到他们必须执行的动作，而不是提供换尿布的"实际体验"，这使得该动作成为一种游戏体验，其中每个演员的表达，无论是人类还是非人类，都明确了。因此，电子游戏的具身化和假肢化性质变得非常明确：为了实现游戏体验，身体、游戏系统、界面和控制设备必须对齐。

当然，电子游戏可能是杜里什（2001：102）所理论化的具身互动的一部分，这不仅仅是一种具身的互动形式，而是一种"设计和分析交互的方法，将具身视为整个现象的中心，甚至构成整个现象"。这意味着在设计电子游戏时不能不考虑玩电子游戏中身体的本质，以及与游戏系统的每一次交互都必须通过玩家身体的过滤器。毕竟，正如杜里什（2001：189）所宣称的，具身化是"交互的属性"，而不仅仅是系统、技术或人工制品，甚至我们应该还补充一个：身体。电子游戏绝对可以被理解为"一个用于生产、想象和测试当代文化中身体与技术之间不同类型关系的典范"（拉赫蒂，2003：158）。

社会现实作为一组设计体验

萨伦和齐默尔曼的《游戏规则》（*Rules of Play*）是一本关于将电子游戏设计为一种体验的书，他们承认体验设计是"游戏设计的基本原则"（2004：314）。电子游戏被设想为一种体验，并且构成了贯穿我们社会的趋势的缩影：将社交理解为一组设计好的体验。

我们生活在这样一个时代，设计体验的生产在社会、文化、经济和政治等各个层面都是不断的。经济学家派恩（Pine）和吉尔摩（Gilmore）认为（2011）从20世纪末开始，出现了一种基于经验生产的新型经济。他们不仅认为这是一个新兴的现实，而且认为这是必要的，因为生产以商品和服务生产为中心的范式在晚期资本主义已不再可行。因此，他们这本书的目的是描述和鼓励新经济的出现，作者称为体验经济。这是基于向客户（阿尔文·托夫勒，1981）或产消者（prosumers）提供分阶段性的体验，因为体验是共同创造的，而不是商品（工业经济）或服务（服务经济）："在一个充斥着基本上无差异的商品和服务的世界中，价值创造的最大机会在于策划体验"（派恩和吉尔摩，2011：ix）。派恩和吉尔摩并不一定认为体验是一种新的经济产出类型，而是说，在传统上它们与服务部门混合在一起，对他们来说，体验需要与服务脱钩，以打开经济扩张的可能性（派恩和吉尔摩，2011：xxiv）。

第四章
作为体验的电子游戏

派恩和吉尔摩认为，策划体验的大量增加是克服当前经济产品（商品、产品或服务）限制并创造新附加值的唯一途径。这里的价值取决于生活体验本身；因为即使体验随着表演的结束而消失，它的价值仍"存在于任何被事件所吸引的个体记忆中"（2011：18）。用他们的话说，尽管"商品是可替代的，产品是有形的，服务是无形的，但体验是令人难忘的"（2011：17）。生产令人难忘的、引人入胜的体验以供销售和享受似乎是一种一直存在的趋势，特别是在戏剧、音乐会和电影等娱乐产品中。但在过去的几十年中，"娱乐选择的数量急剧增加，涵盖了许多新的体验"（2011：3）。

根据作者的说法，这种演变的起源可以追溯到沃尔特·迪士尼（Walt Disney）的迪士尼乐园，以及此后出现的许多主题公园。然而，新技术的快速发展鼓励了"全新的体验类型，例如，电子游戏、在线游戏、基于动作的景点、3D电影、虚拟世界和增强现实"（派恩和吉尔摩，2011：4）。我们认为，电子游戏和类似的生物技术组合，似乎是将社会现实作为设计体验的新编码的顶峰。安德鲁·格罗夫（Andrew Grove，英特尔创始人之一，被认为是硅谷早期杰出的大师），在20世纪90年代中期COMDEX计算机展（1970年代末至2000年代初世界上最大的计算机展览会之一）上，预见到了技术提供的爆炸式增长："我们需要将我们的业务视为不仅仅是个人电脑（即产品）的制造和销售。我们的业务是提供信息（即服务）和逼真的互动体验"（派恩和吉尔摩，2011：4）。因此，看到传统服务行业也变得更加体验化就不足为奇了。

但这种趋势不仅限于娱乐。公司"无论何时与客户接触，都会上演一场体验，以个人的、难忘的方式与客户建立联系"（派恩和吉尔摩，2011：5）。例如，许多"用餐体验与娱乐主题的关系，不如与喜剧、艺术、历史或自然的融合"（派恩和吉尔摩，2011：5）。他们还提到了更多的例子：《英国航空》（*British Airways*）不仅是关于将人从A点运送到B点，还是提供一种体验；或《极客小队》（*The Geek Squad*）将平凡的服务（计算机相关服务）变成了引人注目的遭遇战。除了这些例子外，不难发现许多其他领域也正在或多或少地根据体验进行阐述。例如，旅游和文化遗产是尤其渗透着体验策化和包装套餐的领域。

文化遗产通过再现和传递关于其现实的知识，包括其感受和体验的过程来呈现。我们看到表演者在考古遗址、建筑物或纪念碑旁重现不同时期的日常生活场景的方式。那些表演者和观察者都参与了一种文化表演，通过他们创造的体验，暗示着意义构建（史密斯，2006：68）。还有一些遗产地点模拟了那些现在已经灭绝或成为废墟的社会世界的体验。例如，巴斯克地区围绕钢铁工业的领土

电子游戏文化
——电子游戏在当代社会中的作用与重要性

博物馆就是这种情况（穆里尔，2017：41-43），其中一些与1950年代最相关的社会空间——工人阶级的卧室、教室，一个小教堂——是根据对其历史的研究而复制的。因此，引用了当时一些最重要的指标——劳动、教育和宗教。所有一切都是在发生的地方上演的，再现了他们的社会存在，包括他们的建筑、美学、语言、实践和物品。这个社会世界甚至通过一条路线统一起来："50年代的某一天，工人们的路线。"它提供了一次穿越时空并体验1950年代工人阶级家庭世界的机会。以这种方式，遗产将被体验，或者更重要的是，它本身就是体验（史密斯，2006：47）。因此，文化遗产就像大多数电子游戏一样，是我们没有机会生活或无法再经历的情况下的一种设计和阶段性体验。我们发现了与电子游戏文化相关的类似场景，比如一家电子游戏博物馆的馆长所描述的场景：

> 我们在他们周围建造了一个典型的20世纪80年代的拱廊环境，你会有一种进入拱廊的感觉。我们也在其他房间实施了这一设计，在那里我们展示了私人房间、70年代的客厅、80年代的爱好室和90年代的客厅的环境，这也是游戏文化中的重要里程碑。因此，人们可以进入这些房间，然后他们可以在那里使用游戏机和电脑。
>
> （埃米顿，男性，48岁）

因此，即使是像过去一样玩电子游戏的行为也成为一种体验；逆向游戏的日益普及和重要性进一步证明了这一趋势（海涅曼，2014）。

同样，我们也被旅游产品淹没，这些旅游产品为寻求刺激的人、美食家、侍酒师、运动员、鉴赏家和享乐主义者提供一系列体验（巴格纳莱特，等，2015）。此外，这一当前趋势还影响到社会现实的其他方面，如社交关系（其中社交互动被转化为社交网络和约会应用中的经验积累、展示和生产），政治（公民通过在线投票过程和文件讨论、邻里集会和社交网络活动参与参与式民主的体验）和工作（使用我们在第二章中看到的游戏化方法，就毫不奇怪谷歌、脸书或苹果公司的工作环境会是典型的例子）。

但我们会争辩说，我们在电子游戏中看到了这一点的终极表达。特别是，克劳福德（2015）认为电子游戏是"主题"环境。克劳福德认为电子游戏就像主题公园，因为它们是"非场所"（奥格，1995）。非场所即是空间，它们本身缺乏历史和身份，例如机场、高速公路服务站和超市。正是这些类型的地点经常被主题化。就像克劳福德（2015）所写，"将主题、身份或品牌强加在平淡无奇的画布上，以创造令人兴奋和壮观的客户体验"。也就是说，就像没有主题的主题公园就只是一个公园一样，电子游戏在最基本的层面上是由代码和游戏引擎构成的，通常是从其他游戏中借鉴的，然后通过应用上面的主题赋予其可被感知的独特性。正如阿塞斯（Aarseth，2007：63）所说，"电脑游戏既是空间的表征（一种正式的关系系统），也是表征的空间（具有主要审美目的的符号图像）"。确切地说，电子游戏既是基于规则和代码的正式系统，又是供玩家探索和体验的具象环境。克劳福德（2015）表示，这在体育主题的电子游戏中尤为明显，它为游戏玩家提供了在主要运动场所参观和玩耍的机会。正如伦纳德（Leonard，2006：396）所写，"这些比赛的吸引力在于能够在圆石滩（Pebble Beach）上比赛或在温布尔登（Wimbledon）网球公开赛上大战。虚拟现实的旅游或殖民是这种体育游戏的核心"（2006：396）。

当然，主题体验的概念也可以应用于负面体验，比如催收机构使用羞辱手法来催收债务，仿佛一切都是一个整体、卡夫卡式的体验。在西班牙，有一家名为"穿燕尾服的收债员"（El Cobrador del Frac，英译为 The Debt Collector in a Tailcoat）的公司，该公司派出"打扮得像1930年代弗雷德·阿斯泰尔（Fred Astaire）电影中的临时演员一样的男子，羞辱债务人，让他们偿还债务"（韦布，2008）。我们认为，玩某些特定游戏不能总是完全被视为一种"愉快的体验"，如《这是我的战争》。乔安娜·卡特尔（Joanna Cuttell，2017）探索了一些特定游戏或特定游戏元素，如《最后生还者》开放序列中主角女儿的死亡，是如何围绕创伤展开的；无论是在游戏中还是对于体验过这一点的玩家。

因此，各种实践正在转化为舞台化的体验。舞台化在体验的创造中起着核心作用。在20世纪70年代初，麦肯尼（MacCannell）提出了"舞台化真实性"这个概念，指的是"通过一种新型的社会空间的使用来产生的一种体验，这种空间在我们的社会中随处可见"（麦肯尼，1973：596）。该社交空间是一个后台区域，为游客提供了一种"被允许查看商业、家庭、工业或公共机构内部运作的细节"的感觉（麦肯尼，1973：596）。这些场景创造了一种真实性的体验，以某种方式颠覆了戈夫曼的前台—后台二分法（Front-Back Dichotomy），让参与者可以在被舞台化为后台区域的空间中移动，或者直接让他们窥探这些社交场景的后台区域（麦肯尼，1973：598）。因此，使体验的创造成为可能。

如上文所见，旅游业是第一个大规模销售体验的领域之一。30年后，麦肯尼重新审视了舞台化真实性的概念，并得出结论，那些为游客设计的文化形式正在"从旅游业扩散到社会的每一个其他部分"，他补充道，这一阶段性的旅游体验"是新兴世界文化的测试版"（麦肯尼，2011：13）。事实上，他使用了一个基于软件开发"测试版"（Beta Test）的比喻，尤其是在电子游戏中，这一点很重要：所有设计的体验都必须在发布之前进行测试，这可能无意中暗示了电子游戏文化是当前新兴文化的实际测试版本。

在这方面，派恩和吉尔摩认为电子游戏主题电影《致命游戏》（The Game）描绘了理想的、终极的，"复杂的体验编排——呈现丰富的、引人入胜的、综合的、参与的和令人难忘的时间"（2011：65）。其他电影，诸如《感官游戏》《异次元骇客》（The Thirteenth Floor）或《黑客帝国》（The Matrix）三部曲，以及最近的电视作品，如《西部世界》（Westworld）或《黑镜》（Black Mirror），更深入地讨论了这样一个想法：最终设计的体验是一个电子游戏，或者至少非常类似电子游戏的体验。电子游戏作为21世纪的一组设计好的体验，已成为社会现实的原型。

因此，我们认为电子游戏处于这一趋势的前沿，它指向后现代理论家所期待的社会；如让·鲍德里亚（Jean Baudrillard，1994：1-42）在其论文《模拟的前进》（The Pression of Simulacara）中阐述的观点。在这篇论文中，鲍德里亚探讨了超现实的概念，这涉及现实模型对现实的替代；同样，电子游戏可以被视为设想一个没有参照物、起源或实质的社会现实，而只有他们自己的设计体验。尽管鲍德里亚高度批评了这些趋势，但我们并不认为电子游戏"仅仅"是现实生活体验的替代品。电子游戏是具有转换能力的完整体验；它们是感官的和情感的，并借鉴了我们通过其他方式体验的生活情境的概念——我们将在下一章中更加充分地探讨这一点，讨论与共情和认同相关的问题。

可以说许多电子游戏都是呈现了舞台化真实性的关键例子。例如，我们已经看到了《到家》《这是我的战争》和《奇异人生》等游戏的开发商是如何借鉴现实生活经验，尝试创造"尽可能真实"的游戏体验。正如朱利安·斯塔拉布拉斯（Julian Stallabrass，1996：102）所写，"许多（电子）游戏采取了阶段性的、旅游探索的形式……与利用'遗产'主题的开发一样，它们被收集、组合并包装成娱乐，不可避免地带有强烈的仿制品的味道"。这是斯塔拉布拉斯在这里提出的一个重要观点，也是对鲍德里亚（1994）关于超现实观点的回归。尽管在某种程度上，电子游戏可能会寻求呈现一种真实的体验，但它们将这种体验与虚幻混为一谈。在这一点上，他们引入了更多"像游戏一样"的元素，例如《这是我的战争》中出现在角色图像旁边的HUD指示器，被用来说明角色的健康水平、饥饿程度、疲劳度和其他因素，连同玩家在这些环境中所经历的不真实感，都不是第一手体验，而是在一个中介的电子游戏中。因此，克劳福德（2015）借鉴了费弗（Feifer，

1985）的研究，认为电子游戏玩家最好是"后游客"（post-tourist）；后游客接受"真实"旁边的舞台化不真实与"真实"并存的元素。正如朱利尔（Julier，2014：167）所写：

> 为后游客设计的产品必须包含大量的自我意识技巧。可以模拟情况、事件或地点。然而，与此同时，这种诡计是故意不完整的。假装真正的东西正在交付是没有意义的。

因此，我们认为，这种将社会理解为一组设计体验的转变在电子游戏中最为明显。派恩和吉尔摩提醒他们的读者，"展示体验不是为了娱乐顾客，这是为了吸引他们"（2011：45）。在游戏设计手册中读到，电子游戏设计师应该知道如何将"规则的正式复杂性转化为引人入胜的游戏体验"的情况并不少见（萨伦和齐默尔曼，2004：330）。这就是电子游戏应该有的样子：设计好的、吸引人的体验，且这些体验是必须被执行的。正是在我们所有人（人类和非人类）都参与的这些经验的表达中，与能动性、权力、自由、身份和社区形成、文化，以及日常生活相关的问题被汇集在一起。

电子游戏与后现象学研究体验的方法

我们的论点是，作为积极参与将社会现实重新想象为一系列舞台化体验的文化艺术品，电子游戏可以对当代社会的体验概念产生重要的启示。两个相互关联的悖论形式的主轴支撑着经验的理论基础：第一，作为个人和集体的体验；第二，作为后现象学现实的体验。

既独特又共享的体验

厄文·高夫曼（Erving Goffman）在其著作《框架分析：经验的组织》（*Frame Analysis: An Organization of Experience*）的开篇中，借鉴了现象学家哲学家的传统，指出他的目标是理解"个体在其社会生活中任何时刻所拥有的经验结构"（1986：13）。这意味着，尽管体验可能被认为是个人的，但它们实际上是社会结构化的。在高夫曼的理论中，框架是调解和定义一种情况的基本要素，这种情况"是根据支配事件（至少是社会事件）的组织原则以及我们对事件的主观参与而建立的"（1986：11-12）。因此，框架构成了社会工具——规范、规则、角色、期望——"演员可以利用这些工具来理解任何给定的情况或遭遇"（克劳福德，

2012：27）。尽管有其局限性，框架的概念可以成为理解体验的双向表达的非常有用的起点，这些体验是个体和个人的，但也是社会中介的。

此外，我们认为，法国社会学家弗朗索瓦·迪贝（François Dubet，2010）关于体验的社会学研究在这里也很有价值。特别是迪贝（2010：86）试图将"体验定义为行动理性的组合"，并在此过程中，解决从社会学起源就困扰着社会学的行动——结构困境。在展开他的论述之前，迪贝援引了两种相互矛盾的现象，并提供了一个关于体验的普遍概念的定义。

首先，他将体验描述为个人的感受：作为融入世界的一种方式。这导致社会行动者"被一种足以让他们感到强烈的情绪状态所入侵，当他们发现自己的个人主体性时，他们无法控制自己"（迪贝，2010：80）。一方面，体验被介绍为"真正的个体"，另一方面，作为"社会和个人良知的叠加"（迪贝，2010：80）。因此，这种通过感官吸收世界的过程既是个体的，也是社会的。我们所经历的是我们对现实的现象学理解的一部分，但这种理解也受到其他参与者的调解，这些参与者在时间或空间上参与了这种体验的产生——无论是近距离的还是遥远的。

其次，第一种现象至少会产生一个后果：社会体验不仅是一种通过感觉和情绪融入现实的方式，也是"一种解释世界的方式"（迪贝，2010：80）。因此，体验是你倾注在社会中的东西，是定义现实的工具。在这两种情况下，紧张局势都是显而易见的。体验是独特的、个人的和特殊的，但同时，它们是共享的、集体的和共同的。

在迪贝的理论中，我们在个人和集体体验观念中发现的张力是显而易见的。与框架的概念类似，体验并不是纯粹主体的表达——无论我们将其理解为同化我们周围事物的过程，还是个人产生并投射到世界上的情感流——因为它是社会构建的，并且能够通过"在现有的文化存量中"进行搜索来识别情境（迪贝，2010：93）。即使天眼往往是纯粹的个人的，它也只有在被他人认可、分享和确认时才存在。

这是索摩萨执导的纪录片《回忆：超越游戏》中探讨的内容。证词和剪辑鼓励玩家形成共享体验，力求在观众中唤起与屏幕上叙述的相同情绪，并触发他们玩该游戏或类似游戏的记忆：

我希望人们不仅会说"看，我有过那种确切的经历"，而且会在同一款游戏或类似游戏中经历相似的时刻。

体验被分享、集体比较、对比、并与其他经验相联系。在该纪录片的一个章节（聚焦在恐惧）中，至少有5位不同的参与者注意到了，在最初的《生化危机》（*Resident Evil*）电子游戏中，有一次特别可怕的经历，两只狗从狭窄的走廊里的窗户进来惊吓玩家。通过这样做，这些玩家正在共同塑造他们各自拥有的体验。这便成为《生化危机》中的"恶犬时刻"；这改变了他们自己和那些观看电影的人的体验，同样它可能会调节那些将来玩电子游戏的人的体验。体验不仅仅是一个现象学的独特事件，它在不断的转变中。

《风之旅人》（*Journey*）是一款完美概括了这一悖论的电子游戏。该游戏被我们的一些受访者描述为"独特的"和"非常个人的体验"，也可以被视为一种强大的共享体验。游戏基于一个非常简单的想法：玩家必须通过沙漠到达远处的一座山。毫无疑问，这是一段旅程的故事。这段旅程可以单独完成，但如果在网上玩，玩家可能会遇到另一些玩家，大家可以一起完成剩下的路线或只是其中的一部分。玩家可以在旅途中互相帮助，但他们之间没有直接的交流，既没有声音也没有文字，它们只能发出声音。这创造了一种非常个性化的旅行体验，但同时也被其他玩家的体验所广泛改变：

> 我认为游戏有很大的参与度，因为当你玩游戏时，你在网上玩游戏，你可能会遇到同样在玩游戏的人，因为你都在一个世界里。我遇到了这个人，他实际上和我走了一半的路程，直到接近终点，然后他不得不注销，当他注销时，我确实感到有点难过"哦，他走了"。
>
> （塞尔达，女性，25岁，专注且自我认同为玩家）

即使当我们玩的电子游戏旨在提供一种非常亲密的体验时，它们也可以很容易地转化为一种共享体验。正如我们前文所提到，这是迪贝对体验的理解：最内在的和个体的过程，以及集体行动更广泛的结构方面的矛盾组合。从这个意义上讲，我们在第三章中分析的参与式文化，为我们提供了一种很好的方式来理解这种经验的构成矛盾。例如，游戏社区经常制作特定电子游戏的维基百科（wiki）。它们是分散在世界各地的行动者之间集体合作的产物。这些维基百科的主要特征之一是，任何人都可能参与它们的阐述；这是一项集体的、横向的和协作的工作。为了说明这一点，让我们更详细地看看《血源诅咒》（*Bloodborne*）的一个维基百科词条（图4-3）。

FromSoftware是一家日本公司，在过去20年中一直是电子游戏行业的一部分。最近，它以广受好评的《黑暗之魂》系列而闻名，该系列以其不同寻常的创意的叙事、宇宙和机制设计而备受赞誉。作为该设计的一部分，《黑暗之魂》系列也以其具有挑战性的难度而闻名。《血源诅咒》也是FromSoftware的一款独立游戏，它不属于《黑暗之魂》世界，并引入了自己的机制和美学创新，但与《黑暗之魂》系列有许多共同之处，包括令人生畏的难度和环境，以及有时还相当神秘的叙事。

图4-3 《血源诅咒》的维基百科

玩《血源诅咒》可能是一件相当令人沮丧的事情，因为游戏在展开叙事和众所周知的宇宙传说时并不是很明确。玩家必须非常注意每一次对话、对象、描述和环境细节。即使是这样，玩家也可能会错过故事的重要部分以及他们面前的丰富世界。为了在一定程度上弥补这一缺陷，该游戏的维基百科提供了关于宇宙中不同角色、敌人、地点、武器、物体、历史和传说的详细说明，这可以帮助玩家将所有叙事元素拼凑一起。在这种情况下，玩家对《血源诅咒》世界的体验，原则上总是局部和独特的，将被游戏社区的行动集体所修改。

为了游戏中有更好的进展机会，适当地提升你的角色等级非常重要，要知道玩家应该在哪些统计数据中输入他们的血液回声（Blood Echoes，游戏中的一种货币，只有通过击败敌人才能获得）。游戏再一次在这个问题上故意显得玄妙，想让玩家困扰于哪一套配置更适合他们。此时，维基百科就非常有用，因为它们包含了基于不同的人的经验和对他们有用的内容的构建（支持特定类别和游戏风格的不同统计组合）。通过这种方式，玩家可以根据这个建议修改他们的统计数据，并在这样做时合并两种体验（个人的和社区的）。"Bosses"（游戏中首领级别的守关怪物，难对付的敌人）也属于这种逻辑，维基百科再次帮助提出弱点列表、打败Bosses的不同攻略，甚至链接到其他玩家展示他们如何成功的视频。因此，在这些与Bosses的对战中，存在着重叠的经历。我们的一些受访者提到了类似的动态：

> 我认为只要有足够多的人在玩，任何游戏都能让人们聚在一起。对于单人游戏，这可能很难，但你仍然可以谈论你的共同经历。人们仍然可以对正在发生的事情进行理论化，或者像《塞尔达传说》那样，这在很大程度上是一种单人游戏体验，但人们仍然会分享关于它的策略和指南，人们会谈论游戏的故事，以及它如何与其他游戏相互关联，如何创建一个关于每个游戏如何出现的时间线。
>
> （卡尔，28岁，男性，自我认同为玩家）

因此，当玩家在维基百科（论坛、社交网络、评论部分、视频、网站、评论、面对面对话等）中倾诉他们的体验时，他们正在将自己的独特体验转化为全球体验。在类似的意义上，当玩家检索其他玩家集体累积的经验时，他们正在根据不同事件的多层集合来塑造自己的具身体验。在这一点上，我们可以看到高夫曼在其著作中描述的体验的社会结构性质。因此，体验是相遇点，而不是个别事件。

体验作为后现象学现实

在一个多云的夜晚，这本书的一位作者正在他的电脑上玩《邪神的呼唤：地球黑暗角落》。突然某个时刻，他感觉游戏的帧速率变得似乎有问题，一切都感觉很笨拙。为了控制游戏摄像头，他花了很多力气才使用鼠标来控制游戏镜头。就连坐在他身后沙发上的伙伴，也开始对他用鼠标做的不稳定动作感到不安，他对他喊道："你到底在做什么？"起初，这是可以忍受的，但最终它开始让他心烦意乱："玩不下去了！"他的脑子里疯狂地思考着各种可能性，但没有一个看起来很有希望："我必须退出并重新开始吗？这是这游戏的另一个错误吗？我是否必须再次降级设置才能使其正常工作？"最后，他意识到这不是游戏的问题，他的无线鼠标里的充电电池没电了。这就是他不能正确玩电子游戏的原因：破坏性中介（未充电的电池），打破了改变游戏体验的调节（无反应的鼠标、控制困难、身体动作与玩家意图不符、游戏相机无法控制地移动、影响游戏体验的外部因素等），改变了游戏体验。

在这个例子中，玩家通过感官感知游戏。尽管如此，这种体验也通过一种特殊的表现而体现出来，当他不得不上下移动鼠标而不是在表面上滑动鼠标时，这种体验会被放大——反复用鼠标敲打桌面。这使体验中涉及的其他元素浮出水面,变得明确。包含了一个输入和输出系统,例如,控制器(鼠标、键盘)、硬件(计算机、屏幕、图形卡、无线连接设备、电池)和软件(视频游戏、操作系统、驱动程序)。此外,一切都发生在一个确定的空间内,一个社交空间,体验可以根据他们与玩家活动相关的行为而随时改变,例如,玩家的伙伴、背景中的电视、冰箱的声音、吵闹的邻居,以及从街道通过窗户传来的灯光。过去的经验也被引用,如以前游戏出现问题,可能需要他去网上求助才能解决。因此,这个简单的事件揭示了游戏体验背后的复杂性;使社会的和物理嵌入的现实变得明确。

当我们在上文探讨电子游戏是如何制定和体现体验的时候,我们确定了一系列参与者(人类和非人类)作为制定的一部分。这种联合社交编排提醒我们,我们在任何给定时刻所经历的一切都是由占据体验发生地相同空间和时间的因素所介导的(房间中的其他玩家或人、空间布局、游戏内教程、故事、机制、游戏的输入和输出、控制器、环境、声音、物体或可能会干扰的动物)以及其他可以在远处行动的人(期望、以前的游戏、其他在线玩家,我们看到的、听到的或读到的关于游戏的内容——评论、离线和在线评论、YouTube或Twitch上的电子游戏、广告、指南、教程等)。这也是独特和共享的体验悖论所暗示的。因此,可以说我们正在进入一个后现象学的社会环境。

从人文科学到社会科学,每一种现象学方法都以体验作为其分析的核心。然而,最经典的现象学传统往往与主观主义和人文主义的焦点相吻合,其中人类是世界的体验者。这通常包括作为体验活动中重要因素的具身感,以及与环境的某种有机相互关系,但这种现象(在词源上是"出现或被看到的东西")似乎总是主要存在于通过感官来解释现实或对现实进行表征的个人身上。后现象学将体验带到一个新的本体论层面,将它带入了21世纪。

根据唐·伊德(Don Ihde,2009:23)的说法,后现象学是"一种改良的混合现象学"。这种混合是由3种哲学发展的关键方面维持的:实用主义、现象学和技术哲学。此外,作者将这些视为通往后现象学的3个关键步骤。它从实用主义来看,它采取了"避免现象学作为一种主观主义哲学的问题和误解的方法"。现象学还提供了一种"严谨的分析风格",包括具身化的使用和生活世界的概念(2009:11-19)。最后,技术哲学的出现显示了一个"实证转向"(2009:20-23),它将技术理解为生活世界中的多维物质文化,在当代科学和技术研究中被称为技术科学(哈拉维,2004:240-246)。

后现象学为我们提供了一个理论框架,它将体验视为一个复杂的过程,这会导致认识论的断裂(前面提到的主体/客体、身体/心灵、外部/内部等二元区分的内爆），一个相互关联的本体论［人类体验者和世界以"两者都在这种关系中转变"（伊德，2009：23）的方式相互关联］，以及现象的扩散（身体、技术、感知和其他各种元素的结合）。因此，后现象学有助于将人的能动性分散为体验和改变世界的基本（或独特的）力量，并将我们对体验的理解重新定位为在其构建中起作用的不同元素的表达。总而言之，我们的体验，并不仅仅取决于我们的感受、所看和解释，它还受到多种外部和内部因素的影响。

游戏体验是人类主体、一系列技术和媒体文化实践结合在一起的事件，是一个"强调游戏元素之间的动态性的时间：实体聚集在一起，因果或反馈的物质和美学链"（吉丁斯，2009：149）。正如我们在《克苏鲁的呼唤：地球黑暗角落》中看到的有问题的体验和缺乏充电电池的事，电子游戏作为体验的想法只能"通过承认其将不同类型的参与者聚集在一起来充分解决问题"（吉丁斯，2009：150）。从这个意义上说，后现象学提供了一个框架来理解的"不是人类主体如何通过技术改变他们的世界，而是人类、他们的世界和技术如何都是彼此的必要和活跃部分"（基奥，2014：13）。社会现实的概念作为异质元素的表达，在这种后现象学方法中不断产生回响：

如果对涂尔干来说，正如他在《社会学方法的规则》（*Rules of Sociological Method*）中所发现的那样，"第一条也是最基本的规则是将社会事实视为事物"（1986：53），那么在这里，社会不是一种物质，而是被视为一种产物，总是偶然的，在不断的复制中，由不同的成分组成：行动者、协会、过程、实践等。人们的注意力集中在运动、位移和转变上，通过这些动作，社会被创造和被破坏，这使我们能够解释和观察各种形式、结构、制度、关系和社会因素的出现。

（穆里尔，2016：124）

读者很少会发现一种文化产品、一种社会现实或一种现象，如电子游戏及其文化，可以成为了解当代社会众多方面的一扇敞开的窗户。电子游戏显然帮助了我们理解在我们当前的社会环境中体验是如何（共同）构建的。

结论

在本章中，我们探讨了电子游戏作为一种体验的概念，更具体地说，是一种具身体验和集体体验。这一概念对于理解以下章节将分析的其他方面至关重要，如共情、认同、身份和社区。特别是，将体验引入电子游戏领域，从根本上影响

电子游戏文化
——电子游戏在当代社会中的作用与重要性

和决定了这些概念。总的来说,如果我们想要确定任何给定的电子游戏定义中的关键要素,即使是最基本的定义,那就是电子游戏作为某种交互式数字技术介导的设计体验的概念。这使我们能够(至少)识别出电子游戏与体验联系起来的6种方式,并帮助我们评估当代社会中体验的细微差别。

第一,电子游戏可以被视为对真实的或想象的体验的转化。开发人员通常努力研究特定的主题,以便将他人的个体或社交体验转化为游戏体验。从这个意义上说,电子游戏是对他人体验的技术介入。第二,我们将电子游戏视为一种体验,因为社会参与者经常会像其他体验一样讲述他们与电子游戏的相遇,比如旅行、轶事、聚会、家庭或工作中的问题、散步等,它们是日常生活体验库的一部分。第三,电子游戏的互动性使其有资格作为体验存在,因为它们必须被实施才能存在。这项设定需要不同行动者的参与,他们被要求执行一种社交编排,将体验带入生活。第四,电子游戏和其他任何体验一样,都是具身体验。但电子游戏有助于以一种明确的方式让人看到,在我们的当代社会中,具身是一个混合的、关节式的、假肢式的、机器人式的、体验式的身体。第五,电子游戏与更广泛的社会趋势相连,即将社会现实理解为一系列设计体验。至少从社会学的角度来看,真实世界正在逐渐成为一个以技术为媒介的体验的储存库,而电子游戏的逻辑正在预见这一过程。第六,电子游戏通过揭示其主要的构成悖论,帮助我们分析体验的当代本质,揭示其主要的过程性悖论:体验是独特的、个人的、偶然的,同时也是共享的、集体的和结构性的。体验不是作为一组现象,而是作为使现象出现的异质元素。总之,电子游戏是具身化的、制定的和后现象学的体验,这些体验即使不能帮助推动我们社会的深刻的、持续的变化,它们也是先锋的。

注释

① 电子游戏当然是"真实"日常生活的一部分,所以这里的区别更多指的是分析性的,而不是经验性的。
② 《黑暗之魂》系列以严格惩罚玩家的死亡而闻名。
③ 在第五章中,我们还挑战了电子游戏作为一个激进的"其他"空间的想法,游戏玩家可以在其中迷失自我或逃离。
④ HUD(平视显示器)是一种信息的视觉显示,通常显示在眼睛前面的透明屏幕上,最早见于航空领域,但现在经常出现在许多电子游戏中,尤其是第一人称射击游戏。

⑤ 我们必须补充一点，血液回声非常珍贵，因为如果玩家的角色在某个时候被敌人击败，他们将失去所有的血液回声，只有一次机会在他们死亡的同一个地方找回它们。

参考文献

[1] Aarseth, Espen（2007）.'Allegories of Space: The Question of Spatiality in Computer ames', in F.von Borries,S.P.Walz;M.Böttger（editors）, *SpaceTime Play:Computer Games,Archi- tecture and Urbanism:The Next Level*. Berlin: BirkHäuser, 44–47.

[2] Augé, Marc（1995）. *Non-Places: Introduction to an Anthropology of Supermodernity*（Translated by John Howe）.Verso: London.

[3] Bagnall, Gaynor; Crawford, Garry; Petrie, Matthew; Schutt, Becky（2015）. '*Monetising Cultural Experiences: Research and Development Report*', Digital R&D Fund for The Arts, London, Nesta.

[4] Baudrillard, Jean（1994）. *Simulacra and Simulation*. Ann Arbor: The University of Michigan Press.

[5] Black, Daniel（2015）. 'Why Can I See My Avatar? Embodied Visual Engagement in the Third-Person Video Game', *Games and Culture*, DOI:10.1177/1555412015589175.

[6] Bogost, Ian（2007）. *Persuasive Games*. Cambridge, MA: MIT Press.

[7] Clark, Andy and Chalmers, David J.（1998）. 'The Extended Mind', Analysis,（58）: 10–23. Cogburn, Jon and Silcox, Mark（2009）. *Philosophy through Video Games*. London: Routledge.

[8] Conway, Steven（2010）."It's in the Game and Above the Game", *Convergence*, 16（3）: 334–354.

[9] Costello, Brigid Mary（2016）. 'The Rhythm of Game Interactions: Player Experience and Rhythm in Minecraft and Don't Starve', *Games and Culture*, DOI:10.1177/1555412016646668.

[10] Crawford, Garry（2006）. 'The Cult of Champ Man: The Culture and Pleasures of Champion-ship Manager/Football Manager Gamers', *Information, Communication and Society*, 9（4）: 496–514.

[11] Crawford, Garry（2012）. *Video Gamers*. London: Routledge.

[12] Crawford, Garry（2015）. 'Is it in the Game? Reconsidering Play Spaces, Game Definitions, Theming and Sports Videogames', *Games & Culture*, 10（6）: 571–592.

[13] Crick, Timothy（2011）. 'The Game Body: Toward a Phenomenology of Contemporary Video Gaming', *Games and Culture*, 6（3）: 259–269.

[14] Csikszentmihalyi Mihaly（1988）. *Optimal Experience: Psychological Studies of Flow in Consciousness*. Cambridge: Cambridge University Press.

[15] Cuttell, J.（2017）. 'Traumatic Prologues and Ethical Responses', paper presented to *DiGRA UK Conference*, University of Salford, Salford, 5 May 2017.

[16] Dourish, Paul（2001）. *Where the Action Is. The Foundations of Embodied Interaction*. Cambridge, MA: MIT Press.

[17] Dubet, François（2010）. *Sociología de la experiencia* [Sociology of Experience]. Madrid: CIS. Featherstone, Mike and Burrows, Roger（editors）（1995）. *Cyberspace, Cyberbodies, Cyberpunk. Cultures of Technological Embodiment*. London: Sage.

[18] Featherstone, Mike; Hepworth, Mike; Turner, Bryan（editors）（1991）. *The Body*. London: Sage.

[19] Feifer, Maxine（1985）. *Going Places: The Ways of the Tourist from Imperial Rome to the Present Day*. London: Macmillan.

[20] Fine, Gary Alan（1983）. *Shared Fantasy: Role Playing Games as Social Worlds*. Chicago: Chicago University Press.

[21] García Selgas, Fernando（1994）. 'El cuerpo como base del sentido de la acción', *REIS*,（68）: 41–83.

[22] Gibson,William（2015）[1984]. *Neuromancer*. London: HarperCollins.

[23] Giddings, Seth（2009）. 'Events and Collusions. A Glossary for the Microethnography of Video Game Play', *Games and Culture*, 4（2）: 144–157.

[24] Goffman, Erving（1956）. *The Presentation of Self in Everyday Life*. Edinburgh: University of Edinburgh.

[25] Goffman, Erving（1986）. *Frame Analysis.An Organization of Experience*. Boston: Northeastern University Press.

[26] Grodal,Torben（2003）. 'Stories for Eye, Ear, and Muscles:Video Games, Media, and Embodied Experiences', in Wolf, Mark J. P. and Perron, Bernard. *The Video Game Theory Reader*. London: Routledge, 129–155.

[27] Hansen, Mark Victor（2006）. *Bodies in Code: Interfaces with Digital Media*. London: Routledge.

[28] Haraway, Donna（2004）. *The Haraway Reader*. New York: Routledge.

[29] Hayles, Katherine（1999）. *How We Became Posthuman.Virtual Bodies in Cybernetics, Literature, and Informatics*. Chicago: University of Chicago Press.

[30] Heineman, David S.（2014）. 'Public Memory and Gamer Identity: Retrogaming as Nostalgia', *Journal of Games Criticism*, 1（1）: 1–24.

[31] Hill, Charles（2004）. 'The Psychology of Rhetorical Images', in Marguerite Helmers and Charles A. Hill（editors）. *Defining Visual Rhetorics*. Mahwah, NJ: Lawrence Erlbaum Associates, 25–40.

[32] Ihde, Don（1993）. *Philosophy of Technology: An Introduction*. New York: Paragon Press.

[33] Ihde, Don（2009）. *Postphenomenology and Technoscience*. Albany, New York: State University of New York.

[34] Julier, Guy（2014）. *The Culture of Design*（3rd edition.）. London: Sage.

[35] Keogh, Brendan（2014）. 'Across Worlds and Bodies: Criticism in the Age of Video Games', *Journal of Games Criticism*, 1（1）: 1–26.

[36] Lahti, Martii（2003）. 'As We Become Machines: Corporealized Pleasures in Video Games', in Wolf, Mark J.P. and Perron, Bernard（editors）. *The Video Game Theory Reader*. London: Routledge.

[37] Latour,Bruno（2007）. *Reassembling the Social.An Introduction to Actor-Network Theory*.Oxford: Oxford University Press.

[38] Law, John（2004）. *After Method. Mess in Social Science Research*. New York: Routledge.

[39] Leonard, D.（2006）. 'An Untapped Field: Exploring the World of Virtual Sports', in A.A. Raney and J. Bryant（editors）, *Handbook of Sports and Media*. London: Lawrence Erlbaum, 393–407.

[40] MacCannell, Dean（1973）. 'Staged Authenticity: Arrangements of Social Space in Tourist Settings', *American Journal of Sociology*, 73（3）: 589–603.

[41] MacCannell, Dean（2011）. *The Ethics of Sightseeing*. Berkley: University of California Press.

[42] Muriel, Daniel（2016）. 'Toward a Sociology of Mediations: Impressionist

Mapping and Some (Brief) Rules for a Sociological Method', *REIS*, (153) : 111–126.

[43] Muriel, Daniel (2017). 'The Network of Experts and the Construction of Cultural Heritage: Identity Formation in Contemporaneity', *Tecnoscienza*, 8 (1) : 23–50.

[44] Newman, James (2004). *Videogames*. London: Routledge.

[45] Pine, Joseph and Gilmore, James H. (2011). *The Experience Economy*. Boston: Harvard Business Review Press.

[46] Poremba, Cindy (2013). 'Performative Inquiry and the Sublime in Escape from Woomera', *Games and Culture*, 8 (5) : 354–367.

[47] Preciado, Paul B. (2002). *Manifiesto Contra-Sexual*. Madrid: Opera Prima.

[48] Preciado, Paul B. (2013). *Testo Junkie. Sex, Drugs, and Biopolitics in the Pharmacopornographic Era*. New York: The Feminist Press.

[49] Ryan, Marie-Laure (2001). *Narrative as Virtual Reality*. Baltimore: The Johns Hopkins University Press.

[50] Salen, Katie and Zimmerman, Eric (2004). *Rules of Play: Game Design Fundamentals*. Cambridge, MA: MIT Press.

[51] Shaw, Adrienne (2014). *Gaming at the Edge. Sexuality and Gender at the Margins of Gamer Culture*. Minneapolis, MN: University of Minnesota Press.

[52] Shilling, Chris (2003). *The Body and Social Theory*. London: Sage.

[53] Smith, Laurajane (2006). *Uses of Heritage*. London: Routledge.

[54] Stallabrass, Julian. (1996). *Gargantua: Manufactured Mass Culture*. London: Verso.

[55] Toffler, Alvin (1981). *The Third Wave: The Classic Study of Tomorrow*. Bantam: New York.

[56] Turner, Bryan S. (2008). *The Body and Society*. London: Sage.

[57] Walkerdine, Valerie (2007). *Children, Gender, Video Games. Towards a Relational Approach to Multimedia*. New York: Palgrave Macmillan.

[58] Webb, Jason (2008). 'In Top Hat and Tails, Spanish Debt Agents Prosper', *Reuters*, [Last accessed: 08/11/2016].

[59] Westecott, Emma (2008). 'Bringing the Body Back into Play', *The Player Conference Proceedings*, Copenhagen.

游戏列表

[1] 11位工作室（2014）.《这是我的战争》。

[2] 卡普空株式会社（1996）.《生化危机》。

[3] 解构团队（2014）.《天在看》。

[4] 东诺德娱乐公司（2015）.《奇异人生》。

[5] EFW Collective（2003）.《逃离伍美拉》。

[6] 弗洛姆软件公司（2011）.《黑暗之魂》。

[7] 弗洛姆软件公司（2015）.《血源诅咒》。

[8] 富布赖特（2013）.《到家》。

[9] Headfirst Productions（2005）.《克鲁苏的呼唤：地球黑暗角落》。

[10] Infinity Ward（2007）.《使命召唤4：现代战争》。

[11] 克莱娱乐（2013）.《饥荒》。

[12] Mojang（2011）.《我的世界》。

[13] 顽皮狗（2013）.《最后生还者》。

[14] 量子量工作室（2010）.《暴雨》。

[15] 体育互动（1992年至今）.《冠军经理》系列。

[16] 体育互动（2004年至今）.《足球经理》系列。

[17] 那家游戏公司（2012）.《风之旅人》。

电影与电视

[1] 查理·布洛克（2011年至今）.《黑镜》。

[2] 大卫·柯南伯格（1999）.《感官游戏》。

[3] 大卫·芬奇（1997）.《致命游戏》。

[4] 乔纳森·诺兰和莉莎·乔伊（2016）.《西部世界》。

[5] 约瑟夫·鲁斯纳克（1999）.《异次元骇客》。

[6] 莉娜·沃卓斯基和莉莉·沃卓斯基（1999—2003）.《黑客帝国》系列。

第五章

超越逃避主义的电子游戏：共情与认同

引言

我们经常将玩电子游戏视为一种逃避现实的行为，人们玩电子游戏是为了逃避日常生活的平凡乏味，这已经是一种被广泛接受的观念。人们认为电子游戏可以建立另一种现实或是提供平行现实的机会，玩家在游戏中可以体验与他们日常生活中所拥有的体验不同的、更为身临其境的体验。从这个意义上说，电子游戏正在帮助创造一系列新的社交和个人体验，但这样做不仅仅促进了人们逃避现实，还促成了与社会现实其他方面的联系。

逃避现实确实是人们玩电子游戏的重要原因之一，但这并不是人们玩电子游戏的唯一原因或结果。我们认为，电子游戏不仅可以帮助我们逃离现实，还能以意想不到的方式将我们与现实联系起来。例如，电子游戏可以帮助我们设身处地为他人着想，并提供新的体验。电子游戏作为玩家和现实之间的调解工具，可能会鼓励玩家对不同的，甚至极端的情况产生共鸣。例如，游戏《这是我的战争》中战争背景下的平民，《癌症似龙》里患癌症男孩的父母，《请出示文件》中试图通过边境哨所的移民，或是《行尸走肉》中经历社会灾难的群体。本书第四章阐述了我们将电子游戏理解为体验的相关案例，本章将在此处进一步探讨这些体验形式。

具体来说，我们将在本章探讨电子游戏如何创造不同的游戏体验，特别关注那些促进社会共情心和认同过程的游戏。因此，我们首先挑战了将电子游戏视为一种独特的逃避现实活动的认知。在这个过程中，我们首先认可将玩电子游戏看作逃避现实的行为和它充满吸引力的重要性。但我们想说这只是一个方面，它忽略了理解电子游戏的其他方式和路径，尤其是它们如何揭示现实的不同方面。我们通过挑战两个概念来做到这一点，这两个概念在电子游戏体验和我们的日常生活之间创造了巨大的鸿沟：虚拟现实和魔法圈（magic circle）。

在此基础之上，我们深入研究了电子游戏可以帮助我们以多种方式与社会现实联系的两个重要机制：共情和身份认同。电子游戏体验不一定会替代他们所基于的体验，而是在他们和玩家之间进行调解，创造全新的体验。这是我们理解这些相互关联的概念的关键。此外，我们还讨论了电子游戏在培养共情和身份认同方面的一些局限性。

逃避主义与电子游戏

段义夫（1998）认为，逃避主义是人类文化中所固有的。这是一个具有讽刺意味的概念，人类无法逃避，逃避主义可以在时间、地点和实践中找到：远至史前时代、迪士尼乐园、购物中心、宗教、当代城市、想象力和烹饪。逃避主义意味着"从我们不想去的地方去到我们想去的地方"（埃文斯，2001：55），这个我们似乎拼命想要逃离的地方，总是指向关于现实的概念。这概述了关于逃避主义的规范定义，即它作为我们（暂时）逃避当前现实的某些方面的过程，例如，无聊、工作、常规或压力。尽管我们承认"现实"是一个特别难以定义且充满多重细微差别的概念。然而，将逃避主义定义为远离"现实"，使我们仍然有一个悬而未决的问题：个人可以逃避到何处？

基于这样的观念，当人们当前的社会物质生存条件在某种程度上被暂停或被改变的时候，就会寻求可以救济和庇护他们的地方。这种方式通常使他们感到更愉快、安全、可控，或更令人兴奋和激动。从这个意义上说，现实的虚拟版本似乎是人们的首选目的地，这些虚拟版本指的是想象的（段，1998）、模拟的（埃文斯，2001）或舞台的（麦坎内尔，1973；派恩和吉尔摩，2011）。正如我们在本书第二章中看到的那样，我们生活在数字时代，那么电子游戏可以被视为当代最典型的逃避主义的形式之一。此外，根据戈登·卡莱哈（Gordon Calleja，2010：336）的说法，我们可以毫不夸张地断言到"数字游戏是当代逃避主义的缩影"。

我们的多数受访者就是这种情况，他们表示自己玩电子游戏的主要原因之一，就是逃避日常生活中的问题和惯例。

我也是因为这个原因去玩电子游戏，因为它帮助我摆脱……现在是我放松的时候了。

（伊克尔，男性，43岁，普通玩家，非自我认同为游戏玩家）

对于我们的许多受访对象来说，电子游戏至少一部分是关于逃避主义的。他们表示希望被传送到一个不同的世界，在那里他们能够生活在一个与现实中的正常体验完全相反的世界。因此，电子游戏包含了一种逃避主义的想法，即通过现实派小说进入一个替代现实。"有时候我希望我能被传送到这个世界，只过那个部分的生活"（卡尔，男性，28岁，自我认同为游戏玩家）。因此，我们受访者确定了跨越现实和电子游戏之间边界线的活动，并将这种边界跨越的活动表达为逃离现实世界的沧桑，享受电子游戏世界的乐趣。正如我们在关于电子游戏的定义中所发现的那样：

> 我猜想这是一种互动体验，出于不同的原因而产生的暂时的逃避主义。（电子游戏）就像一个讲故事的媒介，像一个避风港，一个安全而有趣的地方。
>
> （艾伯特，男性，25岁，独立开发者，游戏美工）

不论是对这位受访者或者其他人来说，玩电子游戏意味着我们有一个可以访问的地方、一个逃避的去处，或一个可居住的空间。玩电子游戏也通常意味着愉快的体验：愉快、安全和乐趣。

因此，人们总是理所当然地将电子游戏与逃避主义直接联系在一起。人们普遍认为个体玩游戏是为了逃避现实世界的平庸和有限可能性，从而得以进入另一个世界，在那里我们可以做和体验我们平时无法实现的事情。电子游戏被视为笼罩在这种不真实光环中的数字人工制品，甚至试图创造一个"现实的"对于世界的描绘，但由于缺乏重大意义，仍然是逃避现实者。卡列哈（2010：336）认为，电子游戏实际上在虚拟性和游戏性方面，存在不真实的双重二元问题。这就导致我们所居住的现实与游戏世界的现实之间存在着根本的分离：虚拟边界的划定和被称为"魔法圈"的替代空间的构建（赫伊津哈，1949）。这也是我们在本章节里会进一步探索和讨论的思想和概念。

虚拟现实

我们在第四章探讨具身的概念时，挑战了现代主义对物质和象征的区分，其中包括诸如身体与精神、真实与虚拟的二分法。相较于后者，20世纪80年代和20世纪90年代的流行文化中充斥着不同版本的虚拟空间，这些虚拟空间是具有根本的交替、明显的差异化和全新的空间，例如，在电影《天才除草人》中或在像威廉·吉布森（William Gibson）等作家的赛博朋克文学中。这种"将前沿隐喻应用于网络空间"（卡列哈，2010：337）在今天的逃避主义的表现中仍然具有强烈的共鸣。其中，这些二分法将虚拟环境（数字游戏是其中一个子集）置于边界的另一边，而边界的跨越则意味着逃避主义（卡列哈，2010：337-338）。

尤其是关于虚拟（virtual）的科学的和社会的表征，包括电子游戏，更倾向于将其空间化。将虚拟性理解为一个遥远的、独立自主的空间，并将其视为一种空灵的、易变的、与现实截然不同的东西，它被认为是坚实的、扎实的和持久的。通过这种方式，创造了两种感知领域之间的划分并加剧了其裂痕，从而变得不可连通。就像打开游戏机、电脑或虚拟耳机，和启动电子游戏之后，电子游戏行为的物质基础变质（完全否认其有形的生物物质性）成为一种无形的抽象活动。这里的逻辑在于，如果你在网络空间或者是专注于玩电子游戏的时候，你就不能同时处于"现实"中。例如，大型多人在线游戏《魔兽世界》的玩家或是《第二人生》等在线世界中的居民，如何经常将游戏外的事物（Out-Of-Game）称为"irl"（in real life——在现实生活中）。

当我们寻求去建立一个可以划分和区分"真实和虚拟"两个不同领域的边界时，"跨越该边界就成为了一种逃避"（卡莱贾，2010：339）。这意味着电子游戏的虚拟性被简化为软件生成的世界，一定程度上忽略了物质支撑的基本作用，例如：硬件。卡列哈借鉴了利维（Lévy）、塞雷斯（Serres）和德勒兹（Deleuze）等学者的著作，得出的结论是，将关于"虚拟"的概念应用于电子游戏的作用性"在于强调它们实现理论上无限可能体验的创造潜力"。更重要的是，"这些体验的本体论价值非常符合真实的秩序，而不是相反的"（卡列哈，2010：340）。

真实和虚拟两个不同领域，被本体论边界给分开了。因此，卡列哈认为我们需要打破这种想法，以其连续性使二者都清晰可见。这样做的用意是表明一切都是属于真实（Real）的领域。例如，游戏玩家在游戏屏幕前的用手指按下按钮与屏幕里展开的事件是同时发生的。一切都是连续体，包括象征的物质性和人类与非人类的混合。网络空间作为一个自治区，只有在科幻小说中才有可能。因此，我们面临的不是一个明确划分出来的虚拟空间，而是由错综复杂的元素和其参与者来定义和构建的新兴关系。例如，正如我们在第四章中所探讨的，电子游戏意味着生物的（肉体）、技术的（硬件、网络连接、软件、接口）和社会的（实时对话、交互、信息交换）人造物的集合。这模糊了任何本质主义的边界。因此，我们同意卡列哈的观点，认为"消除虚拟与现实之间的界限是第一步。我们要消除的是大家普遍持有的一种错误的假设，即认为数字游戏作为虚拟环境的形式，本质上是逃避主义"（卡列哈，2010：340）。

第五章
超越逃避主义的电子游戏：共情与认同

"魔法圈"

另一种类型的边界（在这种情况下，是一种规范性的边界），有助于我们发展如何将电子游戏与现实分离的理论是：魔法圈。众所周知，至少在游戏语境中，这个概念最早是由约翰·赫伊津哈（Johan Huizinga，1949：10）在他《游戏的人》一书中使用的。文中所指的魔法圈，是作为游戏场所给出的一个实例，还有其他示例，如牌桌、神殿、舞台、竞技场、荧幕和网球场。对于赫伊津哈（1949：10）来说，这些被想象为"平凡世界中的临时世界，致力于表演不同的行为"。这个概念随后被许多在游戏研究领域工作的学者采用。反过来，对这一理论的应用也受到了许多其他学者的挑战，这导致了相对较短历史的电子游戏研究领域中最激烈的争论之一。在游戏研究中，萨伦和齐默尔曼（2004）对魔法圈的应用和普及最为人熟知。他们对魔法圈定义如下：

> 该术语在此用作对游戏所创造的特殊的时空的简要速记。作为一个封闭的圈，它所包围的空间是封闭的，与现实世界是分开的。作为对时间的标记，魔法圈就像一个时钟。它同时代表了一条有起点和终点的路径，和一条没有起点和终点的路径。魔法圈刻画了一个可以重复的空间，一个既有限又无限的空间。简而言之，是一个具有无限可能性的有限空间。
>
> （萨伦和齐默尔曼，2004：95）

以一种理想化的、理论化的和抽象化的方式，魔法圈可以被概括为四大特征。第一，游戏行为为每一个游戏都设定了边界，这意味着玩电子游戏的体验是有限的，且是完美构造的；第二，游戏有自己明确界定的时空，魔法圈是游戏发生的地方，取决于你是否在游戏中；第三，游戏的现实是自成一体的，受规则约束。这些规则仅适用于某一特定游戏，并且只在魔法圈内才有意义（或者说在魔法圈外只具有特定含义）；第四，虽然游戏体验并没有完全脱离它发生的社会背景，但魔法圈的运作方式就像是对通用规范的例外或是干扰，以支配正常的社会关系。

正如克劳福德（2012：23）所指出的，"针对魔法圈假说的一个关键性批评，涉及游戏与更为广泛的社会之间的鸿沟"。从理论上讲，我们当然可以说，魔法圈似乎促进了游戏体验和世界体验的根本区别；助长它成为许多其他游戏学者挑战的前提。例如，玛琳卡·科佩尔（Marinka Copier，2007：133）认为，魔法圈"在真实和想象之间创造了一种二分法，从而隐藏了真实游戏和玩游戏的模糊性、可变形和复杂性，使"游戏"与"非游戏"之间的边界更为扩大。而帕格曼

117

（Pargman）和雅各布森（Jakobsson）则认为（2008：227）魔法圈代表了"游戏与日常生活之间的强烈界限"，这与游戏体验的复杂性不相符。泰勒（2007：13）批评关于魔法圈的修辞，"常常让人感觉玩家就像穿过一面镜子就进入一个纯粹的游戏空间"，而没有考虑玩家如何"突破这些界限"。因此，卡列哈（2010：342）建议任何"试图在游戏体验和世界体验之间建立清晰的界限"，即魔法圈在不同程度上所做的事情，都会遇到这样一个问题："玩家的生活经验总是会影响游戏的体验，反之亦然。"

即使是提倡使用魔法圈的理论家也在试图削弱其边界的强度，例如他们暗示这些边界是"可协商的"（尤尔，2008：62）、"模糊且可渗透"（萨伦和齐默尔曼，2004：94），或断言魔法圈被"多孔膜"包围（卡斯特罗诺瓦，2005：146），甚至是软化的魔法圈仍然是提倡电子游戏作为逃避主义的想法：

> 任何跨越边界的、与现实的偏离，都是逃避主义的行为表现。一个逃避主义的活动往往是脱离现实的，他们变得充满了鸡毛蒜皮的琐碎，并且通常是消极的。
>
> 卡列哈（2010：343）

正如26岁的忠实电子游戏玩家阿尔弗雷德所说，"逃避主义只是体验的一部分"。对他来说，玩电子游戏是"一半一半"的，他补充说到这里"肯定是有逃避主义的元素"，但这也是为了"与人保持联系"。阿尔弗雷德还讲述了他是如何在玩游戏的时候，与朋友和家人谈论游戏之外的事情。根据特定时候所需要的注意力水平，他会调整自己的注意力，在游戏中和游戏外来回切换。因此，阿尔弗雷德在这里描述的是一个连续的过程，没有明确区分游戏世界和日常生活。游戏玩家阐明了两个（或更多）现实之间的区别和连续性。他们用进入和退出来谈论两个宇宙，同时也试图建立二者的联系，并承认两个宇宙之间的重叠。最后，根据游戏《这是我的战争》的开发者帕维尔·米乔夫斯基的说法，逃避主义无疑是电子游戏最具有吸引力的一部分，因为游戏玩家通常希望遇到"权利幻想"，但逃避主义也显然不能逃避一切，因为世界不是这样的。为了使游戏有趣，通常必须至少保留一些可信度，让幻想与某种（另类的）现实感联系起来。所以，我们认为电子游戏不仅可以引导玩家逃避现实，还可以引导玩家产生共情心、认同感以及和其他现实的联系。

第五章
超越逃避主义的电子游戏：共情与认同

连接其他现实

当我们在2017年年中写这本书的时候，我们悲伤地目睹了关于叙利亚难民危机的持续性新闻报道、图像以及谈论。但这并不是一个新现象，而是一个被讲述了多次的故事的最新版本。它讲述了那些人类正在追求的东西，那些看似非常简单，实则又显然很难实现的东西：更好的生活（或者仅仅是一种生活，因为对许多人来说往往是生死攸关的问题）。他们逃离战争、饥荒、苦难和各种迫害。他们时刻准备着冒着生命危险逃离构成他们目前处境的恐怖事物，无论他们必须跨越的多重边界的另一边是什么在等待着他们。一个又一个边界，这些人只渴望一件事情：到达目的地。

边界是两个地方之间的临界空间，它是一个有自己规则和意义的宇宙。边界是一个中转区，但也是一个拘留区，只有权威机构能决定谁可以进入和谁不能。游戏《请出示文件》就是发生在那个超自然的边缘领域（图5–1）。在这个游戏中，我们将自己置于边境检查移民官的身份，与堆积在边境另一边的，想要进入我们领土（虚构的光荣领地Arstotzka）的人打交道。玩家大部分时间都在查看护照、工作许可证、身份证、签证和疫苗接种记录等证件，他们的任务是来决定谁可以入境和谁不能。

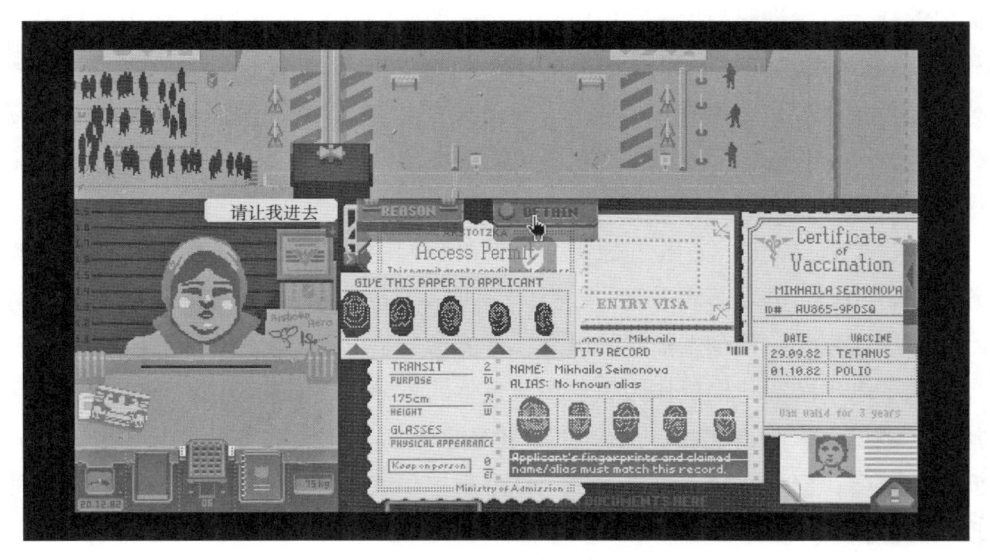

图5–1 《请出示文件》游戏截图

玩家必须付出巨大的努力才能生存并养家糊口，因为一切在很大程度上取决于他们管理我们称为边界的交叉点的效率。这意味着我们被迫留下几个人，也许将他们抛弃给可怕的命运。希望与家人团聚的人，他们可能是虐待、剥削和迫害的受害者。但如果玩家帮助他们，他们将受到惩罚并产生后续后果，影响游戏内玩家自身的家庭福利。玩家将被迫面对他们行为的后果，比如无法为自己的家人提供食物、药品和取暖，或者必须选择让他们的家庭成员中的哪些人获得这些重要元素。

　　幸运的是，《请出示文件》给了玩家一些回旋的余地，让他们时不时地可以做出违反规则和规定的决定：让处于危险中的人在没有应有证件的情况下通过、阻止贩卖人口的危险人物等。玩家有可能戳破游戏的系统漏洞，为那些没有机会的人提供生机，并同时试图帮助自己和家人。玩家或许是在制造更大的祸害，或者是在损害自己的利益，但至少他们能够越过这个边界的限制进行谈判和协商。《请出示文件》是官僚主义的体现，扮演着沉闷的公务员的角色。然而，这也让玩家有机会成为难民的援助者。

　　但我们想问的问题是：这样的现实是我们想要逃避到的地方吗？像《请出示文件》这样的电子游戏是否提供了一个引人入胜的世界，邀请玩家参与并迷失在这种对日常生活的逃离当中？这个电子游戏是对现实的逃避，还是在追逐现实？尽管《请出示文件》将玩家置于边防检查员的角色，但实际上是将他们与更广泛的社会问题联系起来。它让玩家体验了移民过程、全球安全、现代政治以及其他类似的社会政治进程与后果。该游戏让玩家能换位思考和体会成千上万人的经历和感受。《请出示文件》和其他类似的游戏，向我们表明了一部分人渴望探索与我们生活的世界更紧密相关的现实，而非幻想世界："我更感兴趣的是情感上深刻的体验……一些能突破边界的东西（爱德华，男性，54岁，电子游戏开发硕士课程负责人）。"

　　从这个意义上讲，《电子游戏可以教给我们的十件事情》（韦伯和格里利奥普洛斯，2017）的合著者乔丹·埃里卡·韦伯（Jordan Erica Webber）认为电子游戏极有可能是"一种令人信服的媒介，并能参与哲学思辨"（2017a：在线资源）。这暗示了电子游戏与仅仅作为想象场景发生的哲学思想实验不同，而是在互动场景中"测试玩家与事实相反的叙述"。电子游戏提供了参与各种情况和处理不同问题的机会，例如感知、个人身份、自由意志和道德。电子游戏帮助我们将多种现实和体验联系起来。

　　然而，这种与其他现实的联系是如何运作的呢？我们以下将讨论两种相似且相互关联的机制。电子游戏通过这些机制在过程中发挥着中介的作用，将玩家与其他现实联系起来而非帮助他们逃避：共情心和认同。

共情

电子游戏通常被认为是一种对玩家产生负面影响的媒介，甚至会引发并促进暴力行为。不仅临床心理学家这么认为，还有其他媒体学者和社会科学家（阿佩尔鲍姆，等，2015）也是如此。在新闻媒体中也常常见到类似的报道，声称玩电子游戏的习惯与（尤其是儿童和青少年之间）攻击性等级的增强存在因果关系。如出一辙地，也有人认为狂热的游戏玩家是各种暴力行为的肇事者（斯科蒂，2016）。通常作出的假设，无论是含蓄的还是明确的，都表示玩电子游戏会抑制玩家中任何共情能力的表达。在这些电子游戏玩家中引发个人的、情感的、意识形态的和社交的麻木状态（迪安，2004）。

然而，我们在研究过程中发现，有大量的案例显示了我们的受访者对共情力与电子游戏的关系有明确的反思。甚至还有一个名为共情游戏（empathy games）的标签来指特定类型的电子游戏，例如，前文提到的游戏《请出示文件》。这个分类还包含了其他类似的游戏，例如，《到家》《救火者》《英勇之心：伟大战争》《癌症似龙》《小贩人生》《去月球》《特种战线》《焦虑》《抑郁自白》《兄弟：双子传说》《窗内》，以及《这是我的战争》。事实上，网站 GiantBomb 评论区里的后一个标题是"今年的《请出示文件》，是共情模拟器"。我们可以看到来自游戏《这是我的战争》的开发者的认可："《请出示文件》是一款很棒的游戏，它激励我们继续我们的项目，制作一款能让人共情的游戏（帕维尔·米乔夫斯基，男性，40岁，资深作家）"。至少在理论上，电子游戏似乎接受了这样一种全球趋势，即共情力的逐步上升。这就是作者杰里米·里夫金（Jeremy Rifkin，2010）和弗兰斯·德瓦尔（Frans de Waal，2009）所分别称为的"共情的文明"（The Empathic Civilization）与"共情的时代"（The Age of Empathy），描述了当前共情在心理学、生物学、法律、教育、政治、传播、社会关系和经济学等领域所扮演角色的转变，甚至表明共情"正是我们创造社会生活和推进文明的手段"（里夫金，2010：10）。

根据卡罗琳·迪安（Carolyn Dean，2004：6）的说法，名词共情源自德语单词"eifühlung"（去感受或进入感受），19世纪末罗伯特·维舍尔（Robert Vischer）使用它来描述对艺术品的沉思过程作为我们自己感受的投射。后来，同样是来自德国的哲学家西奥多·利普斯（Theodor Lipps）提出了希腊语中的同等词"empatheia"，暗指即使是通过二手体验人们也能感受到强烈情绪，将焦点从审美体验转移到社会体验：我们忧心忡忡地观看一位走钢丝的艺术家，"因为我们间接地进入他的身体，并因此分享他的体验"（德瓦尔，2009：65）。美国心理学家爱德华·蒂钦纳（Edward Titchener，1909）在他的著作《思维过程的实验心理学讲座》（*Lectures on the Experimental Psychology of the Thought-Processes*）中创造了英文术语"empathy"（戴维斯，1996：5）作为"eifühlung"的翻译，正如利普斯所理解和使用的"empatheia"那样。共情能力成为"观察者愿意成为他人体验的一部分，并分享那种体验的感受"（里夫金，2010：12）。

共情是一个很难定义的概念。无论是学术文献还是流行表述中都提到了心灵和身体、认知和情感过程，以及本体论和现象学的问题。在某些情况下，共情可以被理解为"一个人进入另一个人的存在，并开始了解他们的感受和想法的心理过程"（里夫金，2010：12）。在这个基本定义中，共情包括了情感的和理性的两方面，具体而非想象的体验。该基本定义的问题在于它主要是基于了认知模型，我们可以通过我们的想象和思考来处理什么，就好像共情所指的情感体验在某种程度上是可知的一样。

与这种强烈的认知驱动的概念不同，灵长类动物学家弗兰斯·德瓦尔（Frans De Waal）认为，共情首先是一种"我们对其控制有限的自动反应"（德瓦尔，2009：43），削弱了作为决定共情力的核心要素之一——想象力的重要性。他没有选择心理学中以认知为主的方法，而是选择情感和具身参与作为构建共情力的关键要素：

> 感知到他人的情绪会激起我们自己的情绪，从而使我们继续构建对他人处境的更高级的理解。肉身联系是第一位的，紧随其后才是理解。
>
> 德瓦尔（2009：72）

人们通过身体的存在表达情绪和感受。共情则是建立在通过观察他人表达感受之后所产生的情绪之上。这种肉身联系先于以共情理解的形式出现的认知过程。此外，德瓦尔认为，在所有肉身联系中，面部表情是最为重要的。面部被描述为情感高速公路，因为它"提供了与他人最快速的联系"（德瓦尔，2009：82）。

因此，看到某些电子游戏使用面部让游戏玩家走上这条共情的高速公路也就不足为奇了。在《这是我的战争》中，玩家所控制的每个角色都由一张真人面部特写照片来识别。事实上，游戏的开发者给自己也拍照，包括他们的朋友和家人，就是为了让玩家遇上"普通人，看起来像是可能在街上遇到的人"。《到家》主要是通过绘制逼真的（主要是家人的）人物肖像和照片，来帮助玩家与自己试图弄清楚其故事的人物肖像产生共情。即使是在《请出示文件》中的简单像素化的图形，也是希望描绘出面部，从而使游戏中的情况与个人连接起来（图5-2）。

图 5-2 《请出示文件》《这是我的战争》和《到家》中不同的面部画像

那些在边境口岸巡游的模糊面孔，提醒着玩家他们可能同时在于任何人打交道。也许是在遥远的过去，也许是不久的将来，这些可能会同样发生在自己亲属身上的问题，引发了玩家不可思议的共情。只是可以肯定的是，当我们在写/读到这篇文章时，这些问题正在折磨着世界上成千上万的人。

游戏《黑色洛城》（*L.A. Noire*）的开发者 Team Bondi 充分理解面部及其手势的重要性。玩家扮演侦探的角色，必须通过收集关键证据和盘问嫌疑人以及证人，来解决许多案件；玩家必须根据他们的面部表情来判断角色是否在说谎。Team Bondi 使用了由其姊妹公司 Depth Analysis 开发的动态捕捉技术，专注于捕捉面部表情（亚历山大，2011）。尽管游戏开发商Telltale Games尚未开发出专门用于面部表情的技术，但他们很快意识到面部表情对于引发玩家情绪至关重要。《行尸走肉》第一季电子游戏的首席编剧肖恩·瓦纳曼表示，"在写第一集时，我们着手列出角色在故事中将感受到的事物类型，然后开始生成孤立的面部动画以传达这些心情和情绪"（麦迪甘，2012）。正如斯梅瑟斯特和克莱普（Smethurst and Craps，2015：284）所建议的，这就是游戏表现创伤事件的方式："通过向我们展示那些在悲惨情况下遭受了失去亲人的游戏角色的面部变化。"这意味使用适当的技术，电子游戏可以将人体模型表达的情绪转化为动态的面部表情。玩家将仔细观察这些表情，从而影响他们的选择和与他人建立联系的能力。

因此，电子游戏是强大的调解者，能够引起玩家的共情反应，并调解和连接两种现实：玩家在日常生活中的居住现实和在游戏世界中具象化的现实。通过这种方式，里夫金强调了游戏的重要性，认为它可以帮助发展共情的潜能：

> 游戏之所以成为如此强大的社交工具，是因为它是人们释放想象力的途径。我们创造了另一种现实，并在中止的时间内深入研究它。我们成为广袤彼岸拥有无限可能的领域的探险家。通过玩游戏，我们将这些想象的现实的一部分融入了我们的本质。我们被联系起来了。想象的过程使我们能够将具身体验、情绪和抽象思想汇集到一个整体中，即共情心灵。

（里夫金，2010：95）

尽管里夫金只讨论了一般情况下的游戏，但我们也可以很容易地应用于电子游戏。正如我们在第三章写到的，物体、动物与其他非人类也可以被视为社会参与者。这意味着玩家显然可以与其他玩家互动，但同时也可以与那些复杂的、合成的生物技术性实体互动。我们将宇宙、角色、故事和游戏中呈现的问题联系在一起，去探索那些可能围绕着我们但我们无法触及的现实，并通过特定的调解纳入其中的一部分。电子游戏以一种调解的方式，促进玩家与其他现实建立情感和认知联系。这不仅是一种想象中的联系，也是一种具体的、敏感的体验。

富布赖特的美术开发者和联合创始人卡拉·齐蒙尼在谈论《到家》的时候，指出该游戏展现了青春期女孩生活中可能出现的曲折和磨难，例如女孩第一次恋爱的体验。游戏还涉及了其他关于育儿、职业挫折、个人挫折、友谊、背叛、孤独以及婚姻等平凡的故事。

电子游戏就是这样，它可以给你带来现实生活中无法拥有的体验。因为现实生活中没有，所以希望它可以成为一种体验，一种可以丰富我们对世界其他人的看法的体验。

因此，我们认为电子游戏能够为玩家提供新的体验，但这些体验是根植于其他人的生活的一种现实。这促进了"换位思考"和"从他人角度体验世界"的可能性（哈里森，等，2015：58）。电子游戏成为我们了解其他人的生活、问题和情况的一扇敞开的窗户。我们被游戏邀请并通过这扇窗户进入，这种邀请有可能"培养对他人更大的共情、宽容和理解"（西姆金斯和斯廷克勒，2008：352）。

从人们的证词中我们可以看到电子游戏作为其他角度的中介体验的有效性，这些人通过玩电子游戏能够更好地理解其他人的处境。根据《这是我的战争》的开发者米乔夫斯基的说法，这个游戏是关于一个女人和她作为战争难民的女儿的案例。在玩了游戏之后，她认为这有助于她了解自己的母亲"以及她在战争期间所经历的恐怖"。尽管空间、文化和情感上的接近有助于产生对他人的共情，但有时也需要额外的调节，而电子游戏刚好能够提供这些调节。巴臣（Bachen，2012）等人对北加州三所高中的301个学生所展开的研究几乎证实了这一假设。他们研究了学生们玩电子游戏《真实生活》对共情的影响。这个游戏被定义为"一种互动生活的模拟游戏，能让你体验在世界上任何一个国家的人的生活"。该研究得出的结论是，即使存在地理上和文化上的距离，那些玩电子游戏的人们体验到了自己"全球化共情"的增加，并激发了"他们对所扮演角色生活的国家的兴趣"（巴臣，等，2012：452）。伯格斯特（2007：135）认为这种类型的电子游戏允许玩家"参与到许多人以前未曾经历过的政治行动"，且最终可能会"加深他们对众多因果关系的理解，即能影响任何特定情况和一系列特殊的历史情况的力量"。

这些调节可以是非常有力量的，甚至能够让玩家释放出强烈的情绪反应。26岁的独立游戏开发者劳拉（Laura），讲述了个别玩家是如何对她开发的一款电子游戏中的角色产生共情的。这个过程充满了艰难的决定，通常还涉及生存问题和暴力场景，并且很有可能会需要去伤害其他角色。一些玩家将游戏角色视为人类，例如劳拉会说："该死的，这是一个人。"比如说，在有些游戏过程中，玩家所扮演的角色和他的一个同伴必须忍受一段漫长而明确的充满折磨的过程。有一个女生在游戏直播的过程中开始哭泣：

> 她到了开始哭泣的地步。就像在说"我受不了了"，她哭了，且非常难过。
>
> 劳拉

这不是一个特殊的例子。例如米乔夫斯基列举出了一系列因《这是我的战争》而引发的强烈情绪反应：

> 我知道人们因为在游戏中经历了苦难而感到沮丧。我了解他们因为在游戏中存活下来而感到兴奋，那是一种幸存者的宣泄感。我也知道一些人们因为在虚拟世界中的恶行，而感到尴尬甚至自责。

兴奋、郁闷、尴尬、悔恨和欣慰是《这是我的战争》玩家的常见反应。这与游戏开发人员所设计的游戏情绪系统（morale system）的不同状态是相关的：满足、悲伤、郁闷和崩溃。情绪系统会影响角色的表现，对他们的存亡至关重要。角色的情绪状态会受到角色所做决定的影响，无论是消极的（例如，从弱势群体那里偷东西，伤害他人，不帮助邻居或有需要的人，生病、受伤或饥饿），还是积极的（例如，帮助处于困境中的弱势群体，听音乐，舒适地睡一觉，与其他幸存者交谈）。这意味着玩家的行为，会直接影响他们控制的角色，这个过程会增强情绪和共情反应，以至于有些玩家希望他们可以在缺乏同情的情况下来控制角色。

毫无疑问地说，电子游戏通过使用和激发共情，以一种调解的方式将玩家与其他现实联系起来。然而，正如该评论所示，对角色的认同，对于我们了解电子游戏连接我们与现实的不同方式，起着重要的且相互关联的作用。

认同

共情和认同（Identification）在一定程度上是相互依存的概念。如果没有对呈现给我们的（至少是部分的）现实有一个身份认同的过程，人们很难产生共情。从另一个角度说，我们对某人或某事的认同需要我们有一种共情，一种从他者和他们的苦难中认识我们自己的可能性。与德瓦尔（2009：80）的观念一致，我们可以肯定地说，如果"与他人的认同能打开共情的大门，那么认同的缺失则会关闭这扇门"。事实上，谈及电子游戏，当玩家"不仅能使用他者的另一个视角，而是开始认同游戏角色所代表的看法"，他们就有了更多的机会发展出共情（巴臣，等，2012：440）。我们很难去理清这些复杂概念，但了解他们的重要的细微的差别，有助于加深我们理解电子游戏是如何帮助玩家与新现实建立起联系的。

我们了解了共情和认同之间的相似性和相互依存的关系。此外，我们还需要注意认同在处理身份的形成、归属感、群体依恋和主观性等方面，具有多种含义。我们将在第六章进一步探讨这些影响。然而，在本章我们将更加具体地讨论认同，它作为一种我们与某人或某物分享经验的机制。而且，我们认同的对象必须被看作是一个不同的实体，这样才能产生认同，一切都取决于认同过程中需要准确克服的差异性。根据朱迪思·巴特勒（Judith Butler，2006：145）的说法，"我认同的那个人不是我，而这种'非我'恰恰是产生认同的必要条件"。斯图尔特·霍尔（Stuart Hall，1996：3）也赞同这一论点，他认为认同是"一个表达的过程，一次缝合，一种过度的决断，而非融入的过程"。当我们认同某人或某物时，我们并没有将自己融入另一个人中；相反地，我们将自己与他人及其处境联系起来，作为独立但又相互关联的集合体。最后，由于认同是一个围绕差异运作的过程，它不可避免地会产生边界效应，并且要求"外面所剩的东西，是它的外部构成"（霍尔，1996：3）。这直接关系到两种认同，"与某人产生认同"（identify with）和"认同为"（identify as）之间的根本区别。

阿德琳·肖恩（Adrianne Shaw，2014）研究了人的身份、身份认同和媒体表现的被边缘化的电子游戏玩家之间的关系。她明确区分了什么是对电子游戏角色的认同和对作为一个团体成员的认同。例如性别、性取向、种族和国籍这些标识，能够自动让人识别出与他们相似的或是能代表他们的角色和情况，但并非每个人都有与他人共享的具体标识。事实上，几乎不会听到有人表示他们认同都不一定像他们自己的角色。例如，肖恩表示尽管受访者对认同给出了不同的定义，但有一个共同的线索是"找到与角色的联系"（肖恩，2014：69）。这种联系可能使玩家对角色产生强烈的认同，他们可能会与角色共享一些社会的与个人的特征和经验，也可能会在没有明确认同的情况下识别角色中自己的某些方面。它也可以采取共情或同情的形式，包括不同程度的知识联系或情感联系。因此，认同可以被定义为"一个过程，在这个过程中，我们将这个角色视为独立的，但在某种程度上仍是我们的一部分的基础之上，开始感觉到我们与一个角色的情感联系"（肖恩，2014：94）。

因此，我们可以有多种方式去理解玩家与电子游戏角色或文本（及其所表现的现实）之间的身份认同。考虑到这一点，我们在韦伯的基础上，想提出三种理想的身份认同类型：

第一，它可以被看作是一种模仿关系。在这种关系中，游戏体验会暂时"诱导玩家改变自我观念，针对于他们所操纵角色的属性，或者是他们在游戏过程中的行动任务"（克里姆特，等，2009：358）。在社会心理学领域，这是一种趋势，利用"认同隐喻作为玩家和游戏角色的感知'融合'"（克里姆特，等，2009：357），暗示玩家通过采用其感知的特征来成为角色本身。玩家因此变成了游戏人物角色，或者至少可以说完全沉浸在游戏所描绘的现实中。尽管仍然受到媒介技术和认同过程中选择性的限制，玩家可以将角色的属性融入他们暂时的自我认同中。这种方法依赖于一种对于认同的定义，即寻求自我与他人的综合，"是自己与某人或某物相同"（克里姆特，等，2009：359）。

第二，还存在一种主要有同质性（Homophily）驱动的关于认同的概念。同质性是社会科学研究中一个众所周知的原则（麦克弗森，等，2001；森托拉，等，2007；科斯西内斯和沃茨，2009：359）。它描述了具有相似特征（包括文化、身体、态度、行为、社会经济和教育特征）的人比具有不同属性的人，趋于互动和参与各种关系（职业、个人、社会）的比率更高。由此可以看出，玩家可以认同的角色和情况，需以某种方式反映他们生活的一个或者多个方面，包括他们的生活方式、性别、性取向、种族、政治观点、阶级、教育水平、品位和个性等。尤其是，对那些通常不会在媒体上找到他们的社会概况的群体。

然而，仅仅在游戏中引入可能与某人的特定社交情况相似的角色或情况，并不会自动形成对该角色的认同过程。正如肖恩在她的研究中所表明的那样，大多数受访者并不认为一定要在游戏中被代表，因为"电子游戏不会从更多样化的代表性（representations）中受益，甚至不会因为更多样的代表性而发生戏剧性的变化，而是更广泛的文化会带来转变"（肖恩，2014：143）。尽管电子游戏可以验证那些处于边缘地位的个体，并帮助他们意识到自己也是媒体和文化的一部分，但可能更有助于向公众展示其他生活经历的存在。在第三章中，当我们讨论电子游戏如何与新自由主义理性一致，让玩家负责通过定制来代表多样性时，这种方法的脆弱性显而易见。因此，我们同意肖恩（2014：143）的观点，即"增加游戏的代表性的目标不是扩展自定义选项，而是制作更多能反映世界上更多存在模式的游戏"。这是关于使那些边缘以正常化的。因此，我们认为重要的是要在不同的体验之间建立联系，使更广泛的受众能够接触到更多的现实。

第三，我们发现了一个更有前途的定义，尽管目前看来有点松散，是将其理解为玩家与电子游戏角色或情境之间的多方面联系，这意味着不同程度的参与、共情和（自我）认同。正如我们在上文所讨论的，认同某人或某事的人和那些作为认同过程中的接收者的人总是存在着差别。玩家与电子游戏之间建立的联系是多种多样且混杂的，它们不一定是基于先前共享的特征标识符。毕竟，认同被概念化和定义为"情境化的、流动的和富有想象力的"（肖恩，2014：64），它是一个开放的概念，邀请研究人员去"拥抱这些经历的多样性"（肖恩，2014：70）。在这种情况下，认同是一种联系，一种可以与其他人、故事、情境、还有现实相关联的过程。这种联系的关键不一定是相似性，而是相关性。

为人们提供其他观点是好的。我认为这本身就很有价值。如果你尝试让角色变得与自己相关，就很容易产生共情。

卡尔·齐蒙加

在这种情况下，让《到家》中的人物角色变得有关联性，并不能使他们一定与特定社会类别或群体中的某个人相同或相似。相似或类似并不是发生联系的先决条件，尽管在某些情况下它可能很重要，就像我们在上文谈及的。相关性暗示理解某人或某物的可能性和容易性。通过这样做，即使这些对玩家来说是完全陌生的，它也促进了与这些情况的联系的出现。这为人们提供了了解其他观点的机会，而不是强迫他们，即使是暂时的，毫无疑问、毫无抵抗力或毫无临界距离地占据那些位置。肖恩总结了这种完美的方法：

因此，认同不是指一种静态的、线性的、可测量的与游戏角色连接。相反地，认同是指看到我们自己在世界中的反映，并与他人的形象相关联。

（肖恩，2014：70-71）

在这些认同过程中，与游戏角色唯一的一对一的联系是罕见的，而且主要是不相关的。这就像是仅仅基于玩家和角色之间的单一关联去建立联系。就好像这本书的作者可以想象他们是盖伯拉许·崔普伍德（Guybrush Threepwood），而忽略了《猴岛的秘密》中其他的角色，以及丰富的情境、地点和冒险。在处理认同和不认同过程之间的对比时（穆尼奥斯，1999；斯泰格，2005），肖恩从她的研究对象的经历中了解到，"我们可以享受与我们无关的文本，就像我们可以感到被排斥在那些假定与我们有关，但与我们的经历不相符的文本之外一样"（肖恩，2014：78）。我们通过分析与游戏《到家》相关的在线评论，得出了类似的结论，并强调了电子游戏中的共情和认同的错综复杂。例如，也有一些人认为《到家》是一个刻板、乏味和污名化的标题，它只对那些认为自己时髦、进步和自由的自我放纵者有用：

对于那些有着与之相关故事的人，这是一个相当糟糕的写照……如果这个想法是要刻画或污名化我们社区中那些过于戏剧化的人，那么他们已经做到了。这些人喜欢聚在一起，滔滔不绝地讲述他们的个人悲惨故事，讲述事情对他们来说有多糟糕（他们中的大多数人一直处于这种状态）。如果目的是让一些人自我感觉好一点，通过赞美这个主题来安慰他们自己的开放思想和自由主义，这个使命也达到了。

对一款游戏、游戏的角色、故事和宇宙的认同过程不是自动形成的，也不一定依赖于特定的共享标识符，因为它更像是一种突然涌现的东西。如第四章所述，电子游戏是体验，而体验就是在要那里生活，感受，享受以及遭受痛苦。

电子游戏在将玩家与不同情况联系起来时能起到调解的作用，但更多的是与对一组体验的共鸣有关，而不是特定的生动体验的精确再造。正如我们在前面的章节中谈到的那样，对他人经历的体验是反思性的、制定的和具体化的：

> 洞察力是通过具体的遭遇而不是通过假装的情境。但是经历了能使我们保持反思性的相遇情境，往往能让我们更理解另一个人。
>
> （波伦巴，2013：361）

最后，我们不仅认同电子游戏的某一个方面，还认同它的复杂性，以及它所表达的内容：故事、角色、宇宙、时间、行动、机制、评论和其他玩家的（线上/线下）体验等。

电子游戏也很少是一套独立的文本（self-contained text），这一点很重要。电子游戏会随着我们与之互动而发生变化，而且游戏内容还经常会被优秀开发者更新或者修补。此外，我们对游戏的理解和看法，以及我们对游戏（元素）的认同或不认同，会受到一系列副文本（para-textual）元素的影响，例如，广告、游戏评论、其他人的意见和解释等。那么我们认同一款游戏，以及我们认同了什么，远非可以直述的。

因此，我们发现，比起在特定的完全可测量的维度上，认同在不精确的唤起级别（evocative level）上效果更好。27岁的电影制作人维克托·索摩萨指导了一部关于电子游戏玩家记忆的纪录片《回忆：超越游戏》，试图让观众与其他玩家的证词和感受联系起来：

> 首先，它是关于让人们感受到屏幕上所说的内容，让他们感受到某些东西并唤起那种记忆。其次，它是关于人们如何认同这一点。

这种联系既是字面的又是隐喻的，是具体的也是抽象的。就像共情一样，认同也是一个由电子游戏引发的过程，有意或无意地帮助玩游戏的人与其他现实联系起来，而不是一定逃避。因此，根据波伦巴（2013：357）的说法，电子游戏被视为一种"丰富而多层次的体验"，而关于玩家如何真正地成为游戏角色，或者真正地体验一个虚拟空间的想法，则是对"游戏与玩家复杂关系的错误表述"。这种复杂的关系正是《奇异人生》的开发者在试图解决的一个特别困难的情况，即欺凌（及其潜在的可怕后果）。游戏的联合导演之一，米克尔·科赫（Mikel

Koch)在接受采访时,谈到了他们如何处理特定故事情节和问题。游戏中有个女孩被同学欺负和骚扰,包括网络霸凌。因此作为设计师和作家,需要很小心以确保玩家与角色的连接,在玩家所控制的角色马克、游戏玩家和"被欺负的女人"之间建立正确的关系(斯凯利,2016)。

我们讲到共情和认同的过程主要是指通过电子游戏的体验,将我们与周围的现实联系起来。不同于那些将电子游戏作为一种逃避现实的人,我们认为电子游戏也能够进行其他类型的调解:它们以增加我们与社会联系的方式改变了我们的日常生活体验,而不是切断我们与社会的联系。

电子游戏作为体验调节者的局限性

电子游戏是一种强大的设备,可以与各种各样的媒介建立起意想不到的联系。当涉及共情和认同的过程时,电子游戏也显示出明显的局限性。事实上,将电子游戏视为可以培养共情反应的媒介的想法,已经引起了一些人的强烈批评,包括前文讲到的共情游戏的标签。游戏开发者安娜·安思洛比(Anna Anthropy)的诸多作品都反映了这一点,在她创建的游戏《焦虑》中,试图传达她作为跨性别女人的部分经历以及接受激素替代疗法的过程。因为可以帮助人们更了解跨性别人的想法和处境,这个游戏至今都得到了很多的赞誉。然而,安思洛比在该游戏网站上发表了一篇帖子,对这种概念提出了尖锐的质疑,强烈批评了共情游戏的概念:

共情游戏是使用游戏代替教育的一场闹剧,仅仅是为了获得盟友关系的方式。你可能会穿一双破旧的13号(29.4厘米)高跟鞋来回踱步,尝试去了解她们一二,但你仍然对成为跨性别女性的经历,以及如何成为她们的盟友一无所知。要成为盟友需要付出努力,审视自己的行为,这是一个没有终点的持续的过程。人们渴望使用游戏作为实现这一目标的捷径,并以此来感觉自己已经完成了工作,并为自己进一步教育自己找借口,这让我感到愤怒和厌恶。你不知道成为我是什么感觉。

游戏开发者安娜·安思洛比认为电子游戏能够"传达有意义的信息和体验"(安思洛比,2015),但它们永远无法完全复制他人体验的复杂性和细微差别,尤其是那些处于边缘地位的人。她特别不屑"那些拥有最多特权和最不愿意改变自己的人"所使用和培育的共情游戏标签(安思洛比,2015)。"扮演另一个人"(肖恩，2014：176）的诱惑力意味着文化和政治挪用的风险（中村，2002），这远不是共情行为的触发因素。特别是，大卫·J.伦纳德（David J. Leonard，2004）对体育类电子游戏的批评与之有异曲同工的地方。在这里，伦纳德争辩说，尽管体育类电子游戏，例如，EA Sports品牌中广受欢迎的 *NBA Live* 和 *Madden NFL* 系列中的游戏，通常允许主要是白人玩家扮演黑人体育明星的角色，但这无助于"动摇主流观念"或"打破壁垒"，而是强化了黑人运动精神的主流刻板印象。

因此，在某些情况下，电子游戏不止是会共情失效，还有来自社会主导和特权阶层的挪用，并产生其他无法预料的负面后果。在卫报的一篇文章中，西蒙·帕金（Simon Parkin，2016）给出一个例子《花钱》（Spent），这是一款关于在美国背景下如何摆脱贫困和无家可归的免费在线电子游戏，该游戏旨在让玩家了解生活在贫困中的人们，从而对有需要的人产生共情。表面上看，问题似乎是出在"游戏机制上，它给玩家留下了这样的印象，即生活在贫困中的人只需改变他们的选择就能改变他们的处境"（帕金，2016）。电子游戏倾向于将无法量化的事物量化，将复杂的社会情境转化为简单的理性选择。例如，对于生活贫困的人来说，买酒而不是食物似乎不是最理性的选择。但对于那个人来说，这可能是一种瘾，或者是减轻他们痛苦处境的一种方式，是他们在有限的生命中获得的唯一乐趣。电子游戏永远无法传达靠救济金生存的真实感受，将其转化为简单的理性选择大大简化了复杂和多方面的情况。因此，帕金得出结论，尽管游戏可以"创造共情并加深我们对社会系统的理解"，但它们也"以深刻的方式强化了有问题的价值观"。与此类似，格瑞（Gorry，2009：11）担心数字文化如何"让我们暴露于许多其他人的痛苦和苦难之中，它也可能麻痹我们的情绪，使我们与人类同胞疏远，并减弱我们对他们的不幸的同情反应"。他补充说道："在银幕上的生活中，我们可能越来越了解他人，却越来越不关心他们。"这可以被描述为一种不和谐的共情过程，电子游戏不仅没有将我们与其他现实联系起来，反而使我们与它们更加疏远。

类似地，还有其他案例都指出了传递经验的困难。这在联合国儿童基金会于2014年发起的一项旨在提高人们对南苏丹儿童状况的认识的运动中，体现得淋漓尽致。2014年在美国召开的VGU游戏大会中，他们找了一名演员当着电子游戏玩家、开发人员和电子游戏记者的面为新的电子游戏推广。❶ 这款游戏名叫《艾莉卡的逃脱》（*Elika's Escape*），故事发生在一个战乱的国度，玩家要扮演一名7岁的小女孩艾莉卡。游戏的目的是让艾莉卡和她的弟弟在那些危及生命的特殊条件

---

❶ 宣传活动被录制了下来，用以记录观众的反应，并将视频用于他们的竞选活动中。——译者注

下生存下来。该游戏一开始讲述了艾莉卡的母亲死于霍乱,她的哥哥因保护她免受袭击而被杀,她和她的弟弟逃回家的故事。在那一刻,推广人员热情地喊道:"我们正在提升游戏的恐怖程度,甚至到婴儿身上,你们和我一起吗?"观众的反应却是明显的不适,在他们知道电子游戏的内容之后,最初的热情已经荡然无存。主持人继续讲述艾莉卡的故事:现在玩家到达了一个没有食物和最基本的卫生条件的难民营。为了生存和拯救她的弟弟,玩家所控制的艾莉卡必须决定是否屈服于出卖身体以获得他们所需要的钱。就在现场略显失控时,反转出现了。推广人员将麦克风递给了联合国儿童基金会(UNICEF)的工作人员,南苏丹难民玛丽·马利克(Mari Malek)。她说道:"这不是游戏。艾莉卡的故事是真实的,她就是我,她就是此刻正在经历这种体验的许多南苏丹的儿童。"在联合国儿童基金会的宣传视频中,他们声称:"南苏丹的儿童每天都在经历着电子游戏无法承受的苦难。"这显示了某些体验的不可译性,表明了在交流和表达这些极端现实以创造基于它们的游戏体验时媒体的局限性和巨大困难。

所有这一切都表明,玩家与电子游戏,他们丰富的宇宙和现实之间的关系是复杂的,即使他们有可能培养共情反应,但这种联系也不是那么容易建立的。无论我们与那些电子游戏中描述的情况有多接近或多远,电子游戏中重现的情况有多复杂或简单,或者即使体验的某些方面是无法表达的,我们都会体验到与他们的不同等级的联系(或没有),这取决于促进或阻碍关联性的过程。

哈拉维提供了一个解决方案或方法来规避这个问题。他指出:"我们不是要构建一个通用设备来向任何人传达任何体验,而是一种在不同的人和文化之间转化经验的方法。我们需要一个全球范围的联系网络,包括在非常不同且权力分化的社区之间部分转化知识的能力。"(哈拉维,1991:187)。因此,这不是指要拥有与他人相同的经历,而是一种联系方式,并部分了解他们的处境。认同和共情不是绝对的体验,而是可调节的体验。与任何技术(生物技术或其他)一样,电子游戏是活跃的并产生新的意义,为体验增加层次。这就是为什么我们更愿意谈论与任何给定情况的不同方面建立联系,而不是完全共情或认同对方。

结论

在本章中,我们论述了电子游戏不仅仅是关于"逃避主义"。相反地,我们已经能够证明电子游戏也是一种中介设备,让我们能够体验我们从未有过或不会有的情况。这为鼓励游戏玩家产生共情和认同的过程提供了机会,同时也能够与我们熟悉或陌生的环境和人连接起来。电子游戏不仅是复杂的逃避工具，还可以为我们打开通向现实其他方面的多条路径，帮助我们以意想不到的方式与现实（重新）建立联系。

尽管如此，重要的是要记住，这些只是游戏体验，它们可能传达了它们正在重新创建、再现、模拟或重演体验的某些方面，但它们本身并不是真实的体验。正如我们在第四章中所展示的那样，实践是理解电子游戏作为体验的关键概念，也是理解现实如何运作的关键概念。当约翰·劳（John Law）反思研究现实的方法与所研究的现实之间的关系时，他认为方法"参与了这些现实的实践"，它们"不仅是一组或多或少复杂的程序或规则，还是捆绑的腹地"（劳，2004：45）。同样，作为体验的电子游戏不仅仅是一种发现或描绘现实的方式，它们还积极参与将这些现实转化为游戏体验的实践过程。玩家与电子游戏中表达的现实之间的关系因此不是以对应关系来定义的，而是根据联接、出现或实践来定义的。所以我们说，电子游戏是一种丰富的体验腹地。

注释

① 定义摘自教育模拟网站（Educational Simulations website）。
② 她指的是婴儿城堡（Babycastles）的互动艺术展览，其中有一双属于安思洛比的旧靴子、一个计步器和一块黑板。她鼓励参观者穿着她的靴子走路，用计步器测量步行的距离，然后在黑板上记录他们的每英里所得分数。这个装置是她的一个讽刺性的回应，针对有人此前要求她展出电子游戏《焦虑》来展示电子游戏如何"通过让我们穿上别人的鞋子走一英里，而产生与他人的共情"。
③ 宣传活动被录制了下来，用以记录观众的反应，并将视频用于他们的竞选活动中。

参考文献

[1] Alexander, Leigh（2011）.'Interview: Making Faces with Team Bondi's McNamara, *L.A. Noire*', *Gamasutra*，[Last accessed: 11/01/2017].

[2] Allen, Samantha（2014）. 'Closing the Gap Between Queer and Mainstream Games', *Polygon*, [Last accessed: 07/01/2017].

[3] Anthropy, Anna (2015). 'Empathy Game', *Auntiepixelante*, [Last accessed: 04/01/2017].

[4] Appelbaum, Mark; Calvert, Sandra; Dodge, Kenneth; Graham, Sandra; Hall, Gordon N.; Hamby, Sherry; Hedges, Lawrence (2015). *'Technical Report on the Review of the Violent Video Game Literature'*, Washington: APA Task Force on Violent Media, [Last accessed: 31/01/2017].

[5] Bachen, Christine M.; Hernández-Ramos, Pedro F.; Raphael, Chad (2012). 'Simulating REAL LIVES: Promoting Global Empathy and Interest in Learning Through Simulation Games', *Simulation & Gaming*, 43(4): 437–460.

[6] Bogost, Ian (2007). *Persuasive Games*. Cambridge, MA: MIT Press.

[7] Butler, Judith (2006). *Precarious Life: The Power of Mourning and Violence*. London: Verso. Calleja, Gordon (2010). 'Digital Games and Escapism', *Games and Culture*, 5(4): 335–353.

[8] Castronova, Edward (2005). *Synthetic Worlds: The Business & Culture of Online Games*. Chicago: University of Chicago Press.

[9] Centola, Damon; González-Avella, Juan Carlos; Eguíluz, Víctor M.; San Miguel, Maxi (2007). 'Homophily, Cultural Drift, and the Co-Evolution of Cultural Groups', *Journal of Conflict Resolution*, 51(6): 905–929.

[10] Copier, Marinka (2007). 'Beyond the Magic Circle: A Network Perspective on Role-play Online Games', PhD dissertation, Utrecht University.

[11] Crawford, Garry (2012). *Video Gamers*. London: Routledge.

[12] Davis, Mark H. (1996). *Empathy: A Social Psychological Approach*. New York: Avalon Publishing. De Waal, Frans (2009). *The Age of Empathy: Nature's Lessons for a Kinder Society*. Toronto: McClelland & Stewart.

[13] Dean, Carolyn (2004). *The Fragility of Empathy After the Holocaust*. Ithaca, New York: Cornell University Press.

[14] Evans, Andrew (2001). *This Virtual Life: Escapism in the Media*. London: Vision.

[15] Gorry, Anthony (2009). 'Empathy in the Virtual World', *Chronicle of Higher Education*, (56): 10–12.

[16] Hall, Stuart (1996). 'Who Needs Identity?', in Hall, Stuart and Du Gay, Paul, *Questions of Cultural Identity*. London: Sage, 1–17.

[17] Haraway, Donna (1991). *Simians, Cyborgs, and Women: The Reinvention of*

Nature. New York: Routledge.

[18] Harris, Barbara; Shattell, Mona; Rusch, Doris C.; Zefeldt, Mary J.（2015）. 'Barriers to Learning about Mental Illness through Empathy Games – Results of a User Study on Perfection', *Well Playerd*, 4（2）: 56–75.

[19] Huizinga, Johan（1949）. *Homo Ludens.A Study of the Play-Element in Culture*. London: Taylor & Francis.

[20] Humphreys, Laud（1970）. *The Tearoom Trade: Interpersonal Sex in Public Places*. London: Duckworth Overlook.

[21] Juul, Jesper（2008）. 'The Magic Circle and the Puzzle Piece', *Philosophy of Computers Games*, Conference Proceedings, [Last accessed: 26/04/2017].

[22] Klimmt, Christoph; Hefner, Dorothée; Vorderer, Peter（2009）. 'TheVideo Game Experience as "True" Identification: A Theory of Enjoyable Alterations of Players' Self-Perception', *Communication Theory*,（19）: 351–373.

[23] Kossinets, Gueorgi and Watts, Duncan J.（2009）. 'Origins of Homophily in an Evolving Social Network', *American Journal of Sociology*, 115（2）: 405–450.

[24] Leonard, D.（2004）. 'High Tech Blackface – Race, Sports Video Games and Becoming the Other', *Intelligent Agent*, [Last accessed: 04/02/2107].

[25] MacCannell, Dean（1973）. 'Staged Authenticity: Arrangements of Social Space in Tourist Settings', *American Journal of Sociology*, 73（3）: 589–603.

[26] McPherson, Miller; Smith-Lovin, Lynn; Cook, James M.（2001）. 'Birds of a Feather: Homophily in Social Networks', *Annual Review of Sociology*,（27）: 415–444.

[27] Madigan, Jamie（2012）.'The Walking Dead, Mirror Neurons, and Empathy', *The Psychology of Video Games*, 7 November, [Last accessed: 08/09/2016].

[28] Muñoz, José Esteban（1999）. *Disidentifications: Queers of Color and the Performance of Politics*. Minneapolis, MN: University of Minnesota Press.

[29] Nakamura, Lisa（2002）. *Cybertypes: Race, Ethnicity, and Identity on the Internet*. New York: Routledge.

[30] Oestreicher, Jason（2014）. 'Quick Look: This War of Mine', *GiantBomb*, [Last accessed: 11/01/ 2017].

[31] Pargman, Daniel and Jakobsson, Peter（2008）. 'Do you Believe in Magic? Computer games in Everyday Life', *European Journal of Cultural Studies*, 11（2）:

225–244.

[32] Parkin, Simon（2016）. 'Video Games are a Powerful Tool which Must be Wielded with Care', *The Guardian*, [Last accessed: 04/01/2017].

[33] Pine, Joseph B. and Gilmore, James H.（2011）. *The Experience Economy*. Updated Edition. Boston: Harvard University Press.

[34] Polygon（2013）. 'Looking back: Gone Home', *Polygon*, [Last accessed: 07/01/2017].

[35] Poremba, Cindy（2013）. 'Performative Inquiry and the Sublime in Escape from Woomera', *Games and Culture*, 8（5）: 354–367.

[36] Rifkin, Jeremy（2010）. *The Empathic Civilization:The Race to Global Consciousness in a World in Crisis*. Cambridge: Polity Press.

[37] Roussos, Gina（2015）. 'When Good Intentions Go Awry. The Counterintuitive Effects of a Prosocial Online Game', *Psychology Today*, [Last accessed: 04/01/2017].

[38] Salen, Katie and Zimmerman, Eric（2004）. *Rules of Play: Game Design Fundamentals*. Cambridge, MA: MIT Press.

[39] Scutti, Susan（2016）. 'Do Video Games Lead to Violence?', CNN, [Last accessed: 11/01/2017].

[40] Shaw, Adrienne（2014）. *Gaming at the Edge. Sexuality and Gender at the Margins of Gamer Culture*. Minneapolis, MN: University of Minnesota Press.

[41] Simkins, David W. and Steinkuehler, Constance（2008）. 'Critical Ethical Reasoning and Role-play', *Games and Culture*, 3（3–4）: 333–355.

[42] Skrebels, Joe（2016）. 'Directors Commentary - Revisiting Life is Strange with its Creators', *Gamesradar+*, [Last accessed: 03/01/2017].

[43] Smethurst,Toby and Craps,Stef（2015）. 'Playing withTrauma:Interreactivity, Empathy,and Complicity in The Walking Dead Video Game', *Games and Culture*, 10（3）: 269–290.

[44] Staiger, Janet（2005）. *Media Reception Studies*. New York: New York University Press.Taylor, T. L.（2007）. 'Pushing the Borders: Player Participation and Game Culture', in Karaganis, Joe.（editor）. *Structures of Participation in Digital Culture*. Ann Arbor, MI: University of Michigan Press, 112–132.

[45] Titchener, Edward（1909）. *Lectures on the Experimental Psychology of the*

Thought-processes. London: Macmillan.

[46] Tuan, Yi-Fu（1998）. *Escapism*. Baltimore: Johns Hopkins University Press.

[47] Webber, Jordan Erica（2017a）. 'Learning Morality through Gaming', *The Guardian*, [Last accessed: 18/08/2017].

[48] Webber, Jordan Erica（2017b）. 'The Tearoom: The Gay Cruising Game Challenging Industry Norms'. *The Guardian*, [Last accessed: 18/08/ 2017].

[49] Webber, Jordan Erica and Griliopoulos, Daniel（2017）. *Ten Things Video Games Can Teach Us*. London: Robinson.

[50] Yang, Robert（2017）. 'The Tearoom as Risky Business', *Radiator Design Blog*, [Last accessed 16/08/2017].

游戏列表

[1] 11位工作室（2014）.这是我的战争。

[2] Anthropy（2012）. *Dys4ia*.

[3] 暴雪娱乐公司（2004）.《魔兽世界》。

[4] 公墓（2016）.《看火人》。

[5] 唐诺娱乐（2015）.《奇异人生》。

[6] 电子艺界（1988年至今）.《疯狂美式橄榄球》系列。

[7] 电子艺界（1994—2009；2013年至今）.《NBA现场》系列。

[8] 模拟养成游戏（2010）.《真实人生》。

[9] 自由鸟游戏（2011）.《去月球》。

[10] 富布赖特（2013）.《到家》。

[11] 霍梅夫耶（2011）.《小贩人生》。

[12] 林登实验室（2003）.《第二人生》。

[13] 卢卡斯艺术（1990）.《猴岛的秘密》。

[14] 麦金尼（2011）.《花钱》。

[15] 超自然游戏（2016）.《癌症似龙》。

[16] Playdead（2016）.《窗内》。

[17] 卢卡斯·波普（2013）.《请出示证件》。

[18] 佐伊·奎因（2013）.《抑郁独白》。

[19] 星风工作室（2013）.《兄弟：双子传说》。

[20]《黑色洛城》。

[21] 迹象游戏（2012）.《行尸走肉》。

[22] 育碧（2014）.《勇敢的心》。

[23] Yager Development（2012）.《特殊行动：一线生机》。

[24] 罗伯特·杨（2017）.《茶室》。

电影

布雷特·莱纳德（1992）.《天才除草人》。

第六章
电子游戏与（后）身份

引言

身份（identity）是一个难以理解的概念。那些研究身份的学者经常试图理解它而不提它。矛盾的是，为了理解身份，我们需要远离它。斯图亚特·霍尔（1996：2）认为身份是一个"在擦除之下"运作的概念，即"一个不能以旧方式思考的想法，但如果没有它，某些关键问题根本无法思考"。他的观点是，身份的概念不再有用或适用，但我们似乎没有合适的替代品来替代它。

一般而言，我们可以将身份视为我们定义自己的方式，包括个人和集体，以及我们认同他人和区别于他人的过程。身份根据其更本质主义的概念化，有着多种的形式，从基于存在观念，而被认为是相当固态的，到基于作为，而被认为是比较流动的，因此倾向于将身份视为更流动的。前一种身份认同观念通常与前现代社会和现代社会相关，而后一种将身份视为更具流动性的观念通常与后现代或先进的现代性有关。因此，人们经常争辩说，我们生活在身份变得更加灵活甚至难以捉摸的时代，但身份的残余构建也没有消失。

在本章中，我们将探讨与电子游戏玩家和电子游戏玩家社区相关的身份的当代本质。特别是，我们认为电子游戏提供了一个有用的有利位置来观察最复杂、最具争议和最难以捉摸的过程之一：身份形成。因此，本章首先简要回顾了一些关于身份的理论讨论，或者，更准确地说，是近年来社会科学领域发生的相关危机。在此之后，主要根据我们的访谈内容，我们研究了电子游戏玩家和围绕电子游戏出现的社区的不同概念。这会帮助我们将这些更具话语性的身份概念化，与之前的理论讨论联系起来，我们希望这些讨论能为当代身份和社区形成过程提供新的思路。最后，我们展望了后身份的兴起。其中身份形成的过程发生了根本性的变化，身份的概念本身也处于危险中。特别是，我们认为电子游戏文化预示着并帮助我们理解新的意义模式和身份建构过程。

当代社会的身份问题

任何关于身份的社会学反思似乎都不可避免地从题外话开始,但我们将尽量不要在一个可能是幽灵领域的地方停留太久,或者如贝克(Beck)所说的"僵尸类别"(zombie categories)。

我们应该首先承认身份这个词已经成为社会学的浮标,也就是说,它是社会学家坚持的一个概念,它使我们能够用社会学的术语来思考社会现实的某些方面。然而,在社会学对话之外,对身份的讨论往往是缺乏的,即使不是很奇怪,甚至是骇人听闻的。尽管如此,我们和许多其他人一样,将坚持这个社会学浮标,至少现在是这样,因为它仍然为理解电子游戏玩家及其社区的当代性质提供了一个有用的分析工具。

最初,我们希望首先强调我们不想去接近"身份",也就是说,我们不想把"身份"作为一个实体或者一个整体,或者作为一个在时间上保持不变的东西。换句话说,我们不认为身份是"始终保持不变的自我的一部分"(霍尔,1996:3)。从这里开始,有几种选择。但在继续我们的讨论之前,从身份的基本功能定义开始是很有用的,例如,理查德·詹金斯(Richard Jenkins, 2008:18)提供的定义:

身份是我们对自己和他人的理解,以及其他人对自己和他人(包括我们)的理解。这是一个非常实际的问题,综合了相似和不同的关系。

这种身份定义涵盖了这一概念的基本方面:因为它将身份定义为一种代表我们自己和他人的方式,它是围绕使我们相似和不同的事物之间的张力而构建的。一旦我们列出了这个术语最常用的基本方面,接下来我们的方向就会更加开放。

特别是,身份可以被看作是强大的、坚实的和永久的,或者是灵活的、碎片化的和暂时的。换言之,身份可以被视为本质主义的,也就是说,某人是什么,或者更确切地说,是一种倾向,因此是身份认同过程的一部分。我们将在本章中探索这些想法以及它的延伸。然而,现有关于身份的社会科学文献如此之多,不可能涵盖所有这些,即使是以一种肤浅的方式。因此,为了介绍这一领域的主要辩论,我们推荐詹金斯(2014)、劳勒(2014)、霍尔和杜盖伊(1996),以及伯克和斯泰茨(2009)的著作。而在本章中,我们将特别关注身份认同如何与电子游戏的当代性质的相交。尽管如此,在我们这样做之前,有必要反思一下身份的当代性质,以及我们是如何走到现在这一步的。

第六章
电子游戏与（后）身份

危机中的身份

在本节中，我们将重点关注身份作为危机中的一个概念。当代社会理论家普遍作出诊断，认为现代性的一些基本制度正处于危机或衰落之中。乌尔里希·贝克（Ulrich Beck，2002）关于"僵尸类别"的想法巧妙地将其概括。也就是说，保持活力的想法，最常见的是社会科学家，用来描述不再存在的社会现象，或者肯定不是以它们最初被理论化的方式。在其他著作中，这种诊断在《迷失世界》（*Runaway World*，吉登斯，2002）、《后现代状况》（*The Postmodern Condition*，利奥塔，1984）、《液态现代性》（*Liquid Modernity*，鲍曼，2000）、《风险社会》（*Risk Society*，贝克，1992）、《制度的衰落》（*The Decline of Institution*，杜贝，2006）或《即将到来的共同体》（*The Coming Community*，阿甘本，1993）中得到体现。现代性的启蒙计划随后显示出疲惫的迹象，一段不确定的时期出现了，许多学者试图以不同的方式对其进行描述和命名。运用了几个"后"字的标题：后现代性（利奥塔，1984；里昂，1999；詹明信，1990）、后工业社会（图雷纳，1971；贝尔，1976）、后资本主义社会（德鲁克，1994），甚至是后现代主义（柯比，2006），以及其他试图抓住我们当前社会"本质"的事物，例如，网络社会或信息时代（卡斯特利斯，2010）、液态现代性（鲍曼，2000）、反身现代性（贝克、吉登斯和拉希，1994）、网络社会（琼斯，1998）或知识社会（斯泰尔，1994）。不管使用什么术语，他们都同意在他们的评估中，"社会"变得更加流动、不稳定、冒险、漫无目的、支离破碎，甚至毫无意义。

这意味着社会意义和身份建构的现代模式已经发生了巨大变化。考虑到这些诊断，可以得出结论，现代身份即使没有完全消失，也至少是去中心化的。届时，我们正在见证新型身份的出现，以及构建社会意义世界的新方式。近一个世纪以来，我们理解社会现实的方式发生了根本性的变化，而这种转变可能才刚刚开始。

在对当代社会的这些分析中，我们发现某些类比可以被认为是社会学作为一门学科的基础神话的一部分。社会学通常被视为出现在一个充满创伤和根本性社会变革的时期，随着现代性在18世纪和19世纪的诞生。换言之，涂尔干（2013）所描述的从"机械团结"统治的社会向"有机团结"统治的社会转变的历史变化，或者韦伯（1968）所描述的西方社会理性化进程导致了社会的日益官僚化和个性化。简而言之，这是现在经典的社区和社会之间的区别，是滕尼斯（Tönnies，2001）定义的礼俗社会（gemeinschaft）和法理社会（gesellschaft）的区别。

同样，许多社会评论家指出，我们现在正在见证另一个社会大动荡和变革的时期，正如现代性的诞生一样，我们可以强调这个时代的两个主要方面：不稳定现实的存在，以及身份的意义和形式的危机。此外，在我们的当代社会中，当前危机的根源可以准确地追溯到启蒙运动的发展，并被视为这一项目的极端化。

随着现代性的诞生，一种（可能是理想化的）前现代版本的现实，其中社会生活的意义被认为是理所当然的，被视为转变为一种社会意义被问题化、被规划、必须被构建的形式（伯格和卢克曼，1997：80）。一旦前现代社区的自我调节机制被移除，社会控制问题在现代性中变得更加核心。这推动了我们所知道的，用福柯的话说，"政府心态"问题的诞生（福柯，1991）。这包含了主权权力、纪律、生物政治和自我技术的思想，并可以被定义为"我们所有现代形式的政治理性的共同点，只要它们根据有计划的监督和社会力量的最大化来解释统治者的任务"（罗斯，1999a：5）。

社会于是成为一个计划的现实。社会是明确设计的（鲍曼，1989：54），部署了无数的元素、技术和过程来管理它（罗斯，1999b：51-55）。正如齐格蒙·鲍曼（2004：20）所建议的那样，随着现代性的黎明和现代国家的崛起，身份认同成为了一个问题，而且是一项任务。在前现代社会（滕尼斯理论中的社区领域），不可能用身份来思考，因为问"你是谁"只有在"你相信你可以成为自己以外的别人"时才有意义（鲍曼，2004：19）。在前现代世界，身份是由出生决定的，这种情况很少会改变。身份是牢固的，不容置疑的，因为他们被认为是理所当然的。因此，身份作为一个概念在前现代世界中是没有意义的，而且正如我们看到的，矛盾的是，在当代社会中可能也会有同样的说法。

因此，在现代性中，身份获得了其全部意义，并通过其"传记"成为"个人必须完成的任务"（鲍曼，2004：49）。根据吉登斯（1990：121）的说法，这是"自我认同的追求"，或"将自我构建为一个反身性的项目"，个人必须在抽象系统提供的策略和选项中找到自己的身份（吉登斯，1990：124）。

与出生时对身份的前现代归属相比，身份作为一种项目或追求，通常被视为一种解放行为。在那里，个人寻求充分发挥自己的潜力，成为"真正"的自己。然而，尽管这些身份是个人需要选择和追求的，正如鲍曼（2004：49）所指出的那样，他们的轨迹是"明确的"，每个类型都有"里程碑式的职业轨迹"。因此，虽然身份成为一个项目，但它是一个必须追求的项目，以达到目的，这是关于成为我们应该成为的人。

然而，正如鲍曼（2004：53）所说，"具有凝聚力、牢固固定和牢固构建的身份"的概念逐渐成为对"选择自由"的限制，因此，身份开始变得更具流动性。现代性旨在消除矛盾心理，但它导致了矛盾心理的指数式增长："在这种环境中，大多数矛盾心理和不安全感都会产生，因此也会产生大多数感知到的危险"（鲍曼，1993：214）。

将身份建构转变为个体化的项目，流动的现代性侵蚀了集体形式的身份和关联。因此，社会生活的确定性和现代身份的基础，如社会阶层、职业、家庭和地点，不仅开始侵蚀，而且成为障碍。在一个不断变化和流动的世界中，设定的身份变得多余，更糟糕的是，在不断变化的世界中成为生存的障碍。

在这方面，身份被以奇怪、支离破碎和多种方式重新塑造。根据鲍曼（2000：82）的说法，"寻找身份"是一场"阻止或减缓流动、凝固流体、将形式赋予无形者的斗争"。与社区的概念一样，身份构成了一种安全感、一种稳定感、一种了解我们是谁和我们在哪里的感觉。因此，鲍曼（2000：82）写道：

> 每当我们谈到身份认同时，脑海中都会浮现出一种和谐、逻辑、一致性的模糊形象：所有这些东西，在我们的经验流中似乎对我们永远绝望的来说都是如此严重和可恶地缺乏。

但与现代不同的是，不再有既定的轨迹，不再有我们正在走向的"真实"自我。相反，身份成为消费者选择的产物。鲍曼（2005：23）认为"我们的社会是一个消费社会"。当然，所有社会或多或少都是消费社会，但鲍曼（2005：24）认为，当代消费社会的本质有一些"深刻而根本"的东西，使其不同于其他所有社会。

最重要的是，鲍曼认为，所有以前的社会都主要是生产者社会。在个人能够充分参与社会之前，他们必须成为生产过程的一部分，个人在社会秩序中的地位取决于他们在这个过程中的位置。然而，在"我们的"消费社会中，个人"首先需要成为消费者，然后才能想到成为什么特别的人"（2005：26）。鲍曼认为，消费决定了我们是谁，我们可以成为谁。因此，我们的身份变得流动、灵活，并且越来越多地基于个性化的消费者选择，这些选择可以很容易地改变，以满足我们流动世界的需求。

海沃德（Hayward，2012：214）认为，在这个新的消费社会中，消费资本主义的目的是"破坏和侵蚀企业利润的生命周期的既定阶段"。从童年到青年，再到成熟的年龄发展阶段（与身份形成阶段一样）已经被侵蚀，因为它们不再符合先进的资本主义新自由主义社会的目的。这个消费社会宣扬的理念是，我们可以选择成为我们想要成为的人（反映了我们在第三章中看到的与新自由主义相关的政治理性），无论是想变老的年轻人，还是想留住青春的成年人。那时，不安全感不仅成为一种既定因素，而且是一种可取的因素。这意味着缺乏（成人）责任，不停留，不安定。然后，消费者文化变得幼稚化，尤其是男性（史密斯，2014）。它推销（尤其是老年男性）"休闲生活"（布莱克肖，2003）。在那里，生活变成了一系列无关紧要的生活方式和闹着玩儿的选择。

例如，电子游戏玩家的身份和社区意识是通过某些活动和消费者的选择来实现的，这些活动和选择再现了电子游戏，并使其具有暂时的但不稳定的一致性：阅读游戏评论、参加在线论坛和社交网络、购买与电子游戏相关的商品和纪念品、参加活动、使用游戏指南和其他人谈论电子游戏。根据塞尔达（女性，25岁，自我认定中度玩家，高度参与游戏文化）的说法，玩家身份的重要性通过多种元素得以维持和表达，这些元素使游戏"尽可能长时间地进行"：雕像、海报、签名、T恤和照片。通过这种方式，塞尔达认为，加入游戏玩家群体是一种可以通过消费实现的行为："有时我喜欢购买显示我是游戏玩家的东西"。根据米勒和罗斯（2008：101）的说法，这种做法描述了一种"通过消费实践加入生活方式社区"的过程，这种过程"取代了作为公民社会责任的一部分而赋予公民义务的旧习惯形成机制"。

因此，在我们当代、现代晚期、流动的社会中，身份对我们所有人来说既是无关紧要的，又是一个中心问题。与社区观念一样（鲍曼，2001），身份变得流动，甚至难以捉摸，讽刺的是，这却使它变得更重要，甚至更令人向往。我们无法完全把握的东西往往是我们最努力抓住的东西。我们将通过电子游戏玩家类别，以经验的方式探讨关于身份概念的一些担忧，该类别体现了定义身份当代本质的主要特征，更重要的是，向我们展示了该概念的未来。

玩家的难题

当我们问26岁的阿尔弗雷德是否认为自己是一名游戏玩家时，他的回答非常明确："我会把自己定义为游戏玩家吗？是啊！"随后，他详细阐述了这一点，并表示每个人都很清楚："这就是我，电子游戏是'我所做的事情的核心'。这种对电子游戏玩家身份的热情认同与伊丽莎白（25岁，女性，自己认为是非游戏玩家）对同一问题的回答形成了鲜明对比："不。我肯定会说一千次不，不！"阿尔弗雷德和伊丽莎白处于玩家（自我）识别光谱的两端。一个明确表示自己是玩家身份，另一个否认并切断与该类别的任何联系。"玩家"身份之所以强大，是因为它或多或少需要政治、文化和社会表达的形式。它既稳固又不稳定，以促进身份滥交的方式培养忠诚。有时，它是一个随意的标签，变得具有广泛的包容性，而在其他场合，它是如此的有限制性，以至于变得非常排他。电子玩家的身份在很多方面都是一种边界结构，以至于超越了身份的概念。"电子游戏玩家"是一个引起不适的类别，因此，它是探索身份如何形成以及在当今社会中如何消解的一种有用方式。

为了了解电子游戏中的身份是如何工作的，首先要考虑受访者在多大程度上认同自己是游戏玩家，以及这对他们来说有多重要。正如我们在第五章中所看到的那样，认同的概念是这些讨论的核心。根据霍尔（1996：2-3）的说法，身份识别是"构建，一个从未完成的过程"，最重要的是，也是一个将个人与其他人联系在一起而不与他们完全融合的过程。从这个意义上说，认同的过程意味着身份首先是一个战略和位置概念，而不是"自我的稳定核心"的信号（霍尔，1996：3）。身份最终是"在代表内部而非外部构成的"（霍尔，1996：4）。这意味着，个人对自己身份的描述，以及其他人对自己的描述——对他们的身份形成至关重要。基于阿尔都塞（Althusser，1971）的理论，霍尔（1996：5-6）认为，身份是"试图对我们进行质询的话语和实践"与"将我们构建为可以被言说的主体"的过程之间的"交汇点"。因此，身份是我们想要成为的人和其他想要我们成为的人之间的交集的结果。

就他们而言，有些人高度参与游戏玩家文化，认为成为电子游戏玩家是他们身份的重要组成部分。阿尔弗雷德显然是其中之一。他在采访中多次提到这个话题："我不知道你是否经常听到这个，但我认为电子游戏一直是我生活的重要组成部分"。他并不是唯一一个与玩家身份紧密相关的人。另一位狂热的电子游戏玩家卡尔（男性，28岁）也表达了类似的情绪：

> 我认为这是我身份的重要组成部分。我的意思是，有多种因素构成了我……，但电子游戏是我生活的重要组成部分。

因此，尽管卡尔承认电子游戏只是定义他身份的众多事物之一，但他非常清楚，电子游戏在他是谁、在他的身份中扮演着重要角色。对于卡尔和阿尔弗雷德来说，电子游戏是他们生活的重要组成部分。此外，有人认为，这种基于文化消费类型的强烈认同与电子游戏文化尤其相关。例如，克里姆特等人（2009：363）认为，"交互式电子游戏体验的模型可以声称'识别'的效用具有特别强的合法性"，而吉（Gee，2003：58）将电子游戏玩家与游戏角色的识别描述为"相当强大"，超越了"小说或电影"中发生的识别过程。同样，金（King）和克日温斯卡（Krzywinska）认为（2006：168-169），由于"游戏的积极性"，玩家似乎比传统媒体消费者更"直接参与"。这些作者认为游戏是"有力的质询来源"，玩家"更确切地被质询"（金和克日温斯卡，2006：197），这导致了一种质询形式，将电子游戏的游戏者配置为游戏者（player）或玩家（gamer）。这促进了玩家作为游戏者的主体地位的普遍和强烈意识。

一些游戏玩家的强烈归属感和认同感有时被用来批评电子游戏和游戏玩家，例如对"游戏玩家"的负面刻板印象，即上瘾、痴迷的极客、暴力或不宽容的人。然而，在我们看来，至少从社会学的角度来看，这使游戏身份和从属关系特别有趣。电子游戏和它们的身份结构是如何将它们变成强大的社交工具的？我们认为答案不应忽视"玩家"这个标签。相反，我们需要处理它、剖析它、了解它是如何形成的。作为社会学家，我们在这里了解导致对现实的确定定义的过程，包括在可能的范围内参与构建这一定义的每一个参与者。

在定义游戏玩家是什么时，卡尔、阿尔弗雷德和伊丽莎白代表了该类别的不同表述，在语义弧上，游戏玩家的定义从更为严格、纯粹和精英地定义，到更为开放、模糊和包容的定义，包括那些明确表示自己不是游戏玩家的人。正是在这种身份的光谱上，以及它的外部构成（巴特勒，1993），玩家作为一个主体的地位被想象和实现。出于这个原因，我们将探索5个非互斥类别——被理解为代表性工具（理想类型）而非固定身份帮助我们将电子游戏玩家身份理解为一个流动、灵活和不稳定的结构："硬核亚文化游戏玩家""休闲游戏玩家""作为美食鉴赏家的游戏玩家"和"文化知识分子"，以及"每个人都是游戏玩家"。

硬核亚文化游戏玩家

"硬核玩家"是对玩家的限制性和排除性分类。这也可以被称为"游戏玩家"的经典或典型版本，它诞生于"20世纪80年代和90年代的历史反常时期，当时只有一小部分人玩电子游戏"（尤尔，2010：20）。从这个意义上说，硬核玩家与20世纪80年代产生的游戏亚文化的形成密不可分。雷姆·柯克帕特里克（Graeme Kirkpatrick，2015）展示了专业游戏杂志如何在20世纪80年代从根本上促成了游戏亚文化的创建，该亚文化与其他广泛的计算机文化中流传的人工制品明显不同。对这一点尤为重要的是，20世纪80年代后半期"游戏性"概念的出现和普及，这标志着一种"根据游戏的感觉来评估游戏"的趋势（柯克帕特里克，2015：64）。也就是说，游戏开始被理解为体验（见第四章）。柯克帕特里克

（2015：66-67）认为，游戏性成为"游戏作为一种文化实践争取自主"的核心，"象征着真正玩家的口味和偏好"。根据柯克帕特里克（2015：68）的说法，正是在"游戏性的发现"中，"玩家融入了游戏，这标志着游戏作为一个领域，作为一个具有既定参与者群体的文化机构而建立起来"。因此，游戏性有助于"确认和规范玩家身份"（柯克帕特里克，2015：69），它概括了"真正的玩家"的形象，即经验丰富、知识渊博的个人，他们在游戏中的表现将他们置于与新手玩家或非玩家相比更优越的位置。这些"真正的游戏玩家"与"男性青少年"（柯克帕特里克，2015：80）联系在一起，成为媒体和行业的首选目标受众。这就是在20世纪80年代新兴的游戏文化背景下，玩家的传统形象是如何诞生的。

这种亚文化类型可能是玩家最有问题的定义，它引发了围绕这一类别的激烈争论，但它对于理解玩家身份的矛盾本质至关重要。例如，弗朗斯·玛雅（2008：25）描述了亚文化框架内的游戏玩家，他表示他们似乎共享相同的语言（例如为他们玩的游戏使用特定的术语）、仪式（例如聚集在一起玩，收集游戏设备、书籍和海报等人工制品）和空间（例如在网站或讨论板上）。玛雅（2008：26）认为，当然，这一类别并不适用于所有玩电子游戏的个人，而是更具体地适用于所谓的硬核玩家。根据我们的受访者，有3个主要特征最典型地定义了这种硬核玩家：奉献/激情、不成熟和部落主义。

这种亚文化类型的玩家，通常被称为硬核玩家，主要是由他们对电子游戏的执着和热情决定的，但最重要的是，这种类型的玩家是由他们密集而一致的游戏时间表决定的。准确地说，金和克日温斯卡（2006：220）认为，那些"在玩游戏中投入大量时间、金钱和精力的人更倾向于将自己视为'游戏玩家'的一部分"。因此，玩家被视为花费大量时间玩电子游戏：

作为一个游戏玩家，我认为……你应该是一个……在游戏中投入生命重要部分的人。

（艾克，男性，43岁，不是自我识别的玩家，而是普通玩家）

要想成为一名玩家，你需要对玩游戏充满激情，并成为一名始终如一的玩家。所以，有人会说"是的，我可以说我每周玩一定的时间"。对我来说，这是一个普通游戏者，而不是像我这样的人，他可能会玩一两天游戏，然后三个月内都不再玩。

（伊丽莎白）

在这种情况下，玩电子游戏的时间似乎对确定某人是否是游戏玩家至关重要。向我们介绍艾克的人——他的亲戚，对电子游戏文化并不特别感兴趣，告诉我们，他是一个"硬核玩家"，一直玩电子游戏。然而，在这些特定的术语中，艾克并不认为自己是一名游戏玩家，因为他认为自己没有花费足够的时间来获得成为一名硬核游戏玩家的资格，尽管其他与他关系密切的人都认为他是一名高度专注于游戏的人。

因此，在对玩家的定义中，肯定有一种被感知到的奉献精神和激情。然而，与美食专家或鉴赏家方法不同，正如我们将在下文中看到的，我们的受访者将亚文化玩家描述为不致力于探索整个文化的人，但"只专注于一种游戏或一种特定类型的游戏，并且玩得非常认真投入"（塞尔达，女性，25岁，自我评价为中度玩家，高度参与游戏文化）。尤尔（2010：29）认为，这是一种核心道德观："尽可能多地花时间，尽可能地玩困难的游戏，以牺牲其他一切为代价"。硬核玩家专注于特定的游戏，并彻底地玩游戏，而不是将电子游戏作为一种媒介和文化。唯一一位明确将自己定义为硬核玩家的受访者阿尔弗雷德对此表示赞同。尽管他这样做的措辞如下："我可能会说我是一个硬核玩家，但是在硬核玩家中属于低配。"正如我们上面所看到的，阿尔弗雷德相信任何认为自己是游戏玩家的人都是其中之一。然而，为了成为一名硬核玩家，阿尔弗雷德认为有必要"玩很多游戏"，并在"难的模式"下进行游戏。这是某些行为研究（卡帕洛，等，2015）用来区分硬核玩家和休闲玩家的方法。对这些心理学家来说，一个硬核玩家的定义不是他们的专业知识，而是他们在游戏中投入的时间和金钱。那么，硬核游戏就不在于专业知识，而在于精通。

硬核亚文化玩家的第二个关键分类是这种类型的玩家与年轻人，甚至更典型的是与不成熟的人联系起来。例如，正如我们上文所见，伊丽莎白是一位偶尔玩某些电子游戏的年轻女性，尤其是在网络社交网站和移动设备上玩游戏，她对玩家文化和专注玩家的看法非常负面。尽管认识到玩电子游戏在我们的社会中是一种广泛延展和被接受的活动，但她眼中代表的典型游戏玩家是一个孤独、缺乏社交技能的年轻男性。总之，游戏玩家被伯格斯特罗姆（Bergstrom）等人（2016：234）称为"那个家伙"，这是一种固定在流行文化中的刻板印象，认为典型的电子游戏玩家是白人，"男性青少年，可能超重，社交尴尬或孤立"。柯维特（Kowert）等人（2012：473）将游戏玩家描述为"社交焦虑、性格孤僻、身体不健康（例如，体重过重、面色苍白）"。伊丽莎白对这类玩家的描述近乎卡通化：

我所想到的典型玩家是12~30岁穿着运动服的人，旁边还有半个披萨。这就是我想象的他们，像这样坐着，帽衫的帽子半年拉着，带着条银链子。……我看

第六章
电子游戏与（后）身份

到那些以这种方式成为游戏玩家的人，他们除了玩游戏就没有什么别的生活，有点愚蠢，他们可以关起门来玩一整天，坐在自己的脏东西里，不洗，这就是我想象的。

玩家的形象通常与青少年和不成熟联系在一起，无论是字面上还是隐喻上。这里对青少年的狭隘描述表明，青少年是有问题、愚蠢、懒惰的人，不"关心个人卫生"（塞尔达）。然后，硬核亚文化类型的玩家与作为消费对象的电子游戏联系在一起，此外，还与特别激进的消费行为联系在一起。因此，硬核玩家往往与不成熟和冲动的行为有关。

这不仅是一个主要由一群男性青少年组成的类别，而且也是一种精神状态、一种行为模式和一种代表世界的方式。爱德华暗示了一种特殊的心理，这种心理通常与青春期男孩有关，但不一定局限于青春期男孩。他使用的矛盾修辞法，包括所有年龄段的青少年和所有性别的"男孩"，指出了一个中心假设：玩家文化仍然是青少年文化，不管其成员的具体社会人口特征如何，尽管近年来也在不断增长和巩固。

这种亚文化游戏者作为一个同质个体的表现，使我们发现了通常与他们相关的第三个特征：他们的部落主义。达瑞斯是一位28岁的男性独立游戏设计师，他对游戏行业、媒体和游戏玩家群体的某些方面，尤其是硬核亚文化类型持批评态度。达瑞斯将游戏玩家称为一个部落群体，他们似乎觉得正在失去自己的文化和社会空间，这是游戏文化不断发展和巩固的结果：

这也是部落主义。极客们正在成长中，他们相信……你像这么识别……"电子游戏是我们的东西，现在他们正在融入更广泛的文化，我们对此感到反感"；取决于我们和谁交谈，"女孩正在毁掉游戏产业"。这里有所有的仇恨，所有的部落主义。这是我们为他们画的线，我们看的不是"我们"，而是那种吃着妙脆角，玩光环游戏的人群。

他的话语中带有贬义的语气将他们从一个群体降级到另一个群体，这一群体被认定为"妙脆角"（doritos torilla chips，一个品牌，与Mountain Dew一起，通常被贬义地与这类玩家联系在一起）和《光环》（*Halo*）。《光环》是一款AAA级游戏，与《使命召唤》《FIFA足球》（*FIFA*）和《侠盗猎车手》（*Grand Theft Auto*）一样，被认为是"硬核"系列游戏的一部分。我们再次发现，这类玩家的表现与粗心、不健康和冲动的消费模式直接相关。但是，此外，达瑞斯提出了这样一种情况，即这个群体将自己视为一个遭受攻击和危险的社群。达瑞斯认为，这些硬

151

核玩家感到受到更广泛的文化的威胁,他们认为这是在试图窃取他们的位置和他们建立的文化。爱德华是电子游戏大师,他将游戏玩家与圣战者相提并论:

> 他们习惯于生活在这样一个环境中,只要轻轻一挥拇指,他们就能毫无后果地造成虚拟的灾难和破坏。通过在推特上的键盘上键入几个键,他们可以告诉威胁他们世界观的人,他们会死在自己的手中。

爱德华在这里描述的是他所认为的一个具有地域性的群体。相反,阿尔弗雷德并不认同这种青少年和部落对游戏玩家的看法,并认为以这种方式行事的个人只是少数,且在任何情况下都不能被视为游戏玩家:

> 我不认为他们是真正的游戏玩家,我认为他们是卑鄙的。绝大多数自称为游戏玩家或认为自己是游戏玩家的人都非常支持游戏,我认为这是一种极好的文化。

阿尔弗雷德坚持认为,游戏玩家远非"13岁的低龄玩家",而是"总是互相帮助"的"支持社区"。作为游戏玩家移情行为的一个例子,他还补充道,当涉及慈善之类的事情时,相互帮助、相互支持将是第二天性。根据阿尔弗雷德的说法,游戏玩家不是一群自私的青少年,而是一群相互支持的不同人群。在这个愿景中,游戏玩家不是部落的一部分,而是一个社区。

因此,重要的是要认识到,"玩家"一直是一个定义不明确、流动性强、包容性强的术语,有时也是一个专有术语。它一直被用来描述各种各样的人,而且可能在今天更是如此,有时也被其他通常被排除在这个身份之外的人(重新)使用,如"女性玩家(girl gamers)"等。然后,玩家标签充当一个荧幕,其他人可以在其中投射他们用来构建(或否定)自己对玩家的定义的话语元素。对一些人来说,玩家可以扩展到包括休闲、鉴赏家和知识分子等类别,我们将在下面看到。然而,最典型的情况是,我们发现游戏玩家与一种对不成熟、痴迷、部落化的年轻男性的特定负面刻板印象有关。正是在这种刻板印象的背景下,我们的大多数受访者试图区分自己,这不是一个典型的(硬核)玩家,我们将在下面进一步讨论这一点。这也可能是为什么我们在研究参与者中只发现一个人愿意将自己定义为"硬核玩家",而这只是部分原因。然而,这种亚文化类型似乎仍然是游戏者的主要代表,尽管其主要是陈规定型的特征,但也明显体现在某些个人身上。

休闲玩家

传统上,许多游戏玩家和学者都会区分"硬核"和"休闲"游戏(尤尔,

2010；阿尔沙，2012；卡帕洛，等，2015）。例如，玩某些类型的电子游戏需要"更短的投入"（尤尔，2010：9）经常与那些与游戏文化有着强烈联系的人认为自己是一个休闲玩家，甚至是一个非玩家的想法直接相关。这一点变得非常的明显，2014年年底，一位红迪网用户在子版块r/Games主题中分享了两个媒体内容，讨论了一半电子游戏玩家是女性的可能性。第一篇是《卫报》的一篇文章，呼应了互联网广告局发布的一项研究，该研究表明52%的游戏观众是女性。第二段是YouTube视频，题为"50%的玩家是女性吗？"，这是PBS数字工作室的游戏/表演的一部分，该节目的导演杰明·沃伦（Jamin Warren）在节目中谈到了对统计数据的普遍怀疑，该统计数据声称一半的游戏玩家是女性。本讨论主题成员对这些帖子的典型回应是试图明确区分活动与类别：

> 每个吃饭的人都是吃货吗？每个看电影的人都是影迷吗？每个读书的人都是书呆子吗？每个玩游戏的人都是玩家吗？不，不，不。所有玩游戏的人中有一半可能是女性，但所有游戏玩家中有一半显然不是女性。
>
> （阿兹拉德什，reddit用户）

> 我认为玩家是一个更有可能探索新体验、寻找新游戏的人。一个玩游戏的非玩家将更依赖于同龄人的口碑来告诉他们接下来要玩什么游戏。他们会有自己喜欢的少量游戏，而且他们更有可能坚持玩这些游戏。
>
> （瑞莱恩，reddit用户）

在这里，我们面临着这样一个想法，即为了达到游戏玩家的类别，个人需要一定程度的投入和专业知识，而且，对于这个讨论主题中的大多数人来说，他们似乎觉得有些特定的人群不适用这个标签："我的父母和姐妹玩《愤怒的小鸟》（Angry Birds），《与朋友对话》（Words with Friends），和《宝石迷阵》（Bejeweled）"。我认为他们是游戏玩家吗？不是真的。我认为他们是休闲玩家。在这些用户中，老年人和女性通常被描述为休闲玩家，很少被描述为游戏玩家。这些人的最终结论很明确：女性不能代表50%的游戏玩家，因为她们不是在玩游戏，而是"像《飞扬的小鸟》（Flappy Bird）一样的愚蠢、毫无意义的游戏"（一名reddit账户已被删除的用户）。当然，这些评论离不开这样一个事实：reddit网主要有一个年轻的男性用户群体，他们似乎经常试图为社区缺乏多样性辩护，正如马萨纳利（Massanari，2015：4）所说，"打着选择的旗号，更多的女性或有色人种不参加是因为他们不想参加，而不是承认可能会使参与变得困难或不具吸引力的结构性障碍"。我们清楚地看到，这一点随着关于什么才是玩家的讨论而加剧。

电子游戏文化
——电子游戏在当代社会中的作用与重要性

在许多方面，这一描述与杰斯珀·尤尔（Jesper Juul, 2010: 8）所描述的"休闲玩家"的刻板印象相符。他"偏爱积极愉快的小说，很少玩游戏，愿意花很少的时间和资源玩电子游戏，不喜欢难玩的游戏"。因此，至少在我们的一些受访者中，对于那些玩休闲游戏的人，尤其是在移动设备或社交网络上玩电子游戏的人（无论玩家在这些游戏上投入多少小时），以及像《糖果传奇》这样的电子游戏，有一种明显的鄙视，人们可以在《使命召唤》或《FIFA足球》中投入与任何硬核玩家一样多的时间，这仍然是最常被描述为非游戏玩家的非游戏，既有玩家，也经常是他们自己。正如伊丽莎白对自己的看法："我不会把玩游戏的人和在app上玩游戏之类的人联系在一起。所以我不会说我是一个休闲的游戏玩家，我会说我曾沉迷于愚蠢的游戏一段时间，然后就不玩了。"同样，46岁的项目协调员杰克在一所专门教授游戏设计的大学工作，他不认为自己是一名游戏玩家：

> 我在我的苹果手机上玩游戏，我在工作的笔记本电脑上也有几个游戏，我玩学生玩的游戏，但我不是游戏玩家。我不会在屏幕前坐几小时。

即使在承认自己经常在工作中和移动设备上玩游戏后，杰克仍然不认为自己是一个游戏玩家。杰克之所以不认同这一点，是因为他不用游戏主机或高端计算机，他认为那才是一个游戏玩家，而且他认为自己没有投入足够的游戏时间。休闲游戏被视为一种肤浅而非专注的活动，休闲游戏玩家"被视为故意避免与专用游戏机或PC游戏机的实体连接，以便他们随时准备恢复暂时中断的活动"（理查森，2011: 423）。我们的一些受访者认为自己是休闲游戏玩家，如吉尔（女性，26岁，随意地参与游戏文化），似乎也有类似的观点：

> 我认为一个合适的玩家知道游戏什么时候推出并预购，所以他知道什么时候推出，他会是第一个尝试它们的人。……所以，显然，购买游戏……，但也要花更多时间玩游戏。

因此，在这种观点下，休闲玩家不一定知道游戏何时发布，而且一般来说，他们并不关心围绕电子游戏文化的一切。同样，休闲玩家也不会投入太多时间玩电子游戏，因为对他们来说，这只是一种休闲活动。当吉尔解释为什么她不想成为一名普通玩家或硬核玩家，尽管她喜欢玩电子游戏，她总结道："我太忙了，因为我有全职工作。"休闲游戏也是游戏文化演变和个人处境变化的产物：小时候开始玩电子游戏的人"手头的时间比以前少了，但现在正在寻找适合他们的电子游戏体验"（尤尔，2010: 147）。

休闲玩家是一种较新的结构，通常与硬核玩家相对。这一个类别不仅在夸大

（越来越多的人以越来越不同的方式玩电子游戏），而且开始失去其定义性的特征的第一个迹象。随着我们开始看到所有游戏玩家都是孤立的年轻人的刻板印象的转变，以及游戏"行业将硬核游戏玩家视为理想市场"（肖恩，2014：45），休闲游戏实际上受到了牵引，并由此引发了"游戏玩家"作为身份标签的清空。"每个人都是一个游戏玩家"的想法，我们将在下面探讨，首先是对休闲游戏和休闲游戏玩家的泛化。

作为美食鉴赏家的玩家

卡尔是一个狂热且自我认同的游戏玩家，对游戏文化有着浓厚的兴趣。他参加电子游戏大会和音乐会，关注电子游戏的新闻，对游戏设计感兴趣，喜欢玩任天堂明星大乱斗。尽管偏爱某些类型和平台，卡尔还是喜欢探索各种各样的标题。他把相当一部分业余时间用来玩、阅读或听电子游戏的音乐。毫无疑问，他的主要兴趣是电子游戏。有趣的是，卡尔用另一个有争议的人物——美食家作为类比来定义什么是电子游戏玩家：

我认为玩家是探索媒介的人。例如，有很多人只玩《使命召唤》，他们说自己是硬核玩家。……这就像在说"哦，我在麦当劳吃饭，我是个吃货"。你知道的？吃货是探索不同食物的人，比如不同文化的食物。……他们查找其他厨师、食谱或其他任何东西。他们探索食物的整个媒介或文化。所以，你不只是玩游戏。你听音乐，你关注设计，你阅读设计，你关注它的业务。你不只是玩最畅销的游戏，因为你总会再次回麦当劳。

玩家和美食家之间的类比将玩家的身份置于一个限制性、精英主义的空间。事实上，卡尔诉诸于"吃货"这一类别，有自己的灰色区域来说明游戏玩家的概念，这凸显了这一类别的漏洞。然而，这种类比是有效的：它将玩家标签定位在一个限定的语义和社会文化空间中，具有辨别能力。卡尔对他的类比进行了进一步的阐述。

我有一个朋友，他认为自己是一个游戏玩家，……他玩的是最被推销的东西。他玩《我的世界》《精灵梦可宝》。当然，无论如何，享受游戏，但我并不认为你是一个游戏玩家。你只需要在麦当劳、汉堡王和世界各地的肯德基吃饭。这就是你在做的一切。你没有尝试，你知道，像是日本荞麦面或其他什么，你没有尝试所有这些不同的东西。你不喜欢这是很正常的，但当你在那儿说"哦，麦当劳有最好的汉堡"……讽刺的是，他也喜欢麦当劳。

他不断将自己所称的最受市场欢迎的游戏，如《使命召唤》《我的世界》和《精灵梦可宝GO》，与快餐店进行比较，这意味着那些只玩这类游戏的人不能被视为游戏玩家，就像那些只吃快餐的人不能成为吃货一样。在这种游戏玩家的概念化中，对游戏类别或游戏时间的自我认同是不够的，或者是直接相关的。他并不是唯一一个扮演游戏玩家的人。例如，32岁的哈维尔是一家独立公司的游戏设计师，他描绘了一个类似版本的游戏玩家：

基本上，游戏玩家是计划在业余时间玩电子游戏的人。我给你举个例子：我的女朋友。她手机上有《糖果传奇》，如果她在公交车上或在街上等人，她可能会玩它。但她很少坐下来玩游戏。有些人在等待游戏的发行。有人研究那些游戏，他们访问网站寻找电子游戏的新闻。有些人下载电子游戏的播客并收听，因为他们对这些内容感兴趣。对我来说，这是玩家社区的一部分。无论是我的女朋友，还是我的堂兄弟，只要玩过几款游戏，比如《GT赛车》和《侠盗猎车手》，都不能算是游戏玩家。

根据这些定义，游戏玩家是一个深入参与媒体并将其作为一个整体进行探索的人，关注其艺术、文化、技术和经济层面。在这种情况下，游戏玩家必须成为一名电子游戏鉴赏家，并以谨慎和尊重的态度对待电子游戏；对他们来说，它是一种媒介，一种艺术，一种文化。

在这个定义中，仅仅玩电子游戏是不够的，这就要求玩家积极参与更广泛的游戏文化。然而，为了将一个休闲玩家变成一个游戏玩家，目前还没有明确定义什么程度的参与才是合格的。不过，也有一些迹象。在这些受访者看来，游戏玩家是对游戏文化有所了解有所认知的人。玩家应该明确地将大量时间用于玩电子游戏，更重要的是，探索更广泛的文化。因此，对于这些受访者来说，电子游戏是一项有计划的活动，而非休闲活动，它与其他与电子游戏相关的活动相辅相成。这不给休闲游戏留任何的空间，因为根据哈维尔的说法，这意味着把"游戏作为一种消遣"，而这么玩游戏的人，玩起游戏来就像是"从地上捡石头扔到河里"那样。

因此，我们的美食鉴赏家游戏玩家试图将自己与休闲玩家区分开来，但也可能被称为亚文化类型的游戏玩家。卡尔（上文引用）认为他们只是在玩"市面上最火"的3A级游戏，如《使命召唤》。人们似乎对这类玩家不屑一顾，而美食鉴赏家游戏玩家通常将休闲和铁杆玩家归为一类，他们只对游戏感兴趣，只是"纯粹的娱乐"。作为美食鉴赏家的玩家并不认为电子游戏主要是一个娱乐行业，而是一种文化，他们自己与那些只玩"市面上最火的游戏"的玩家和"休闲游戏玩家"都不同。

文化——知识分子

我们想说的另一个与把游戏玩家作为美食鉴赏家的概念密切相关的概念，是电子游戏的文化——知识分子。一方面，他们像美食鉴赏家一样，探索媒介，通常（但不一定）玩不同类型的游戏，并将电子游戏视为文化。他们之间的主要区别在于，美食鉴赏家通常认为自己是一个游戏玩家，但文化知识分子并不一定如此。此外，文化知识分子在他们和作为媒介的电子游戏之间建立了距离，他们从批判性的角度研究、分析和处理电子游戏。另一方面，美食鉴赏家虽然可能对电子游戏持批判态度，但他们总是在寻找新的体验，喜欢接近电子游戏及其文化。文化知识分子类别由记者、学者、研究人员、评论家、策展人和艺术家组成，电子游戏通常是他们谋生的一部分。他们与电子游戏有着智力和职业上的关系，而美食家与电子游戏则有着内在的关系（这是一种爱好，对他们的热情）。再次使用食物类比，文化知识分子和鉴赏家之间的区别与美食评论家和吃货之间的差异相似：他们都吃很多不同的东西，他们将食物视为一种文化，但后者将其作为一种爱好和体验，而前者则将其作为工作，作为对食物及其文化的知识方法的一部分。当然，知识文化和美食鉴赏家都可能对电子游戏充满热情，但他们对待游戏的方式不同。

爱德华是一个电子游戏开发硕士学位项目的主管，他试图向学生灌输文化研究的意识，他解释说，他们正在努力做的是"为游戏创造一个更广泛、更具文化启发性的舞台"。他体现了完美的电子游戏文化知识分子的思考方式："我对琐碎的事情不感兴趣。我对乐趣没那么感兴趣……。我更感兴趣的是情感上的深刻体验，或者，如果它们很有趣的话，更多的是它们在大脑和情感层面上的参与。同样，48岁的埃米特是一家致力于电子游戏的博物馆的馆长，他清楚地表明了这一区别，并没有将自己描述为"硬核玩家"，因为他对电子游戏的态度"更具文化性，而非娱乐性"。在这一类别中，电子游戏的文化性、艺术性的方面远胜过游戏的好玩性。文化知识分子主要不把电子游戏当作单纯的娱乐，而是寻求对整个电子游戏文化的更好理解。例如，但丁是一家专门的电子游戏网站的主管，他建议他们尝试围绕电子游戏建立一个文化和专业空间。从这个意义上讲，但丁试图

电子游戏文化
——电子游戏在当代社会中的作用与重要性

将自己和他的网站与将游戏视作青少年的文化的典型观点拉开：

> 我们停止发布新闻。我们不会去标记游戏。我们决定将电子游戏视为一种文化产品，与其他的文化产品无异。简言之，我们以严肃和专业的方式谈论电子游戏，从而在各个方面都有所发展，远离了那些把单纯的玩游戏当成是最终追求的玩家。总之，远离一系列我认为把电子游戏永远地看成是青少年的东西的事情和细节。

但丁暗示他们正试图用网站来迎合更多的文化知识受众，他公开承认自己根本不喜欢"玩家"这个词。文化知识分子对玩家类别的公开敌意是他们最突出的特点之一。

根据亚历山大的说法，游戏玩家不仅是"过时的人口标签"，它直接"结束"了。特别是，我们的一位受访者爱德华非常赞同这一立场：

> "玩家"这个词现在已经被抹黑了。如果你看看雷·亚历山大（Leigh Alexander）的作品……，她说，你知道，"玩家似乎意味着很多人痴迷于某一特定的体验子集，而这些体验属于我们可以称为游戏的类别"。玩家不是好人，游戏者是，观众也是。在我看来，这是一种不值得骄傲的亚文化。

那么，在这个娱乐更为小众的时代，游戏玩家的标签似乎更容易被应用，并且可以更明确地与特定的年轻男性群体相联系。然而，随着电子游戏的多样性和玩家数量的增加，在身份方面的内部不和谐变得如此强烈，以至于该类别崩溃；这引起了一些人的反应，他们仍然认为这个标签适用于（仅仅是喜欢的人）他们。因此，许多游戏玩家感到，而且可能仍然如此感到，他们的身份和社区受到了攻击。柯南，23岁，男性，电子游戏（有时也包括电影）评论家，很容易被认为属于文化知识分子类别，他表达了对游戏玩家类别的无差别贬损攻击的担忧：

> 这也很讽刺，因为当游戏玩家的想法受到攻击时，考虑到游戏玩家是一个包含了很多东西的术语，因为我们还没有定义游戏玩家是什么或不是……当你说每个游戏玩家对异性玩家都抱有敌意时，你可能也在攻击我。因为我不知道你指的是谁。

柯南不仅指出，当硬核亚文化类型的玩家完全等同于玩家标签时，可能会出现一些问题，他还指出，就身份而言，玩家是一个不确定的类别，或者至多是一个模糊的定义。这就导致我们开始寻找更开放的游戏玩家定义，并在这样做的过程中面对其构成的模糊性。

第六章
电子游戏与（后）身份

每个人都是玩家

不同类型游戏的增长以及玩这些游戏的人群更加多样化（见第二章），有助于玩家标签和身份的问题本质（如果不是内爆的话）。行业不再需要专门针对20世纪80年代和90年代"被视为在整个行业中占据主导地位的关键"的年轻男性群体（克莱恩，等，2003：250）。

我们的一位研究参与者阿尔弗雷德就说明了这一点，他从小就认为自己是一名游戏玩家，他来自一个所有成员都玩某种形式的电子游戏的家庭。虽然他与父母和哥哥不住在同一个城市，但他经常与他们在网上聊天和玩耍。特别是，与家人和最亲密的朋友的大多数互动都是通过电子游戏进行的。玩电子游戏强烈地调节了他与社交和家庭网络的互动方式。在这种情况下，很有趣的是，尽管阿尔弗雷德分享了一个硬核亚文化玩家的大多数特征（他认为自己是这样的，尽管"在硬核玩家的低端"），但他向任何认为自己是如此的人开放了游戏玩家的定义；正如他所说："游戏玩家就是把自己认定为游戏玩家的人"。

这是我们在研究中发现的第五大类型的"玩家"定义。这是一个完全开放的定义，几乎到了稀释这一类别的地步。这一定义在很大程度上是重复的：玩家是指任何认同为玩家的人。这纯粹是基于自我认同。如果你认为自己是一个玩家，那么你就是一个玩家。根据阿尔弗雷德的说法，如果某人每周玩一次或更少的游戏，只要他们认为自己是游戏玩家，他们就是游戏玩家；相比之下，如果他们每年玩数千小时，不想被认为是游戏玩家或因为他们只想玩游戏，那么，他们就不是了。因此，对阿尔弗雷德来说，玩家是一个自我强加的标签，它是一个被选择的身份，而不是一个带有设定参数的类别。他补充道，"我认为这是一种心态，如果你不想拥有它，你就不必拥有它"。这是一个强大的形象：玩家的心态。然而，正如卡利奥等人（2011）在其关于如何接近电子游戏文化和游戏实践的三年研究中所表明的那样，存在着各种玩家心态（取决于环境），而不仅是一种单一的心态。特别是，他们发现大多数电子游戏实践发生在"休闲放松"和"专注娱乐"之间"（卡利奥，等，2011：347），这超出了玩家完全沉浸在游戏中并致力于游戏文化的刻板印象。然后，这突出了一个现实和身份，由玩家日常生活中的流动心态和情境实践所定义。电子游戏正在不可避免地成为"大型群体看不见的日常社会现实"的常态化部分（卡利奥，等，2011：348）。游戏正在成为一种越来越普遍和平凡的活动（克劳福德，2012：143-159），每个人都开始成为游戏玩家。

例如，23岁的Youtube红人柯南的观众主要是对电子游戏感兴趣的人，他认

电子游戏文化
——电子游戏在当代社会中的作用与重要性

为"有一千种玩和理解电子游戏的方式",他认为自己是"一个游戏玩家,但也是一个只玩《FIFA足球》和《我的世界》的人"。此外,独立开发者诺埃尔(男性,24岁,自我认定为玩家)对玩家给出了一个非常开放的定义,他说,对他来说,"每个人在某种程度上都是一个玩家"。他还补充道:

> 我玩游戏,所以我是一个玩家。从技术上讲,如果大多数人都玩一些游戏,那么每个人都会成为游戏玩家,因为他们在玩游戏。

根据诺尔的说法,玩电子游戏和成为玩家之间有着直接的联系。在一个几乎是(如果不是故意的)哲学上的旁敲侧击中,他说:"我玩游戏,所以我是一个游戏玩家。"对诺尔来说,就像我们采访的其他一些人一样,成为游戏玩家没有先决条件,甚至没有自我认同的过程;如果有人玩电子游戏,无论他们想不想玩,他们都是玩家。因此,潜在游戏玩家的世界呈指数级增长,因此游戏玩家的定义被大大简化:游戏玩家是玩电子游戏的人,任何玩电子游戏的人都是游戏玩家。这样做的主要后果是显而易见的:如果从技术上讲,每个人都是一个游戏玩家,那么这个类别就失去了它的定义力。因此,这个标签变得如此通用,以至于它不会产生任何真正的归属感或差异。

柯南声称,如果有人告诉他,他在和游戏玩家说话,他不会知道是在和谁说话。对柯南来说,"游戏玩家是一种难以定义的混合物",他还补充道:

> 最糟糕的是,我们一直在使用"玩家",我经常使用它,我不知道为什么。我很愚蠢,因为最终它是试图定义那些无法定义的东西的。支持"玩家"这个词的人是在为鬼魂辩护,因为它什么都不是,你不能触摸它。我不知道当你说"玩家"的时候,你在坚持什么,我不知道。当我使用玩家这个词时,它就像是"玩家——任何玩电子游戏的人"。

在《休闲革命》(*Casual Revolution*)的结尾,尤尔(2010:15)总结道,他的文本"记录了电子游戏成为常态的文化时刻;当玩游戏不再是例外时"。2010年,电子游戏已经"迅速成为每个人的游戏"。如果电子游戏适合每个人,这意味着它们是我们社会的重要组成部分,而不仅是其中的一部分:

> 当然,一些游戏玩家似乎确实属于不同于主流社会的文化。然而,亚文化一词过于有限,无法充分解释目前存在的更广泛的游戏和游戏玩家世界。
>
> (康萨尔沃,2007:3)

特别是,我们的大多数受访者似乎认为电子游戏的正常化现在是我们共同的社会景观的一部分。塞尔达是电子游戏相关活动（如大会、会议和音乐会）的常客，也是一名专注的游戏玩家，他认为玩电子游戏"已经成为我们文化的一部分"。此外，25岁的独立游戏艺术家、自我认同的游戏玩家艾伯特表示，游戏玩家"只有书呆子和极客"的时代已经真正结束。对他来说，"这个极客（现在）很酷，一切都在一定程度上参考电子游戏"。因此，阿尔伯特和我们的许多其他受访者指出，电子游戏不仅成为许多人的常见休闲活动，而且这一文化产业的流行（如果不是主导地位的话）使其与社会和文化生活的许多其他领域相融合，并对其产生影响。

伊恩·伯格斯特（2011）在《如何用电子游戏做事情》（*How to Do Things with Videogames*）一书的结论中指出，随着电子游戏越来越与社会的整体结构交织在一起，玩游戏的人也越来越多样化，那么游戏玩家作为一种身份的想法将失去意义。伯格斯特（2011：54）认为，随着电子游戏"吸引力的扩大，作为一个'游戏玩家'实际上会变得不那么常见"，玩电子游戏不会被视为"一个人身份的主要部分"。玩电子游戏将成为一种世俗的活动，没有特定的能力来塑造一个人的身份。埃米特是一家电子游戏博物馆的馆长，他将这一预测总结如下：

> 一方面，我认为现在接触电子游戏的人比过去多，这当然有助于他们理解它。但另一方面，这种发展有一种趋势，你不再把它理解为特殊的东西，只是普通的，只是正常的。例如，我们不会说有一群穿牛仔裤的人。这可能是一百年前的一个问题，在摇滚时代，在20世纪50年代……。但今天……有数百万人把牛仔裤当普通裤子穿。我认为在电子游戏上也会发生同样的事情。

随着玩电子游戏变得更像穿牛仔裤，那么它就不再特别了。如果它不是特别的，那么就意味着它不是与众不同的。如果它不是与众不同的，那么玩家类别很难成为个人或社区能够建立身份或归属感的东西。因此，对游戏玩家的限制性更强的概念与那些向任何人和所有人开放这个标签的概念之间存在着明显的紧张关系将其清空。同时，玩家的身份是强与弱、固定与流动、有限与无限。"玩家"是一个定义个人和社区的类别，因为它没有对个人和社区做任何（相关的）说明。

尽管对某些"玩家"来说，仍然被视为一个强界限的身份，但玩家类别的不确定性造成明显不可能确定玩家是什么或谁可以被视为玩家。玩家似乎不知道自己或其他人是否是游戏玩家，这样，"玩家"就变成了一个不断变化的标签。

在这方面，当被问及是否认同玩家时，塞尔达不确定该如何回答："有时我认同，有时我不认同"。尽管塞尔达是受访者中参与游戏文化某些方面最多的人之一，但她无法给出明确的回应。她的不定玩家标签似乎因与谁在一起而有所不同：

　　我男朋友绝对不叫我玩家，因为他玩的游戏比我多得多。而我妹妹会认为我是一个游戏玩家，因为她不玩任何游戏。这取决于你和谁说话，真的。

　　或者在以下情况：

　　玩家是每天都在玩的玩家吗？玩家是过去还是现在在游戏中花费大量时间？因为如果几年前我玩《最终幻想》时你问我这个问题，是的，我是一个玩家。但现在，也许没有那么多。

　　与塞尔达关系密切的人，如她的伴侣和兄弟姐妹，都对塞尔达的玩家身份持反对意见。将个人视为玩家取决于不同的因素，这些因素并不总是一致的，特别是在暗示自我认同和外部质询过程的对立力量之间。任何人自称为游戏玩家的不安全感都是完全可以理解的，因为周围的人，那些很可能很了解他们的人，都有这样不同的表现。

　　不管怎样，玩家的身份就像是围绕着社会科学家想象的不同版本的身份而跳舞一样，而不局限于任何特定类型，它顽固、坚实、永恒，但也开放、自由、空灵。无论如何，游戏行为和玩家身份的分离表明了当代关于身份的一些争论，例如，工作（传统上你做什么）和国籍或公民身份（传统上你是什么）不一定定义人的身份。身份成为当代社会普遍存在的不安全感的一部分，其中，玩家身份反映并促进了这些过程。

　　与此相关的是，28岁的独立游戏设计师达瑞斯谈到了他对游戏玩家的论述，并解释了他们作为一个社区在过去几十年中经历的过程。达瑞斯认为，在20世纪80年代左右，游戏玩家可能有机会组建一个社区；有一种亚文化基础，允许这种集体集会。但现在，在达瑞斯看来，只有剩下的一部分人才能在这个社区中找到自己的身份，而这个社区由于其支离破碎而几乎过时了。游戏种类繁多，玩游戏的人也多种多样，无论他们是否自称为游戏玩家，因此很难在他们周围建立一个强大的有限身份。

　　这是伯格斯特（2011：154）在其版本的游戏玩家终结构想中描述的游戏玩家社会景观的实现："将有许多具有广泛兴趣的小团体、社区和个人，其中一些偶尔会与特定的电子游戏标题相交。"电子游戏的常态化带来了碎片化，最终导致了其身份的解体。然后，玩家身份就预测到了一个自相矛盾的后身份场景。

后身份假说

到目前为止，我们所看到的一切都将玩家身份变成了一个难题。以这种方式，玩家身份是一种身份分类，不能定义那些被它定义的人的身份。作为一个难题，玩家身份是一个棘手的问题，它充满了矛盾：一个不明确的定义。一个没有身份感的身份。这是玩家身份的必然结果，尽管看起来很令人惊讶，也有违直觉。虽然很难用语言表达，但我们的一些受访者表达自己的方式类似于这个难题：

> 玩家是一个很不错的方式来概括我热爱电子游戏这件事，并且能够说："我是一个终身玩家"。但不是作为定义自己的方式。
>
> （维克多·索摩萨，男性，26岁，电子游戏纪录片导演）

在这种情况下，玩家类别帮助维克多·索摩萨公开自己的一个爱好，并提及他生活中的重要部分（他有玩电子游戏的经历）。然而，他拒绝将玩家作为其角色的定义类别。同时，他即是玩家，又不是玩家。只要这并不意味着他必须被识别为玩家，他就不会有识别为玩家的问题。随着玩家难题的出现，这种紧张感显而易见。37岁的艺术家、开发商、富布赖特（电子游戏《到家》的开发商）的联合创始人卡拉·齐蒙加并不认同自己是一名游戏玩家，她帮助我们从一个不同的角度，同样矛盾地看待这个难题：

> 如果有人对我说"你玩游戏，你是一个游戏玩家"，我会说"好吧，好吧"。我不会为此感到很沮丧。我想，我只是不打算这么说。

与索摩萨不同，齐蒙贾似乎并不太担心被认定为玩家的可能性；尽管她自己并不认为自己是游戏玩家。她会接受被称为游戏玩家，因为她玩电子游戏，这是一个看似合理的标签，但她自己不会使用这种身份。当然，对于一个人来说，被认定为他们不特别认同的东西并不是什么新鲜事，但认为这种分类是可以接受的，而拒绝为自己使用这种分类并不常见。无论如何，这个难题的基本方面仍然存在，主要由一个不明确的身份类别所支撑。毕竟，这是一个硬币的两面。同样，26岁的女性独立开发者劳拉阐述了她与游戏玩家概念的关系：

> 我认为"玩家"定义了我，但不一定……我玩电子游戏，我是一个玩家。我不知道。我喜欢探索世界，故事，所有这些都是电子游戏。但我做的不仅是"玩家"这个标签。

疑惑总是浮出水面，围绕玩家身份的不安全感始终存在。这些不确定性使玩家身份成为边缘身份。尽管劳拉明确地将自己定义为一个游戏玩家,但她几乎立刻就试图超越这种分类。这是一个不做游戏玩家的游戏玩家。"游戏玩家"是一个与这些受访者相关的类别,可以说是"我是一个游戏玩家",但同时,它并没有定义他们。他们似乎在说,我是一个不是游戏玩家的游戏玩家。

玩家的难题体现了身份的难题。身份仍然是一个必要的概念,以使社会现实的某些方面变得可思考,但同时,这是一个我们无法正确处理这些方面的概念。我们需要谈论身份,以便谈论身份无法解释的事情。电子游戏预示着后身份假设;我们正在进入一种身份将失去其决定性特征的社会。我们确定了定义后身份时代假设的三个要素:简短的事实,没有任何共同点的社区的创建,以及身份定义轴的断裂。

简短的事实

这是2014年6月的第一周。电视上播放了英国《老大哥》(*Big Brother*)2014年的发布会。每次有人进屋,都会用3个简短的事实描述参赛者,这些事实也会叠加在屏幕上。除了一些关于选择金钱而不是爱情(反之亦然)、野心或某些偏好的普遍看法之外,事实并没有遵循任何特定的模式。由于它们的简洁性和随机性,这些事实自相矛盾地通用和具体,没有意义和定义,不相关和相关。事实很难帮助定义一个人,但在某种程度上是有意义的,至少在那个地方和时间是如此。简短的事实,如"讨厌素食主义者、动物权益人士和失业者""用塔罗牌决定穿什么""每个星期天去教堂""从燃烧的建筑物中救出一条狗""害怕失败""拒绝了求婚""从未谈过恋爱""曾经和肖恩·康纳利爵士喝过香槟"和"想开一家土耳其烤肉店"。电视,现在是一种旧的媒介,似乎受到了新媒体的影响,尤其是互联网及其社交网络,在这些媒体中,自我的呈现是以一系列(不一定相互关联的)标签、简短陈述、图片、礼物、模因、状态信息、评论、点赞、分享和转发来完成的。我们说并展示了我们生活和我们自己的几个方面,但我们用简短、分散和混乱的方式来做。

这给我们提出了一系列问题,例如:我们是否可以用一些简短的陈述来定义——无论是用话语还是用其他方式表达?这就是今天身份形成的方式吗?身份是关于自己或他人的(几乎)不相关的陈述、图像和标签的拼凑吗?身份是否已成为一种非定义的分类?我们非但没有让这些想法散去,反而对它们念念不忘。

就在《老大哥》的发布会前几天,电子游戏《看门狗》出现在商店里,令人惊讶的是，我们发现与电视剧有明显的相似之处（间接地，与玩家的身份）。在《看门狗》的世界中，存在一种名为 ctOS（伪装成操作系统）的奥威尔式监控系统，可以对其进行黑客攻击，以访问和控制任何受数字控制的电子设备或元件（从智能手机、计算机到蒸汽管和炸药）。该系统不断记录和存储（游戏中虚构的）芝加哥市民所说、所做、所写的内容；在他们的日常生活中，通过这些设备可以掌握的任何东西。

然而，这个游戏特别有趣的是，再次出现了定义简短事实的现象。每当玩家使用探查器（一种允许我们访问 ctOS 内部的黑客工具）时，屏幕上就会弹出大量关于玩家周围的人（非可玩角色，NPC）的信息。又一次，诸如"加入恐高小组""诵读困难"等类型句子在玩家的眼前疯狂地出现和消失。一切都伴随着他们的年龄、职业和收入的信息。通过这种方式，《看门狗》使我们能够对简短的事实进行社会学研究，让我们得以一瞥什么可以被视为后身份分类系统。我们邀请读者查看以下分类：

在其遥远的书页中写道，动物分为：（a）属于皇帝的动物；（b）防腐的；（c）被驯养的；（d）乳猪；（e）美人鱼；（f）神话中的；（g）流浪狗；（h）包括在本分类中的；（i）那些像疯了一样颤抖的；（j）无数个；（k）那些是用很细的骆驼毛刷画的；（l）其他；（m）那些刚刚打碎花瓶的；（n）远处看像苍蝇的。

（博尔赫斯，1999：231）

我们不得不承认，每当我们读到这种动物分类（一种从博尔赫斯的生动想象中提取出来的虚构故事，博尔赫斯将其归因于某种中国百科全书）时，都会让我们发笑。这份名单即使不好笑，也令人不安。为什么这种分类对我们有这种影响？福柯在《事物的秩序》一书的开头，提出这种疯狂的分类之后，得出结论，当面对其他思想体系时，我们开始理解自己的局限性："思考这一点是完全不可能的。"这种夸张的分类属于一种不同的基本知识形式，福柯称为"认识论"，这使我们无法在其范围内进行思考：

在任何给定的文化和任何给定的时刻，总是只有一个认识论定义了所有知识的可能性条件，无论是在理论中表达还是在实践中默默投入。

（福柯，1989：183）

认识论者在特定的时间与特定的社会中划定了可思考的空间。我们离这些时间和空间坐标越远，就越有可能遇到一个不同的积极基础——认知。在某种程度上，当大多数人阅读网络上显示的一些简短事实时，他们可能会感到困惑，例如，屏幕上显示的这些事实可以用这种方法来解释。它显示了我们旧认识论在向新的可能性条件过渡过程中的接缝，在那里，我们对身份的思考方式——或者接下来的事情——正在发生根本性的变化。

就身份而言，为什么要对某人的生活中非常具体的方面或微小的陈述进行定义？在这里，我们的假设是，当代社会中不再存在定义身份的核心要素；理解人们的旧坐标（如国家、性别和阶级）已经被分开，现在新的元素（几乎是随机的）在定义某人的身份时，正变得与它们一样重要。例如，这可以解释为什么我们在互联网上最频繁地搜索对我们的身份形成过程和我们所患的疾病一样重要（如《看门狗》中所见）。或者为什么用"为人父母的生活"（#parentslife）标签发推特和参加孩子学校的家长教师协会一样重要。根据马菲索利（2007：68）的说法，现在论已经在我们的社会中建立起来，我们并不认为"有些事情比其他事情更重要"。在日常生活中，如果没有什么是重要的，那么一切都很重要。

关键问题是，是否可以用一个或多个简短的事实或陈述来定义，例如Twitter帖子、Xbox Live玩家代号或Facebook或Instagram上发布的图片中的140个字符。一旦我们的身份似乎不再依附于特定的元叙事（利奥塔，1984），其他意义的碎片，越来越具体，同时也是全局性的，就占据了身份的舞台。再一次，经验既独特又共享（第四章）。这就是为什么我们被定义为在那一刻突然出现的东西，被定义为那一刻相关的东西：当个人处于不同的环境中，与不同的人在一起时，它可以随时随着新的事件而改变，它可以在连续重叠的过程中在同一天内多次变动。这些简短的定义性陈述所做的是突出在那一刻什么是重要的，什么是与那个时间和地点相关的。正是因为个人不能被包含他们的一切东西所定义，所以他们可以被在特定时刻描述他们的任何东西所定义；正如我们在上文关于"玩家"的概念所看到的。因此，身份是依赖于环境和可突变的（辛格海姆，2011）。身份的概念正受到挑战，进入后身份时代。

没有共同点的社区

在这本书中，我们一直坚持认为电子游戏是观察当代社会中社会相关问题的肥沃理论土壤。在某些情况下，它甚至有助于设想未来社会的某些方面。社区作为身份形成的集体表达也是如此。例如，48岁的电子游戏博物馆馆长埃米特认为，数字已经从根本上改变了我们的文化和人们的生活方式，此外，电子游戏为我们走向什么样的社区提供了宝贵的提示：

第六章
电子游戏与（后）身份

我认为数字化从根本上改变了我们共同生活、建设和发展社区的文化。这些新技术，如果你想知道这对全球人类社会意味着什么，你甚至可以看看旧的多人在线游戏，它给我们留下了一个很好的印象，未来的社区将是什么样子，他们将如何工作，什么是相关的，什么是不相关的，你可以做什么，与早期的共同生活相比，我们失去了什么。

审视电子游戏可以为我们提供有关当前和未来共同生活模式的有用信息，包括翻新（或完全重新想象）的社区。特别是，游戏玩家社区似乎是一个不会产生社区感的社区。我们的断言基于采访中出现的两个相互关联的特征：缺乏社会互动和共同性。游戏玩家及其微社区的碎片化导致他们之间缺乏互动，几乎不可能创建一个全球游戏玩家社区。互动只发生在非常特定（通常是在线）的空间内，通常与特定游戏相关：

玩《我的世界》的人和玩《血源诅咒》的人可能永远不会真正互动。所以他们是更大游戏社区的一部分，但他们是Minecraft社区或血源社区的一员。

（阿尔弗雷德）

根据阿尔弗雷德的说法，有一群人属于大社区，他们很可能永远不会互相接触。阿尔弗雷德的声明值得注意的是，他暗示了一个普通的游戏社区，尽管他们显然不是同一个社区的一部分，也不共享相同的社交空间。在这个意义上，卡尔提出了一个类似的脱节和矛盾的场景：

我可以说"我是游戏玩家。我玩Smash，我玩益智游戏"，你可以说"嗯，你是游戏玩家，但我玩使命召唤。我喜欢第一人称射击游戏"。可能没有太多的互动。

同样，拥有相同身份（玩家身份）的人可能几乎没有其他共同点，彼此之间几乎没有互动。卡尔同意一个普遍的假设，即存在不同的"特定社区"，而不是一个庞大的游戏玩家社区，但他断言，如果某人属于这些特定社区中的一个，他们就会"突然成为该社区的一部分"。这个公式的构成矛盾是，成为一个社区的一部分而不是一个社区，反映了当代社会的一种趋势，这种趋势是在不确定的身份之后发生的。这与鲍曼（2001：68）以电子技术为调解者的社区的描述非常相似，这是一个"不归属的社区，孤独者的团结"。同样，关于这些社区，鲍曼（2001：69）还探讨了围绕偶像或名人形成的社区，这些社区"唤起了没有真实社区的'社区体验'，没有被束缚的不适感的归属感"。重要的是身份的体验，而不是身份。这些社区创造了一种（暂时的）归属感，而不产生社会纽带。

167

电子游戏文化
——电子游戏在当代社会中的作用与重要性

这些新社区，尤其是游戏玩家社区，似乎只是作为持续、集体、活跃的情况的一部分而存在（涂尔干，1995：216-225）。鲍曼（2004：31）提出了"衣帽间社区"的概念，以暗示那些"在演出期间被拼凑在一起，一旦观众从衣帽间的挂钩上取下他们的外套，就会立即被拆除"的社会形态。这些社区"往往是不稳定的、短暂的、'单一方面'或'单一目的'的（鲍曼，2000：199），而且，就像游戏社区一样，它们在'一段时间内'将个人聚集在一起，而其他利益——那些使他们分裂而不是使他们团结在一起的利益——被暂时搁置"（鲍曼，2000：200）。从这个意义上讲，我们在研究参与者中发现了围绕电子游戏的社区的终极定义：

人们倾向于将游戏玩家视为一个社区，这是一个非常普遍的误解。没有所谓的游戏玩家社区。某些游戏周围有社区，可能是某些流派。但游戏玩家是如此不同，他们没有任何共同点。

（埃米特）

没有共同点的社区"游戏玩家"是一个将一群不同的人团结在一起的概念，他们在任何概念下都无法团结。因此，20世纪90年代初，乔治·阿甘本（1993：85）预测，即将到来的社区将"不受任何归属条件（是属于红色、意大利、共产主义）的影响，也不受条件的简单缺乏（消极社区……）的影响"，而是由归属本身来调节。阿甘本（1993：86）补充道，这是一个"在不确认身份的情况下"形成的社区，个人"在没有任何可表示的归属条件的情况下（甚至以简单预设的形式）共同归属"。大约25年后的2010年末，电子游戏及其文化似乎证实了阿甘本的预测。电子游戏预测了当代社会中开始出现的社会环境的后身份特征。

只是一个游戏玩家：在身份的定义轴之外

我们想建议，身份的概念可以用两个分析轴来处理。第一个轴提到了身份的形式和形状：它是否牢固、巩固、稳定和永久。或者它是支离破碎的、脆弱的、不稳定的、暂时的、多重的、流动的。在社会科学中，正如我们上面所看到的，这种叙事是围绕着这样一种观点构建的，即传统社会和（早期）现代社会是由一种牢固的身份主导的，而后现代社会或后现代社会更接近于一种流动的社会，这最终是一种类别开始解体的证据。

第二个轴指的是身份是如何组合的：身份是一个立场，一个起点，个人能够

第六章
电子游戏与（后）身份

从中表达和行动吗？还是说它是一个到达点，是不同关联、调解和过程的非预先存在的结果？根据拉图尔（1993：1-3）的说法，早在20世纪90年代初，混合体的扩散就已经非常明显了，那些"科学、政治、经济、法律、宗教、技术和小说的乱局"的出现，这些乱局遍布世界各地，而且很容易被发现。

现代性建立在关于领域分化（社会、文化、自然、生物、人类、动物、经济、技术、政治等）的论述之上，无论是社会系统内的功能分化（卢曼，1996；帕森斯，2012；涂尔干，2013），社会力量的辩证极化（马克斯，1976；霍克海默和阿多诺，2002），或不可避免的个性化和专家专业化过程（贝尔，1976；吉登斯，1991；斯泰尔，1994）。然而，正如拉图尔所宣称的，现代性，尤其是晚期现代性，促进了以前孤立或不存在的实体之间不断的去分化的过程。在异质元素之间增强混杂的背景下，身份似乎是一种努力，根据定义，将其以多样、复杂和混合的术语表述。这也暗示着身份已经成为一个被时代浪潮所淹没的范畴，无法容纳混杂和不断变化的社会现实。

真正的矛盾在当代社会中浮出水面，当这两个轴心试图获得认同感就崩溃了。正如鲍曼（2004：16）所说，"身份的脆弱性和永久的临时地位再也无法被掩盖"的"秘密泄露了"。正如我们在本章中所看到的，玩家身份可以被理解为一个由后身份地位主导的新兴社会现实的典型例子。

与许多其他当代身份结构一样，玩家身份无法在第一轴的稳固性/流动性范围内找到合适的位置。正如我们上面所看到的，它从对玩家的极其固化和全面的定义跳到了极其流动和支离破碎的定义。玩家身份在这两个极点之间不断地循环，最终逃离它们的坐标，停留在一个不确定的状态。与第二轴相关，电子玩家身份无法提供明确且（至少适度）稳定的结果，从而成为认同（或被认同）电子玩家身份的个人的表达或行动点。玩家身份是成为（或不成为）玩家的长期斗争。作为社会现实的其他方面（见第四章和第五章），身份最多是一种身份体验，而不是身份本身。因此，玩家身份是一种本质的集合；不同的话语、实践和经验的表达，使个人能够在没有任何（前）归属条件的情况下占据类别。

因此，电子游戏及其文化对身份这一概念提出了质疑。毕竟，玩家的身份是基于一系列游戏（或准游戏）体验的，这些体验是单一但也共享的事实和情况（即使在短暂的状态下也被承认）的不连贯累积；这就是今天社会现实的定义。我们是由什么（本质上）没有定义我们来定义的，而这正是电子游戏实践让人眼前一亮的根本悖论。游戏玩家是阿甘本（1993：65）所说的"没有身份的奇点"，它克服了寻找具有"正确身份"的"个人财产"的想法。在阿甘本（1993：9-11

的基础上，我们认为玩家就像"样例"，既不是"特定的，也不是普遍的"；这是"一个奇点，然而，它代表着每一个奇点并为所有奇点服务"。然后，玩家就像这些奇点一样，"只在示例的空白空间中交流，不受任何共同属性或任何身份的束缚"。在这种情况下，我们认为，我们面临着一系列相关的经验，这些经验从未完全作为一种身份出现，而是作为该身份的经验出现；它接近马丁内斯·德·阿尔贝尼兹（22017：3）所定义的身份3.0，即"通过其展开来表达的身份"（拉图尔，1999：24-79）。作为"循环参考"的身份，没有开始或结束。

正如我们之前所看到的，博戈特（Bogot，2011：154）认为"玩家"很快就会成为一个异类，甚至可能会消失。但即使我们的研究结果可以被解释为支持博戈特的预测，我们也不认为这意味着"玩家"会消失或成为一种异常现象。玩家类别甚至可能变得比以往任何时候都更相关，但没有任何身份属性。身份的概念将成为一种反常现象。

我们在这里讨论的后身份场景就像电子游戏：一种具体化的后现象学体验，表达了一种没有归属感的归属感；它是身份的体验，可以说是它的外壳，而不是身份本身。这种方法并没有拒绝身份的概念来构建身份［如普尔基宁（Pulkikinen，2015）所提出的，一种否定身份］，但它包含了特定的身份构建，以拒绝身份概念。阿尔弗雷德以最清晰的方式总结了这一切："真的，我只是一个游戏玩家。"这是一种简单而直接的方式来定义自己，使用一个不言自明的标签，但实际上并没有太多关于他的东西。

结论

在本章中，我们重点讨论了电子游戏玩家类别对当代社会身份概念的启发。特别是，我们认为电子游戏文化为观察当今世界的身份形成过程提供了一个有用的视角。因此，按照社会理论家们对现代性晚期身份危机（以及其他现代性机构）的处理方式，我们提出了一个理论框架，说明了从基于固定和永久身份的身份构建模式，到围绕流动和碎片身份的另一种模式的转变。在这个意义上，我们认为，玩家身份证实了这一转变的某些方面，并且还预示了新的意义构建方式。

在回顾了近年来发生的一些关于身份的理论讨论之后，我们审视了从我们的访谈中得出的关于电子游戏玩家及其社区的不同概念。因此，我们探讨了不同类型的"游戏玩家"，以及对电子游戏文化的不同观点。这包括硬核亚文化玩家、休闲玩家、作为美食鉴赏家的玩家、文化知识分子，以及"每个人都是游戏玩家"的理念。在这个过程中，我们得出结论：电子游戏文化和电子游戏玩家完美地描绘了定义当代身份所面临的困境，并为其提供了部分答案。玩家身份向我们展示了通往后身份假设的道路，解释了身份形成过程在现在发生了根本性的变化，以及身份概念本身的危机。

因此，电子游戏文化提出了后身份假设，其中玩家身份和围绕电子游戏建立的社区似乎是第一个为其提供合理性的实证例子。我们看到游戏玩家的身份摆脱了通常占据身份的分析轴线：一方面，身份的形式（如果身份是固态的或液态的）；另一方面，身份的组合方式（如果身份被认为是一种物质或过程）。玩家身份不能根据这些轴来定义，因为它在第一轴线的两极之间无休止地移动（玩家身份有时似乎是稳固的，而其他时候似乎是完全流动和不稳定的），相对于第二轴线，它既不是那些将（或被识别）为玩家的人的行动点，也不是最终结束的过程。电子游戏文化，正如定义当代社会的许多其他元素一样，既描述了我们当前的社会环境，也描述了它对未来社会的预期。玩家身份可以被视为后身份时代中一个新兴的、具有重要意义的示例。

注释

质询（Interpellation）是指个人通过在日常生活中如何制定占主导地位的社会实践和意识形态，被赋予想法、身份或社会位置的过程，然后接受（或拒绝）这是他们自己的。例如，当有人大喊"嘿，你！"时，他们将你识别为"你"，给你一个标签并在这种互动中扮演一个角色，然后"你"接受并采用它作为你的主题位置，或者相反，决定去挑战。质询，虽然是一个强大的、占主导地位的身份调节过程，但总是暗示着抵制它的可能性。

第七章

结语：这不是电子游戏，不是吗？

在电子游戏《奇异人生》第一部的结尾，由玩家控制的角色马克思向她最好的朋友克洛伊坦白她有逆转时间的能力（这是游戏的核心机制）。克洛伊感到不安，试图让她的朋友冷静下来："好吧，我看到你现在是一个想象力丰富的极客，但这不是动漫或电子游戏"。《奇异人生》创造了自己的再现危机，就像马格利特一样。比利时超现实主义画家雷内·马格利特（René Magritte），是著名画作《形象的叛逆》（*La Trahison des Images*）的作者，该画描绘了一根烟斗。在烟斗下方，马格利特写下了以下句子："Ceci n'est pas une pipe（这不是一根烟斗）"。马格利特似乎想表达的是，这不是一根烟斗，而是一幅描绘烟斗的画作；"烟斗"这个词也不是一根烟斗。地图上的X（通常）不是指地面上的真实X，即使是这样，地图上的X也不是地面上的X。这是一个重新呈现。而这种重新呈现不是所呈现的东西，能指不是所指，地图也不是领土。

然而，一个电子游戏怎么可能包含对"这不是电子游戏"的断言呢？《奇异人生》并不是电子游戏的再现；它就是一个电子游戏而已。此外，这个问题对于像《奇异人生》这样的电子游戏来说尤为重要，它将时间倒流作为其主要机制，探索新的行动路线或在失败后尝试成功，这是大多数电子游戏所具有的特点：玩家没有（重要的）后果，因为他们通常可以重新加载存档或检查点，或者从头开始重新播放一个片段。无论有意与否，《奇异人生》都隐含着一个元游戏的概念。然而，如果可以在电子游戏中肯定"这不是一个电子游戏"，那是因为电子游戏也是现实的再现（或我们在第四章中看到的现实体验），而这种肯定允许游戏将"现实生活"称为游戏、幻想或虚构的对立面。在电子游戏中，你（通常）会获得尽可能多的机会。从这个意义上说，电子游戏代表了一种没有后果的典型活动。相反地，在"现实生活"中，就像阿姆的歌曲《爱你撒谎的方式》（*Love the Way You Lie*）中所说的那样，"你不会有第二次机会，生活不是任天堂的游戏"，每一个动作都会产生无法逆转的后果。如果你正在阅读本文，你可以大声说："这不是一个电子游戏。"然而，社会现实的几个维度正在开始以电子游戏或电子游玩化的术语来

173

电子游戏文化
——电子游戏在当代社会中的作用与重要性

理解。

在引言中，我们阐明了本书的主要目标，即通过电子游戏文化的视角来探索当代社会现实的关键方面。从这个意义上说，电子游戏反映并引导了当代社会和文化形态的基本转型。在引言中，我们还勾画出一张地图，指引我们踏上面前的智力之旅。我们展示了我们未来"旅程"包含的内容：一个为期3年的研究项目、一个扎实且有原创性的定性数据集，以及一个建立在丰富多样的跨学科池的理论框架（其中包括社会学、媒体研究、游戏研究、文化研究、人类学、哲学、治理研究和社会心理学）。因此，在这段旅程中，电子游戏帮助我们理解了一些基本社会问题和当代社会变革，例如数字、教育、工作、代理、新自由主义、参与式文化、经验、技术、身体、同理心、认同、身份和社区。但显然，电子游戏文化并不是我们了解现实的唯一滤镜或镜头。在当今世界，它是一种强大的文化。

在数字文化兴起的大背景下，我们将电子游戏文化定义为电子游戏实践（practices）、体验（experiences）及意义（meanings）在当代社会中的制度化。因此，我们可以看到电子游戏文化是如何渗透到现实的每一个角落，影响着我们社会和文化财产的许多方面。即使有些地方没有被直接看到，它们的影响也是显而易见的。我们可以在不同情况下感知到电子游戏文化的存在和影响。例如，蓬勃发展的电子游戏行业；越来越多的人玩电子游戏；电子游戏正在成为一种重要的文化、学术和艺术产品；电子游戏成为新旧媒体关注的焦点；以及电子游戏正逐渐促进教育、游戏和工作领域的融合模式，都可以感知到。但最重要的是，这种影响整个社会的广泛扩展的视频游戏文化可以概括为正在进行的社会视频化过程，通过这个过程，当代社会的几个方面正在被（视频）游戏化。因此，电子游戏及其文化是未来社会的测试版。但最重要的是，这种影响了整个社会的广泛发展的电子游戏文化，可以被概括为正在进行的社会的视频词化（videoludification）过程。电子游戏及其文化，也因此可以说是未来社会的一个测试版（beta test version）。

我们还探讨了电子游戏文化如何促进不同的方式来理解能动性（agency）性质及其政治表达。因此，在本体论层面上，能动性的性质和形式可以被定义为现实社会的多重的、分布式的和错位的转换。电子游戏文化中不同类型的参与者（包括游戏玩家、网络、硬件、软件等）之间复杂的相互关系，以及它的假肢、混合和分布式特性，挑战了公认的能动性概念。这引导我们在异质和后人文主义组合的背景下去重新思考能动性。

在社会政治层面，电子游戏文化向我们展示了代理是解放和疏远实践的一部

第七章
结语：这不是电子游戏，不是吗？

分。能动性的概念受到新自由主义霸权政治理性的强烈影响，正如我们在电子游戏文化中培养自由、积极和强大的个人观念的方式所看到的那样，他们对自己的行为和自治负责（这在更广泛的社会中反映在那些对自己的安全、福祉和教育负责的个人身上）。然而，正是使用同样的力量推动新自由主义作为一套霸权的理性，电子游戏文化也向我们展示了代理可以以更具协作性和参与性的方式来表达。参与式文化就是这种情况，它在电子游戏文化中找到了发展的完美温床。尽管能动性是改变现实的通用力量，但当它在电子游戏文化中被制定时，它也会通过社会结构被改变和推动，再现与新自由主义相关的霸权形式的能动性，但也促进了新的和更有希望的能动模式。因此，电子游戏文化有助于我们将这两个相互关联的能动性的社会和政治层面形象化。

此外，我们还研究了电子游戏文化如何帮助我们将社会理解为一组在后现象学框架中实现的设计体验。我们确定了几乎所有电子游戏定义中都存在的基本特征：体验。特别是，电子游戏通常被理解为数字技术介导的设计体验。因此，电子游戏通常被视为不同原因的体验：电子游戏是其他体验（真实或想象）的技术中介体验；社会行动者经常讲述他们的游戏经历，就像他们在日常生活中的其他经历一样；电子游戏的互动性使他们体验到了必须实施的体验；而电子游戏则是关节式、假肢式和机器人式的体验。因此，这促使我们分析经验在当代社会中的作用及其特殊性质。电子游戏告诉我们，体验是独特的、个人的、偶然的，同时也是共享的、集体的、结构性的。在这种情况下，经验不仅仅是现象的集合，而是使这些现象出现的异质元素的网络。然后，体验在后现象学背景下出现，并让位于一个可以理解为一组设计经验的社会。在这方面，社会正逐渐成为一个技术中介经验的集合，正如我们在旅游、文化、休闲、美食、社会关系、政治和工作等领域所看到的，而电子游戏的逻辑和实践再次预测并告知了这一过程。

与此相关，我们探讨了电子游戏是如何在一定程度上使玩家能够访问其他体验和现实的。因此，电子游戏可以被视为一种调解设备，它允许玩家体验（重新呈现、重新创作或重新再现）他们没有或不会经历的情况。这就是为什么电子游戏能够促进玩家之间的共情和认同过程，让他们与各种各样的情况联系起来。电子游戏不仅可以作为逃避现实的工具，还可以通过不同的方式帮助玩家与周围的社会现实（无论远近）建立联系。尽管如此，这些游戏体验都是自己的体验。电子游戏传达了他们正在重建的体验的某些方面，但电子游戏体验本身并不是重建的体验。因此，玩家与电子游戏中所表达的现实之间建立的关系并不是以对应关系来定义的，而是以联系、出现或（重新）设定来定义的。正是在电子游戏、玩家和社会现实之间的这种复杂联系中,游戏体验反映并改变了"现实生活"体验。社会的游玩化进程势不可挡。

最后,我们关注电子游戏玩家的身份,这可以告诉我们当代身份形成的过程。借鉴那些已经讨论过当代社会身份危机(以及其他现代性机构)的社会理论家,我们提出了一个理论框架,描述了身份构建模式从基于坚实和永久身份的模式转变为以流动和碎片身份为中心的模式。探索不同类别的电子游戏玩家和电子游戏文化的方法,包括硬核亚文化玩家、休闲游戏玩家、作为美食鉴赏家的游戏玩家、文化知识分子游戏玩家,以及"每个人都是游戏玩家"的想法,我们得出的结论是,电子游戏文化完美地描绘了当代的身份问题,而且超越了这个问题。电子游戏不仅表达了当今世界身份的流动性、偶然性和易变性,还预测了身份概念受到审查的社会环境。电子游戏文化提出了后身份假设,其中玩家身份和围绕电子游戏建立的社区,似乎是第一个为该假设提供合理性的实证例子之一。玩家身份逃脱了通常捕捉身份的分析轴:其形式(固态或液态)和组装方式(作为起点,物质;或作为到达点,过程)。在电子游戏文化中出现的身份并不存在于这两条轴线之间。玩家身份不安地在第一轴(固态/液态)的两极之间循环,并且无法提供明确且(至少适度)稳定的结果,从而成为识别(或被识别)为与第二轴相关的玩家的个人的表达或行动点。电子游戏文化渗透了我们对自己和他人的看法。身份游戏获得了一个新的维度。

豪尔赫·路易斯·博尔赫斯(Jorge Luis Borges, 1975: 131)在一篇单段短篇小说《论科学的能力》(*On Exactitude in Science*)中,以引用17世纪文本的形式写道:

> 在那个帝国,制图技术达到了如此完美的程度。一个省份的地图覆盖了整个城市的空间,而帝国地图本身包含了整个省份。随着时间的推移,这些广域地图被发现不足。因此,制图师学院开发了一张帝国地图,该地图与帝国的比例相同,并且与它点对点地重合。由于对制图学的研究关注较少,后来的几代人认为如此庞大的地图很麻烦,并非出于不敬,人们将其遗弃在日晒雨淋的严酷环境中。在西部沙漠中,仍然可以找到破烂的地图碎片,偶尔会庇护野兽或乞丐。在整个国度,地理学科没有其他遗迹留下。

人们对博尔赫斯的这段文字有很多解释,但大多数问题都围绕着对于现实的科学性再现。正如我们在上面看到的,地图不是领土,因此,与领土重合的地图是没有用的。然而,在介绍中,我们写到了在地图和同名猴岛上的领土上标记地点的"x"。我们问自己:第一个"x"是什么,是印在地图上的那个,还是那个

第七章
结语：这不是电子游戏，不是吗？

根深蒂固的土地？该地图旨在成为易于处理的领土标识；然而，地图不是"无辜"的标识，而是地图也有助于生产领土。

可以说电子游戏文化是一张帮助我们了解当代社会的宏伟地图。它反映了当今世界的基本方面，也预示着新兴或即将到来的社会。但电子游戏文化不止于此，它还反映了当代文化和社会的形态。就像地图和领土之间不是简单的对应关系，它们以多种方式相互影响。这就是电子游戏文化及其出现的社会背景所引发的事情。现实世界不是电子游戏，但电子游戏文化开始渗透到我们无法想象的更多领域。从某种意义上说，这本书是当代社会地图的一张地图。我们需要更多的地图才能真正掌握电子游戏文化所提供的一切。我们希望这本书能成为更好地了解电子游戏文化和当代社会的精品制图；作为第一张这种性质的地图，为其他研究电子游戏与更广泛的社会和文化之间联系的作品打开了视野。

因此可以说，这不是一个电子游戏，这本书也不是电子游戏，因为它只有在一个已经被不断发展和普遍存在的电子游戏文化所穿越和彻底影响的社会中才有意义。这不是一个电子游戏，或者你认为是吗？

名词解释

[1] **AAA**：发音为三个A。这是一个非正式术语，相当于在电子游戏领域的"大片"。也就是说，他们是大型电子游戏发行商所发行的主流、巨资和大力推广的电子游戏。另请参见独立游戏。

[2] 机构、代理（**Agency**）：能动性是对现实采取行动的能力。能动性促生出各式各样的转变，不论大小。我们应该关注能动性所产生的后果，而不是其他无形的、难以观察的、可能先于或不先于它的因素，例如意向性。

[3] 组合（**Assemblage**）：不同行动者和系统之间的联合总是以有机的方式运行，尽管是暂时性的。

[4] 增强现实（**Augmented Reality，AR**）：一种用计算机生成的图像或信息补充我们现有视线的系统。示例包括使用移动智能手机摄像头和AR技术，这样智能手机就可以一直保持在用户的视线范围内，并在用户面前显示附加信息或图像。另请参见虚拟现实。

[5] Beta测试（**Beta tester**）：在正式发布前，不论是有偿的还是无偿工作，来测试游戏的个人。

[6] 休闲游戏玩家（**Casual gamer**）：指一类玩家，他们从事不连续的游戏实践活动，对游戏仅有较松散的承诺，对电子游戏文化的参与度有限。另请参见玩家、硬核玩家和电子游戏文化。

[7] 社区（**Community**）：传统意义上，是指一群人住在同一个地点，拥有共同的文化、习俗，以及相似的做事方式和生活方式。近年来，社区倾向于更宽松地指代一群拥有共同兴趣的人，没有任何其他归属前提，也没有面对面互动的必要性。

[8] 网络空间（**Cyberspace**）：另请参见虚拟现实。

[9] 机器人（**Cyborg**）：指控制论有机体，即整合某种技术以增加其能力和能力的生物有机体。另请参见假肢。

[10] 数字现代主义（**Digimodernism**）：根据艾伦·柯比（Alan Kirby）的说法，数字现代主义是21世纪占主导地位的文化逻辑，是一种以数字文化为中介

和主导的文化逻辑。另请参见数字文化。

[11] 数字文化（**Digital culture**）： 数字技术已经在各个层面改变了现实。这意味着我们社会和个人生活的几乎每个方面都已经以数字为媒介，这使得数字文化成为当代社会的主导文化逻辑和变革力量。

[12] 处置（**Dispositif**）： 异质元素之间的关系网络，例如话语、制度、建筑形式、法律、行政措施、科学声明、哲学、道德和慈善主张。另请参见组合。

[13] 体现（**Embodiment**）： 一种帮助我们分析我们与社会和环境的关系的理论工具，它赋予身体在我们日常生活体验中的重要作用，并质疑物质和认知之间的鸿沟。

[14] 移情（**Empathy**）： 指某人将自己置于他人所处位置的能力。

[15] 分页布（**Enaction**）： 指社会现实的某些方面，必须被执行才能创造或维持。

[16] 遍历性的（**Ergodic**）： 与产品交互所需的明确而非琐碎的努力。

[17] 逃避现实（**Escapism**）： 指个人暂时逃离当前生活某些方面的过程，如无聊、工作、惯例或压力。

[18] 电子竞技（**Esports**）： 在有组织的、通常是专业的比赛中玩电子游戏。

[19] 经验（**Experience**）： 我们通过感官理解的东西。然而，至关重要的是，体验不仅取决于我们的感知，还取决于构成体验的其他因素（包括其他人的经验）的制约。

[20] **FPS**： 第一人称射击游戏。以游戏主角的第一人称视角（通过眼睛）玩的电子游戏，其中采取的主要动作是射击其他玩家或非玩家角色（PC 或 NPC）。

[21] 游戏机（**Game mechanic**）： 电子游戏玩家能够在游戏世界中执行的不同类型的动作。

[22] 玩家（**Gamer**）： 围绕电子游戏构建身份和文化的游戏玩家。

[23] 游戏化（**Gamification**）： 在非游戏环境（如工作、教育或营销）中使用游戏元素或动态。

[24] 核心玩家（**Hardcore gamer**）： 投入大量时间玩电子游戏并高度融入电子游戏文化的玩家。他们强烈认同自己是游戏玩家，通常被视为典型的游戏玩家。另请参见玩家、休闲玩家和电子游戏文化。

[25] 鉴别（**Identification**）： 个人与其他个人或情况建立联系，但不成为其中一部分的过程。

[26] 身份（**Identity**）： 身份是我们看待自己和他人的方式。这是我们如何看待

自己作为个体和群体的一部分，同时，我们如何理解与我们不同的其他人。

[27] 独立游戏（**Indie games**）：是一个非正式的和不严格的术语，用于描述小型独立游戏公司制作的游戏，通常没有发行商的直接支持。另见 AAA。

[28] 质询（**Interpellation**）：通过在日常生活中如何实施占主导地位的社会实践和意识形态，一个人被赋予一个想法、身份或社会位置，然后接受或拒绝这是他们自己的过程。

[29] 游戏学（**Ludology**）：电子游戏作为游玩和游戏的主要形式的观点和研究，这些游戏和游戏受到规则的塑造和约束，并且至少部分地与日常生活分离。另见叙事学。

[30] 魔法圈（**Magic circle**）：这是在游戏研究学中的一个论点，即游戏发生在至少是部分划定的游戏空间中，与普通日常生活分开。

[31] 调解（**Mediation**）：调解是在配置我们的世界，并使其成为可能的不同行动者、过程和元素之间进行调解的工具。例如，游戏控制器调节了玩家与电子游戏之间的关系，改变了他们彼此互动的方式，同时也促成了这种互动。

[32] **MMOG**：大规模多人在线游戏。一种在线玩的电子游戏，有大量同时在场的玩家。有时简称为 MMO，或者是角色扮演游戏类的 MMORPG（大规模多人在线角色扮演游戏）。

[33] 叙事学（**Narratology**）：游戏研究学的一个论点，即可以使用以前应用于其他形式的媒体（如电影或文学）的相同方法和理论工具来研究游戏。另请参见游戏学。

[34] 新自由主义（**Neoliberalism**）：新自由主义是十九世纪个人自由思想的演变，强调个人责任和问责制、小政府和自由市场资本主义。

[35] 参与式文化（**Participatory culture**）：指技术和观众的期望和行为都发生了变化，这导致观众更积极地参与媒体的消费和生产。

[36] 政治理性（**Political rationality**）：政治话语中的规律性证明了一种理想化的方式来代表、分析现实并根据现实采取行动，尤其是人口。

[37] 后人类主义（**Post-humanism**）：后人类主义是一种范式，它将人类作为科学、社会和文化叙事中最重要的主体。

[38] 后身份（**Post-identity**）：一种社会场景，其中意义的构建和归属感的问题被置于身份的理论坐标之外。

[39] 后现象学（**Postphenomenology**）：后现象学考虑到我们通过身体体验之外的其他方面，以了解我们周围的事物。它以更复杂的方式处理关于体验的概

念，包括我们对世界的感知，以及参与感知配置的外部元素。另见体验。

[40] 义肢（**Prosthetic**）： 人造身体部位，有时会导致半机械人的发音。另见半机械人。

[41] 快速反应按键（**Quick time event**）： 玩家必须使用控制器及时采取行动的电子游戏部分，而且通常要遵循屏幕上的一系列提示。

[42] 严肃游戏（**Serious games**）： 专为教育、商业或培训目的而设计的电子游戏或类似数字工具的术语。

[43] 电子游戏文化（**Video game culture**）： 当代社会中电子游戏实践、经验和意义的制度化。

[44] 电子游戏（**Video games**）： 是最常用的术语，用于描述在电子设备（硬件）上玩的游戏（软件），例如电子游戏机、个人电脑、移动电话和平板电脑。

[45] 视频词化（**Videoludification**）： 指电子游戏逻辑渗透日常生活的过程，包括经济、工作、休闲、教育、健康和消费等领域。

[46] 虚拟现实（**Virtual Reality**，**VR**）： 虚拟现实描述了在日常和普通之外的空间中操作。当代最常见的例子是使用VR耳机玩电子游戏，这让游戏玩家在游戏中有更深层次的直接存在感。另见增强现实。

[47] 步行模拟器（**Walking simulator**）： 电子游戏中的一个子类型，描述了强烈的叙事驱动的游戏体验。在其中，玩家不会急于采取行动或实现特定目标，并且没有严重阻碍他们进步的失败状态，例如，死亡。

图表索引

图

图2-1　步行模拟器的兴起:《救火者》游戏截图　　　　　　　　　　40
图4-1　《到家》游戏片段　　　　　　　　　　　　　　　　　　　84
图4-2　《暴雨》中换尿布的场景　　　　　　　　　　　　　　　　93
图4-3　《血源诅咒》的维基百科　　　　　　　　　　　　　　　　102
图5-1　《请出示文件》游戏截图　　　　　　　　　　　　　　　　119
图5-2　《请出示文件》《这是我的战争》和《到家》中不同的面部画像　123

表格

表1-1　受访者信息　　　　　　　　　　　　　　　　　　　　　　6